ソウル
25区
＝東京
23区

吉村剛史

はじめに

本書のコンセプト

日本と韓国は東アジアを構成する国であり、ともに漢字文化圏である。物理的な距離も近く、人々の顔つきはもちろん、街並みや言葉まで似ており、初めて訪れるときにも見慣れた印象を覚えるのではないだろうか。時折、日本のどこかの街で見たような既視感さえ生じる。そしてソウルの明洞は渋谷や原宿、梨泰院は六本木といったように似ている街が思い浮かぶことだろう。本書ではこうした感覚を、首都である東京とソウルの区に当てはめ、それぞれを隅々まで例えてみようというものである。

東京都には23の特別区がある。一方でソウル特別市には25の区があり、その数は近似している。考えようによっては競い合っているようにも見える。かつて朝鮮半島を日本が統治していた歴史から似たような近代建築が残る一方、韓国が日本の支配から脱し（朝鮮半島ではこれを「光復《クァンボッ》（광복）」と呼ぶ）、経済成長を遂げる過程では日本に対抗して建てたかのようなスペックの建物も見られ、コピー商品と思われるほど似ているものまで生まれた。近年では「ベンチマーキング」という名のもと、参考にして作ったような店やサービスも存在する。もちろん日本も他国を参考にして作ったものが多々あり、時には韓国で生まれたものが似てくることもあるだろう。

本書では東京23区、ソウル25区でそっくりだと思えることはもちろん、時にはこじつけにも思えるかもしれないが、似ている要素を存分に集めて執筆してみたものである。本章へと移る前に、ソウルと東京の歴史や変遷、そして両都市のスペックについて触れてみたい。

近世のソウルと東京

ソウルは１３９２年の朝鮮王朝の成立の際、李成桂《イソンゲ》（이성계）の名により、無学大師が都にふさわしい場所を探しにやってきた。その場所は漢陽《ハニャン》（한양）であり１３９４年に開京（現在の開城）から遷都した。１３９５年に景福宮を創建し、ソウルを囲む内四山に１８・６キロメートルに及ぶ城郭を築いた。都が移ったあとも一般的には漢陽と呼ばれていたが、都の

名を「漢城《ハンソン》（한성）」とし、行政府の名は「漢城府《ハンソンブ》（한성부）」となった。ちなみに「ソウル（서울）」という言葉は、固有語では「みやこ」という意味の一般名詞でもある。

一方で東京は、徳川家康が1590年に江戸城に入城、1600年に関ケ原の戦いで勝利したことを機に、1603年に江戸に幕府を開いた。徳川家康がなぜ江戸を選んだのかは諸説あるのだが、そのひとつは当時の大量輸送手段である水運を重視したことが理由だといわれている。江戸城入城後には現在の都心部に日本橋川や京橋川などを掘削し、周辺には河岸が作られ、ここに魚介類や野菜が運ばれてきた。そして江戸時代初期には墨東と呼ばれる隅田川の東側（現在の墨田区、江東区）あたりに運河を作っていった。なかでもこの地域に最初に掘削された小名木川は、千葉の行徳の塩を運ぶことを目的としていた。その後は東西だけでなく南北に川を巡らせており、現在も東京の東側にはそうした運河の名残が見られる。

話をソウルに戻すと、朝鮮時代には漢江に川港があった。地図を眺めていると麻浦、永登浦といった地名が目にとまるだろう。これは水運が発達していた頃の川港の名残である。漢江には黄海を通して塩辛が運ばれてくるとともに、内陸にあたる利川《イチョン》（이천）、驪州《ヨジュ》（여주）からは舟で米や陶磁器などが運ばれてきた。朝鮮時代は漢江を利用した水運が盛んだったソウルだが、1899年に仁川〜鷺梁津間の鉄道が開通すると、次第に水運は衰えることとなり、鉄道を中心とする陸上交通に代わっていった。いずれの都市も近世の物流は水運によって成り立っていたのである。

東京23区とソウル25区の成り立ち

大政奉還により江戸幕府が消滅すると、1868年に天皇が江戸城に入城、翌年には江戸は東京と改められた。その際に「東京府」が発足した。東京に区が設置されたのは1878年のことで、当初は15区6郡であり、これが現在の23区とほぼ同等の地域である。つまり本書が扱う「東京23区」の範囲は、約140年前にほぼ固まっていたのである。1989年には大日本帝国憲法下の市制町村制により東京市ができ、15区は東京市の下部組織となった。そして「郡」であった地域は1932年に新市域として編入されて、東京市は35区となり、その後1943年には東京都が発足した。終戦後の1947年3月には東京は22区となり、8月には板橋区から練馬区から独立する形で発足し、現在の23区となった。

朝鮮半島では1910年に日韓が併合される、漢城府は「京城府」と改められた。ちなみに「京城《キョンソン》（경성）」という呼び名は、

日本統治時代以前から存在していた。都市化が進んだ1936年には府域が拡張され、区制が始まったのは1943年のことであり、1945年の太平洋戦争終戦までに8区が発足している。これが現在のソウルにおける区の基礎となるものだ。1949年にはソウル特別市に改称、1963年には現在の江南にあたる地域がソウルに編入されて9区に、1973年には11区まで増え、この時点でほぼ現在の25区の範囲に固まった。そこからは既存の区が分離するようにして増えていき、1995年に現在の25区となった（その際に一部の地域をソウルに編入している）。つまり東京23区の範囲は約140年前にほぼ固まっていたのに対し、ソウルは1945年以後も拡張し続け、今のソウルの範囲とほぼ同等になってからは50年足らずなのである。

ソウル・東京の街並みとスペック

風水地理学により選定された都市であるソウルは、市内を南北に二分するように漢江が流れ、城郭が連なる内四山、そして外四山に囲まれている。光化門や明洞といったソウル中心部に訪れると、山が至近距離で確認できる。明洞方面からはケーブルカーを利用して南山に上がる途中には、ソウル北部に位置する山々を望み、夜ならば繁華街の夜景が間近に見られる。一方で新宿の東京都庁の展望台に上がってみると、関東平野が広がっており、平地では多くの人が暮らしている。晴れた日には遠く離れた奥多摩や秩父、北関東の山々を望む。

次に人々の暮らしの場を見てみよう。仁川空港や金浦空港からソウル中心部へと向かう途中には、日本では見られないような高層のアパート（아파트）群が目に入ってくるだろう。かつては5階建てのアパートも存在していたが、現在は10階建て以上が主流である。東京には23区の外縁部や多摩地区には1970年代に建設された大規模団地が今もなお存在しており、1950年代に建てられた23区内の団地は高級団地として建て替えられたところもある。ソウルをはじめとする韓国の都市部ではアパート住まいがスタンダードだが、日本では一軒家も数多いだけでなく、都心にはアパートやマンション、最近までは高層のタワーマンションの人気も高かった。

そして両都市のスペックに目を向けてみよう。多摩地区・島嶼を含めた東京都全体では1400万人近い人口を有するが、東京23区は約966万人、面積は約627平方キロメートルである。一方でソウル25区は約995万人、面積は約605平方キロメートルでほぼ似たり寄ったりの数字だ。地形や街並みの違いは見られるが、ソウルと東京はほぼ同程度のスペックの都市なのである。本書は両都市の区の数はもちろんだが、人口や面積といったスペック面でも似たり寄ったりの2つの都市を比較するものである。

本書で例えるときのルール

本書で東京の区に例える際の基本的な事項を説明しておきたい。区を決める際には各区の面積や人口などのスペックや、公園、建物、遊園地といった施設ももちろん参考にしているのだが、両都市の区を訪れたことのある人であれば、きっと共通に持つであろうイメージを最重視した。特にソウルについては1973年以降、分離を重ねる形で25区まで増えているが、分離して新設された自治体は、以前に属していた区のカラーをある程度引き継いだものと考えた。例えば九老区、衿川区は、日本統治時代から工場が多い永登浦区から分離して発足したこともあり、その全域を大田区として例える、といった形だ。もちろんすべての区の細部がそのままそっくり例えられるわけではないため、区域を超えて例えてみた箇所も多い。筆者が渋谷の街を歩いていたら、「弘大って裏原宿みたいだよね」という声が聞こえてきたが、そうした印象もできる限り盛り込むように努めた。本書では一般の観光ガイドブックにはめったに紹介されることがない、ソウルの細かな地域まで盛り込んだことも特徴だ。そして旅に出られなくても理解していただけるよう、できるかぎり歩いて写真を集めてきた。ソウル・東京に訪れたことがない方は、巻頭カラーの写真やページのサムネイルを見ながら、想像を膨らませていただければと思う。そして本書を片手にソウル・東京の隅々まで歩き、ご家族や友人、知人との会話のタネにしてくだされば、これほど著者冥利に尽きることはないだろう。

※特に注がない場合、ソウルの統計は2020年第3四半期現在、東京の統計は2020年12月現在である。

目次

ソウル 25 区 =東京 23 区 対称地図

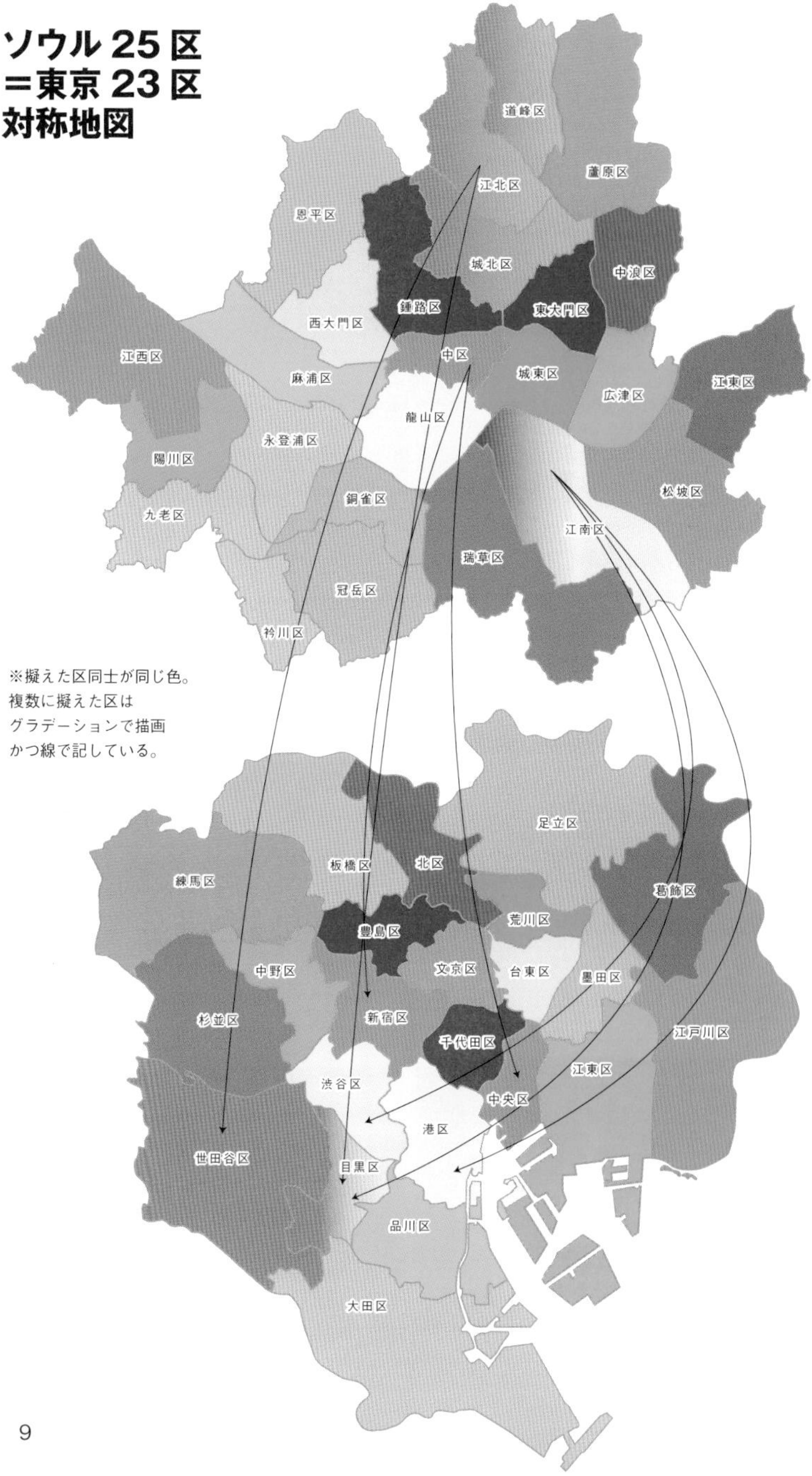

※擬えた区同士が同じ色。
複数に擬えた区は
グラデーションで描画
かつ線で記している。

青瓦台

国会議事堂

新聞社街

大手町

昌徳宮

昌徳宮後苑

昌慶宮

宗廟

光化門

桜田門

光化門広場

霞が関の官庁街

光化門～鍾閣駅

皇居側から見た丸の内

清渓川

高級ブランド店が並ぶ丸の内

避馬コル

ビルのなかに取り込まれた（避馬コル）

避馬コル（鍾路の南側）

鍾路３街駅周辺のテント屋台街

有楽町ガード下の横丁

貫鉄洞

港区の新橋駅周辺

仁寺洞

神田神保町の古書店街

仁寺洞メインストリート

神楽坂

鍾路３街の貴金属店街

鍾路５街の薬局街

タプコル公園

世運商街

付岩洞

白砂室渓谷

付岩洞

彰義門

通仁市場

通仁市場・お弁当カフェ

西村

通仁市場・油トッポッキ

平倉洞

田園調布

三清洞

紀尾井町

三清洞

旧・李王家東京

北村韓屋村

番町のお屋敷街

社稷壇

日枝神社

ソウル大学校医科大学

ソウル劇場

梨花洞壁画村

マロニエ公園

大学路

下北沢駅南口

昌信洞文具玩具通り

昌信洞の飲食街

ソウル風物市場

東廟前

東廟前の蚤の市

東廟

世田谷ボロ市

港区増上寺の徳川霊廟

ソウル広場

ソウル市庁舎

東京都庁

ソウル市立美術館

徳寿宮美術館（徳寿宮石造殿）

明洞芸術劇場

スタンダードチャータード銀行

旧ソウル駅

東京駅（丸の内口）

ソウル駅と旧ソウル駅

東京駅（丸の内南口）

貨幣金融博物館と韓国銀行本店（右）

日本銀行本店本館

新世界百貨店本店（本館）

日本橋三越本店

銀座の街並み

渋谷センター街

銀座八丁目

日本橋室町

銀座コリドー街

銀座四丁目の歌舞伎座

北倉洞

歌舞伎町

明洞

明洞

小公洞（明洞チャイナタウン）

小公洞（明洞チャイナタウン）

南大門（崇禮門）

ロッテホテル

南大門市場

上野アメ横

東大門ファッションタウン

東大門デザインプラザ

東大門ファッションタウン

東大門靴卸売市場

中央アジア街

東国大学校

退渓路

乙支路

ウェスティン朝鮮ホテル

圜丘壇

トルダムギル

貞洞劇場

徳寿宮の正門・大漢門

新宿御苑

新大久保駅から望む西側

イスラム横丁（新大久保）

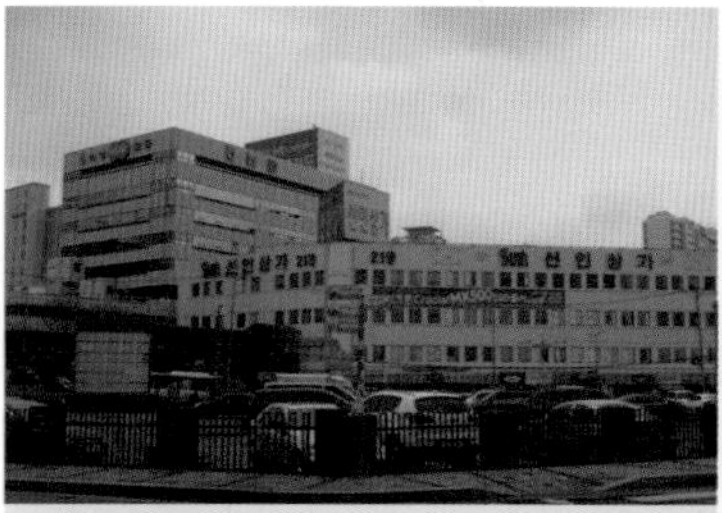
龍山電子商街

秋葉原駅

龍山電子商街とソウルドラゴンシティ

韓国大使館

増上寺

東京 KAL ビル

東京プリンスホテル

東京 KAL ビル

漢南洞（漢南大路）

浜松町駅から望む東京タワー

二村綜合市場付近にある日本式の居酒屋

赤坂コリアンタウン

二村綜合市場付近にある日本式の居酒屋

赤坂コリアンタウン

東部二村洞（アパート街）

SMT TOKYO

ソウル中央聖院

東京ジャーミイ

N ソウルタワー

乃木神社

愛宕神社出世の階段

梨泰院メインストリート

六本木交差点

梨泰院世界飲食文化通り

梨泰院の路地

梨泰院のナイトクラブ街

第一企画

六本木ヒルズ

漢南五差路

白金

漢南・ザ・ヒル

白金

読書洞路

麻布十番

読書堂路の路地

韓国民団中央本部

解放村

厚岩洞

経理団通り

神宮外苑

漢江鎮駅周辺

神宮外苑

三角地駅

六本木トンネル

鷹峰山から望むアパート

聖水洞の中小の製靴工場街

ソウルの森北側のカフェ

聖水洞の大林倉庫ギャラリーコラム

UNDER STAND AVENUE

リノベーションされた聖水洞の工場

トゥクソム漢江公園

聖水洞の工場街

往十里駅

日暮里駅前の韓国系スナックの看板

鷹峰山

道灌山

馬場洞モクチャコルモッ

三河島コリアンタウン

馬場畜産物市場

コリアンマーケット

建大入口駅と建大ロデオ通り

建大ロデオ通り（紫陽洞）

建国大学校

COMMON GROUND

オリニ大公園

グランドウォーカーヒルホテル

広壮洞（広壮サゴリ）

江辺駅周辺

建大入口駅周辺

錦糸町駅

建大味の通り

亀戸駅近くの路地

トゥクソム漢江公園

江東区内の運河

リバービュー８番街

勝鬨橋

慶熙大学校

慶熙大学校正門（通称「登龍門」）

韓国外国語大学校

ソウル市立大学校

外大前駅

外大前駅周辺

回基駅

回基駅パジョン通り

清凉里駅

美住アパート

清凉里 588

清凉里市場

ソウル薬令市

ソウル薬令市

京東市場

ソウル薬令市

池袋駅東口

サンシャイン通り

洪陵樹木園

雑司ヶ谷鬼子母神堂

洪陵址

護国寺

ソウル市電の車両

都電 6080（飛鳥山公園）

東大門

ＪＷマリオットホテル

東大門タッカンマリ横丁

ソウル風物市場

貞陵川と清渓川の合流地点

清渓川沿いのバラックの再現（清渓川博物館）

踏十里現代市場

踏十里現代市場

中浪区に連なる山

東遠伝統市場

東部市場

ウリム市場

赤羽一番街

赤羽一番街

飛鳥山公園

王子駅

中浪区の風景

中浪川

上鳳駅周辺

上鳳駅前を走る国道６号

忘憂駅周辺

上鳳ターミナル

龍馬ランド

中浪キャンプの森

彌阿里峠

彌阿里占星村

彌阿サゴリ

瀬田交差点

UTA モール

誠信女大ロデオ通り

キャロットタワー

城北洞のソウル城郭

城北洞

城北洞

日本大使公邸

玉川高島屋S・Cガーデンアイランド

三清閣

二子玉川駅周辺

二子玉川駅周辺

東京 IC

東急世田谷線

桜新町駅前のサザエさん家族の銅像

祖師ヶ谷大蔵駅前のウルトラマンの像

高麗大学校

駒澤大学

水聲洞渓谷

等々力渓谷

北ソウル夢の森の展望台から

水踰駅周辺

4.19 民主化墓地

4.19 民主化墓地

新倉市場（倉洞）

プラットフォーム倉洞６１

倉洞駅周辺

倉洞駅

大泉学園駅

ひばりが丘駅

北ソウル夢の森

としまえん

扶余・扶蘇山城の落花岩から

石神井公園・三宝寺池

一山の街並み

光が丘パークタウン

蘆原駅

蘆原駅文化の通り

タンコゲ駅

月渓洞

中渓洞のアパート街

中渓駅、下渓駅間のアパート街

光云大駅

ペクサマウル

高島平団地

都営西台アパート

ハッピーロード大山商店街

ハッピーロード大山商店街

ときわ台駅の周辺

成増駅

再開発中の水色洞

水色駅近くの市場

恩平ニュータウン

恩平韓屋村

延新内駅周辺

仏光駅周辺

延西市場

仏光駅の飲食店街

仏光川

仏光駅周辺

独立門

雷門

霊泉市場

谷中銀座商店街

阿峴市場（2013 年現在）

ホッピー通り

モレネ市場

佐竹商店街

新村のメインストリート

新村の路地

KORAIL 新村駅

新村ロータリー

新村駅旧駅舎

万世橋駅

延世大学校

立教大学

奉元寺というお寺

不忍池

統一路（写真は西大門区内）

浅草

梨花女子大学校

延禧味の通り

梨大ウェディング通り

延禧洞

芳山市場

浅草橋駅近くの老舗人形店

黄鶴洞の厨房家具通り

浅草橋の文具玩具問屋街

北阿峴洞家具通り

かっぱ橋道具街

ケミマウル

山谷

弘大のホントン通り

弘益大学校

弘大の裏通り

弘大駐車場通り

ソウル火力発電所

金大中大統領図書館

仙遊島公園

切頭山殉教記念公園

孔徳駅周辺

品川駅

孔徳駅、麻浦駅周辺のビジネス街

品川駅港南口

孔徳市場

孔徳駅南側の桃花洞

ワールドカップ競技場と麻浦区

ハヌル公園から望む漢江

メセナポリスモール

武蔵小山駅前

望遠市場

戸越銀座商店街

武蔵小山商店街パルム

ワールドカップ競技場

ハヌル公園

上岩洞の飲食店

上岩洞の飲食店街

デジタルメディアシティ

天王洲アイル

汐留シオサイト

安養川

木洞綜合運動場

中野駅南口

中野駅北口

中野サンモール商店街

中野セントラルパーク

中野坂上交差点

鍋屋横丁商店街

木洞アパート

木洞アパート

梧木橋駅周辺

梧木橋駅周辺

ヘンボッカン百貨店

SBS 木洞放送センター

梧木橋駅

金浦空港

開発が進む江西区

麻谷洞

禾谷洞周辺

陽川郷校

許浚テーマ通り

現代プレミアムアウトレット金浦店

京仁運河

ソウル植物園

葛西臨海水族園

加陽洞のアパート街

南葛西の団地街

江西区の中心街・禾谷洞

小岩フラワーロード

小岩コリアンタウン

小岩コリアンタウンの韓国食材スーパー

文来洞芸術創作村

文来洞の工場街

文来洞芸術創作村

文来洞

禿山駅周辺の工場街

下丸子の工場街

衿川芸術工場

下丸子の工場街

永登浦駅

蒲田駅

永登浦駅周辺の繁華街

蒲田の飲食店街

TIMES SQUARE

蒲田の飲食店街

永登浦集娼街

バーボンロード

汝矣島

国会議事堂

汝矣島の桜

IFC モール

63 ビル

お台場パレットタウン

汝矣島漢江公園

フジテレビの社屋

九老デジタル団地

加山デジタル団地

加里峰市場

加里峰洞

加里峰市場

加里峰洞

高尺スカイドーム

新道林駅周辺

漢江大橋

冠岳区新林洞と銅雀区新大方洞の境界のあたり

南峴洞サムギョプサル通り（冠岳区）

總神大入口（梨水）駅周辺

隅田川と東京スカイツリー

錦糸町駅

江戸東京博物館

両国国技館

ノドゥル島

ノドゥル島

鷺梁津水産市場

鷺梁津駅周辺の考試院街

鷺梁津水産市場

カップ飯通り

鷺梁津

国立ソウル顕忠院

竹ノ塚駅前

足立区竹の塚の商店街

東京電機大学

綾瀬駅周辺

千住大橋

舎人公園近くの住宅街

大林駅の北側

大林中央市場

奉天洞

奉天洞タルトンネの再現（順天ドラマセット場）

ソウル大学校

新林洞

新林洞

シャロスキル

シャロスキル

江南駅方面から望む瑞草洞

シャレール荻窪

良才川

善福寺川

芸術の殿堂

和田堀公園

南部ターミナル

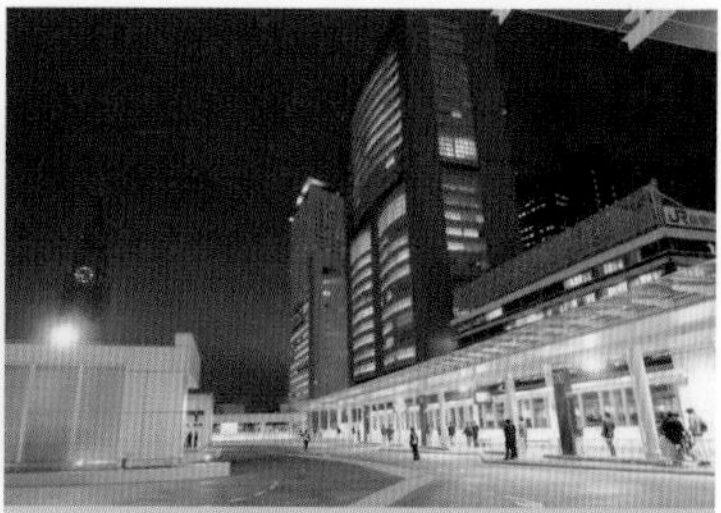
バスタ新宿

盤浦洞

盤浦洞のアパート

セントラルシティ

ソウル高速ターミナル

盤浦漢江公園（レインボー噴水）

GOTOMALL

ソレマウル

フランス人学校

方背洞４２ギル

KEB ハナ銀行方背ソレ支店

方背洞

永福町駅周辺

マルチュク通り

高円寺パル商店街

南城四季市場

高円寺純情商店街

カロスキル

代官山

カロスキルの路地セロスキル

COEX

カロスキル

COEX

テヘラン路

テヘラン路

駅三洞

江南駅地下ショッピングセンター

駅三洞

駅三洞

論峴洞

論峴洞

新論峴駅前

ベンベンサゴリ

江南駅メインストリート

江南駅周辺

江南駅周辺、夜の屋台街

江南駅周辺（瑞草区瑞草洞）の居酒屋街

サムスン本社

Galaxy Harajuku

論峴洞の豪邸街

論峴洞の高級アパート

道谷洞

鶴洞路（論峴洞家具通り）

良才川

目黒川沿いの桜並木

永東市場

目黒川の桜まつりの韓流ちょうちん

清潭洞

清潭洞の高級ブランド品店

ギャラリア百貨店名品館 EAST

ギャラリア百貨店名品館 WEST

狎鴎亭ロデオ通り

狎鴎亭現代アパート

狎鴎亭駅周辺の美容整形外科街

オリンピック公園

蚕室綜合運動場 オリンピック主競技場

ロッテワールドタワー

Helio City

芳荑洞

可楽市場

文井洞

馬川洞

蚕室野球場

SM エンターテインメントライブ開催日の東京ドーム

ロッテワールドと石村湖水

東京ドームシティアトラクションズ

オリンピック公園（夢村土城）

野毛大塚古墳

奉恩寺

湯島天満宮

千戸洞の街並み

金町駅周辺

千戸洞の東ソウル市場付近

立石駅周辺

グランドウォーカーヒルソウルから見た江東区

金町浄水場の取水棟

岩寺洞

新小岩駅前のルミエール商店街

千戸駅前の現代百貨店

北千住の駅ビル

千戸市場

仲見世商店街

岩寺洞先史住居址

柴又・帝釈天

カンプル漫画通り

亀有駅前の『こち亀』像

コラム1 ソウルにあるものを東京に例える

羽田空港国際線ターミナル

金浦空港

ロッテ百貨店

新世界百貨店

セブンイレブン

Family Mart

ダイソー

KTX

広安大橋

レインボーブリッジ

KBS

NHK

社稷野球場

大邱百貨店

延世大学校

高麗大学校

コラム２　ソウルのなかの日本・東京のなかの韓国

韓国文化院

韓国大使館

赤坂コリアンタウン

STYLENANDA

アピーチのショップ

虹色のレインボーケーキ

東部二村洞

東部二村洞

新大久保コリアンタウン

新大久保コリアンタウン

新大久保コリアンタウン

新大久保コリアンタウン

三河島コリアンタウン

東上野コリアンタウン

コラム３　ソウル近郊の都市を東京近郊の都市に擬える

議政府駅

安山市元谷洞

水原華城

仁川中華街

韓国民俗村

春川・南怡島

江陵端午祭

清州市街地（ソンアンキル）

コラム4　東京とソウルの郷土料理

新堂洞トッポッキ

タッカンマリ

神仙炉

ソルロンタン

クルポッサム

延吉冷麺

ムルフェ

モムクッ

コラム5　ソウルVS東京

新村ロータリー

高田馬場駅前

大学路

下北沢

仁寺洞

浅草

キンパプ

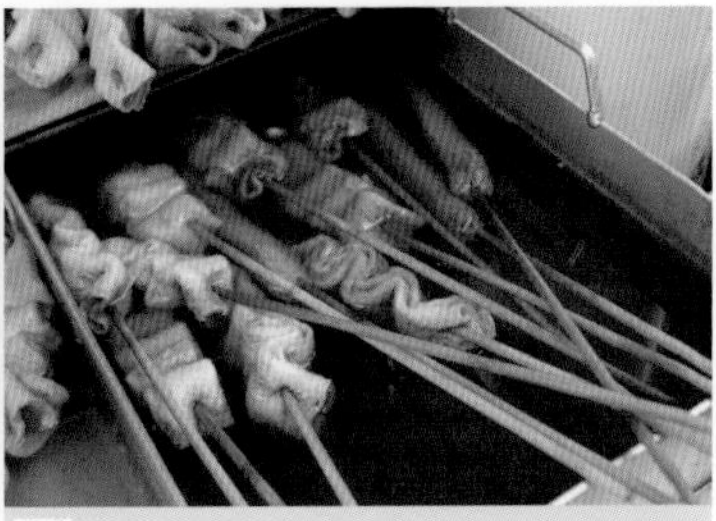

おでん

Nソウルタワー

東京タワー

高尺スカイドーム

東京ドーム

63ビルディング

サンシャイン60

弘大メインストリート

渋谷109

ソウルの拡張と変遷

※『誰でもわかるソウルの歴史 2000 年』「ソウル市における行政区域の変遷（p324）」の図をもとに修正して作成。

1394 ~ 1913

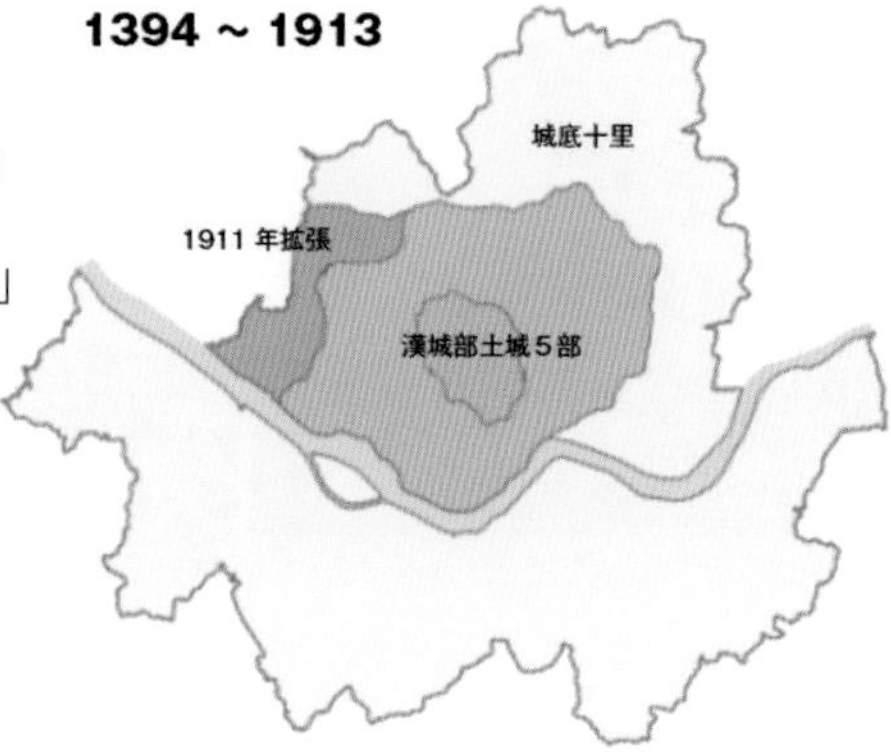

1914 ~ 1963

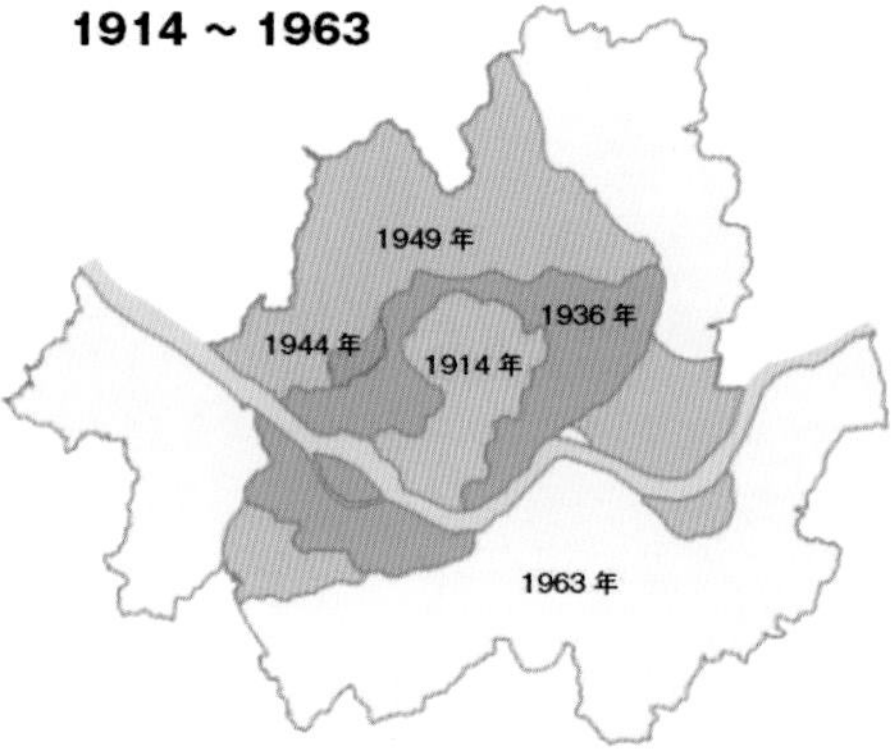

1975

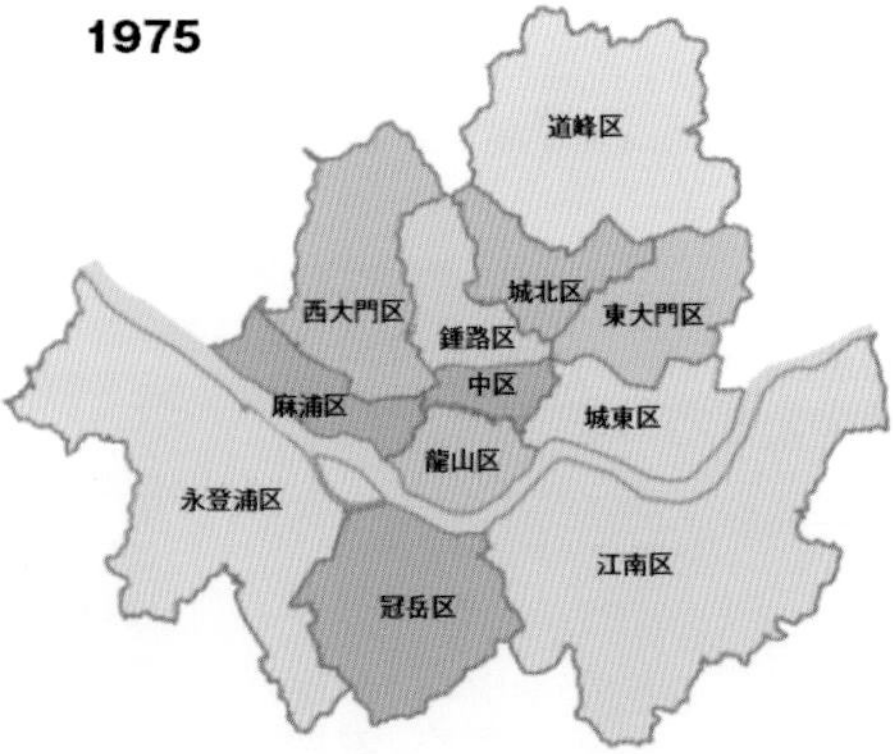

※ 1995 年以後は現在の姿に

東京23区簡易地図

草加
和光市
板橋区
赤羽
足立区
北区
練馬区
練馬
葛飾区
豊島区
荒川区
池袋
文京区
台東区
新小岩
中野区
墨田区
吉祥寺
上野
浅草寺
中野
新宿区
江戸川区
杉並区
千代田区
新宿
皇居
東京
渋谷区
中央区
江東区
渋谷
東京タワー
調布
世田谷区
港区
舞浜
目黒区
品川
東京ディズニーランド
品川区
大井町
大田区
武蔵小杉
蒲田
羽田空港
川崎
新横浜
横浜

東京統計データ

	人口（人）（※ 1,2）	面積（㎢）	人口密度（1㎢あたり）	外国人比率
東京都総数	13,963,751	2,194.07	6,364	4.17%
23 区総数	9,659,769	627.57	15,392	5.08%
千代田区	67,130	11.66	5,757	4.90%
中央区	169,612	10.21	16,612	5.03%
港区	258,872	20.37	12,708	7.80%
新宿区	345,439	18.22	18,959	12.22%
文京区	236,258	11.29	20,926	5.15%
台東区	209,979	10.11	20,769	7.78%
墨田区	270,815	13.77	19,667	4.72%
江東区	523,761	40.16	13,042	5.94%
品川区	417,260	22.84	18,269	3.46%
目黒区	288,006	14.67	19,632	3.44%
大田区	740,410	60.83	12,172	3.44%
世田谷区	943,245	58.05	16,249	2.51%
渋谷区	235,685	15.11	15,598	4.91%
中野区	341,603	15.59	21,912	5.99%
杉並区	585,671	34.06	17,195	3.24%
豊島区	297,677	13.01	22,881	10.22%
北区	353,853	20.61	17,169	6.65%
荒川区	217,832	10.16	21,440	8.89%
板橋区	582,857	32.22	18,090	5.04%
練馬区	743,684	48.08	15,468	2.91%
足立区	683,431	53.25	12,834	4.92%
葛飾区	454,481	34.80	13,060	4.98%
江戸川区	692,208	49.90	13,872	5.45%

（※ 1）面積・人口は令和２年 11 月１日現在
（※ 2）外国人比率・高齢者比率は令和２年１月１日現在

ソウル統計データ

	人口（人）（※1）	区別面積（㎢）	人口密度（1㎢あたり）	外国人比率
ソウル特別市合計 서울특별시	9,953,009	605.24	16445	2.55%
鍾路区 종로구	159,842	23.91	6685	6.19%
中区 중구	135,321	9.96	13586	7.04%
龍山区 용산구	244,953	21.87	11200	6.19%
城東区 성동구	302,695	16.86	17953	2.35%
広津区 광진구	361,923	17.06	21215	3.83%
東大門区 동대문구	358,679	14.22	25224	3.98%
中浪区 중랑구	400,989	18.5	21675	1.24%
城北区 성북구	449,871	24.57	18310	2.26%
江北区 강북구	313,550	23.6	13286	1.13%
道峰区 도봉구	329,300	20.67	15931	0.62%
蘆原区 노원구	529,532	35.44	14942	0.76%
恩平区 은평구	485,842	29.71	16353	0.88%
西大門区 서대문구	323,860	17.63	18370	3.29%
麻浦区 마포구	383,494	23.85	16079	2.60%
陽川区 양천구	460,048	17.41	26424	0.83%
江西区 강서구	589,536	41.44	14226	1.02%
九老区 구로구	435,751	20.12	21658	6.92%
衿川区 금천구	249,641	13.02	19174	7.00%
永登浦区 영등포구	405,982	24.55	16537	7.48%
銅雀区 동작구	404,617	16.35	24747	2.73%
冠岳区 관악구	514,555	29.57	17401	3.11%
瑞草区 서초구	429,995	46.99	9151	0.93%
江南区 강남구	544,085	39.5	13774	0.89%
松坡区 송파구	676,673	33.87	19979	0.94%
江東区 강동구	462,275	24.59	18799	0.91%

（※1）人口、外国人比率、高齢化率：2020年第3四半期現在

東京統計データ

	高齢者比率（65歳以上）	サラリーマンの平均年収（※5）	平均年齢（歳）（※6）	スターバックスコーヒーの数（※4）
東京都総数	22.6%	423.3	45.02	
23区総数	21.4%	439.8	44.56	305
千代田区	16.9%	758.2	42.08	43
中央区	14.8%	609.9	41.81	24
港区	16.9%	835.2	42.73	43
新宿区	19.4%	487.7	43.71	33
文京区	19.1%	571.4	43.14	7
台東区	22.8%	413.1	46.00	8
墨田区	22.2%	379.0	44.95	6
江東区	21.5%	436.9	44.40	14
品川区	20.4%	463.3	44.04	13
目黒区	19.6%	550.9	44.17	9
大田区	22.6%	405.7	45.09	8
世田谷区	20.1%	510.7	44.25	20
渋谷区	18.7%	624.4	44.05	39
中野区	20.3%	395.9	44.29	3
杉並区	20.8%	437.3	44.56	5
豊島区	19.8%	413.4	43.81	14
北区	24.7%	370.8	45.83	3
荒川区	23.1%	366.1	45.02	0
板橋区	23.0%	357.9	45.07	3
練馬区	21.7%	399.9	44.60	3
足立区	24.8%	332.9	46.03	4
葛飾区	24.5%	344.5	45.96	2
江戸川区	21.1%	355.8	43.83	1

（※5）令和元年度 課税標準額段階別令和元年度分所得割額等に関する(1)給与所得者調（区民税 総所得金額等÷納税義務者数）

（※6）東京都総務局「東京都の統計」第10表 区市町村別平均年齢（2020年）

ソウル統計データ

	高齢者比率（65 歳以上・外国人含）	サラリーマンの平均年収（※ 1）日本円換算（※ 2）		平均年齢（歳）（※ 3）	スターバックスコーヒーの数（※ 4）
		（万ウォン）	（万円）		
ソウル特別市合計	15.6%	4148	395	42.4	528
鍾路区	17.8%	4763	454	42.8	37
中区	17.9%	4489	428	43.4	54
龍山区	16.3%	5884	560	42.5	19
城東区	15.0%	4449	424	42.0	12
広津区	13.8%	3681	351	41.5	16
東大門区	17.1%	3367	321	42.5	8
中浪区	17.1%	2902	276	44.0	7
城北区	16.3%	3846	366	41.9	13
江北区	20.1%	2818	268	45.2	5
道峰区	18.6%	3114	297	44.6	2
蘆原区	16.0%	3669	349	42.3	12
恩平区	17.4%	3308	315	43.5	8
西大門区	16.6%	3947	376	41.9	19
麻浦区	14.1%	4479	427	41.0	32
陽川区	14.1%	4440	423	41.8	15
江西区	14.9%	3632	346	42.0	16
九老区	15.9%	3366	321	43.4	11
衿川区	15.8%	2907	277	44.1	11
永登浦区	15.0%	4164	397	43.2	34
銅雀区	16.0%	3974	378	42.1	11
冠岳区	15.2%	3076	293	41.9	11
瑞草区	13.8%	6901	657	40.9	47
江南区	13.6%	6964	663	41.2	81
松坡区	13.6%	4893	466	41.3	32
江東区	14.9%	3807	363	42.7	15

（※ 1）納税者別 1 人あたり勤労所得（万ウォン）国税庁「市・郡・区別 勤労所得 年末調整申告現況（2019 年）」

（※ 2）レートは 100 円＝ 1050 ウォンで算出。

（※ 3）統計庁「人口総調査」（2019 年）

（※ 4）2020 年 12 月 1 日現在

道峰区《ドボング》
15
14
蘆原区《ノウォング》
13
10
城北区《ソンブック》
12
中浪区《チュナング》
9
7
東大門区《トンデムング》
8
城東区《ソンドング》
6
江東区《カンドング》
26
CUBE
エンターテインメント
広津区《カンジング》
FNCエンターテインメント
2
24
Jellyfish
エンターテインメント
JYP
エンターテインメント
SMエンターテインメント
キーイースト
25
PLEDIS
エンターテインメント
松坡区《ソンパグ》
江南区《カンナムグ》
23

恩平区《ウンピョング》
1
2
11
鍾路区《チョンノグ》
16
西大門区《ソデムング》
Woollimエンターテインメント
麻浦区《マポグ》
17
3
YGエンターテインメント
江西区《カンソグ》
1
5
4
Big Hit
エンターテインメント
龍山区《ヨンサング》
永登浦区《ヨンドゥンポング》
19
20
陽川区《ヨンチャング》
18
銅雀区《トンジャク》
九老区《クログ》
21
冠岳区《クァナック》
衿川区《クムチョング》

ドラマ・映画・韓流地図

前ページ地図上のマーク

1	平倉洞	鍾路区	『美しき日々』(2001)、『オールイン』(2003)『天国の階段』(2003 ～ 2004) など、その後も数々のドラマで豪邸が登場する。
2	付岩洞	鍾路区	『私の名前はキム・サムスン』(2005) のサムスンの家、『華麗なる遺産』(2009) のウンソンの家などで登場。近くの紫霞門トンネルは映画『パラサイト 半地下の家族』(2019) でも。
3	Seoul Square	中区	ソウル駅前に堂々と構えているビルで、ドラマ『未生～ミセン～』(2014) では主人公が働く商社として登場。
4	世界飲食文化通り	龍山区	世界各国のレストランやバーが集まる通り。ドラマ『梨泰院クラス』(2020) にはハロウィーンのお祭りの場面でも登場。
5	緑莎坪陸橋	龍山区	ドラマ『梨泰院クラス』(2020) のロケ地で度々登場する歩道橋。南山と N ソウルタワーを望むロケーション。
6	グランドウォーカーヒルソウル	広津区	高台に位置し、漢江が見渡せるとともに、カジノが楽しめるホテル。『春のワルツ』(2006)、『ラブレイン』(2012)、『VIP』(2019) などのドラマのロケでも使われた。
7	ロッテ百貨店清涼里店	東大門区	ドラマ『シークレットガーデン』(2010 ～ 2011) では、ヒョンビンが社長を務めるロエルデパートとしてロケ地になった。
8	龍頭駅	東大門区	龍頭駅 2 番出口の歩道橋は、ドラマ『トッケビ』(2016) で、サニーと死神が出会った場所。
9	龍馬ランド	中浪区	TWICE の楽曲「Like OOH-AHH」のミュージックビデオをはじめ、多数のアイドルグループがロケを行うかつての遊園地。
10	城北洞	城北区	ドラマ『コーヒープリンス 1 号店』(2007) のハンギョルの実家付近、映画『パラサイト 半地下の家族』のパク社長の家へ向かう豪邸など多数。
11	三清閣	城北区	ドラマ『宮』(2006)、映画『食客』(2007) など宮廷料理が登場する場面で映る韓式高級料亭。
12	貞陵	城北区	miss A のスジが主演の大学時代を回想する切ない恋愛を描いた映画『建築学概論』(2012) の舞台となった街。
13	北ソウル夢の森	江北区	公園内の展望台からはソウル北部の山々を望む。イ・ビョンホン主演のドラマ『IRIS』(2009) のロケ地で、展望台にはパネルが置かれている。
14	ペクサマウル	蘆原区	ソウル最後のタルトンネともいわれる町で、映画『食客』(2007) のロケ地として登場したことがある。
15	双門洞 (道峰区)	道峰区	ドラマ『応答せよ 1988』(2015 ～ 2016) の舞台。1988 年当時の路地の様子が再現されて映し出された。
16	デジタルメディアシティ	麻浦区	上岩洞の放送局街で、局内では K-POP 関連の公開放送が行われることも。映画『アベンジャーズ 2』(2015) やドラマ『愛の不時着』(2020) でも登場。
17	テジサルスーパー	麻浦区	映画『パラサイト 半地下の家族』(2019) に登場する阿峴洞の個人商店。映画ではウリスーパーとして登場。
18	高尺スカイドーム	九老区	2015 年に開業した韓国初のドーム球場で、K-POP ライブも開催される。ドラマ『椿の花咲くころ』(2019) でも登場。
19	文来芸術村	永登浦区	鉄工場街にアートを施し、壁画やオブジェがあちこちに散りばめられている。映画『アベンジャーズ 2』(2015) のロケ地にもなった。
20	スカイピザ	銅雀区	映画『パラサイト 半地下の家族』(2019) で登場したピザ店「ピザ時代」の場所。周辺は「テジスーパー」がある阿峴洞と同じような庶民的な住宅街。
21	奉天洞	冠岳区	ソウルの代表的なタルトンネのひとつだったが、現在は再開発。順天ドラマ撮影場でタルトンネの姿が再現されている。懐かしい雰囲気の飲食店がロケで使われることも。
22	潜水橋 (盤浦大橋)	瑞草区	世界一長い噴水橋のの下に並行する沈下橋。洪水の際は水に隠れてしまい通行止めになる。『梨泰院クラス』(2020) にも登場。
23	良才川	瑞草区	都会の住宅地を流れるオアシスのような川。『妻が結婚した』(2008)、『彼女の私生活』(2019) といったドラマで川沿いの桜並木道が登場。
24	清潭洞	江南区	世界的なハイブランドの店舗が集まるエリアでレストランやショップなど、数々のドラマのなかで描かれる。芸能人が住む町のひとつ。
25	ロッテワールド	松坡区	韓国を代表するテーマパークとして、ドラマ『天国の階段』(2003 ～ 2004)、バラエティー『私たち結婚しました』(2009 ～) など多数のロケで登場。近くに石村湖水があり、湖が映し出されることも。
26	広津橋 (リバービュー 8 番街)	江東区	橋梁の下に設けられた川を見渡せる特徴的な展望台。ドラマ『IRIS』(2009)、北条司の漫画が原作のドラマ『シティーハンター inSeoul』(2011) にも登場。

日本のロケ

前ページ地図上のマーク　主要な芸能事務所

1	終点炭火カルビ	龍山区	『孤独のグルメ・シーズン 7 韓国ソウル出張編』(2018) で放送された地元ローカルな焼肉店。大使公邸が多い漢南洞の隣町、普光洞に位置する。
2	解放村	龍山区	NHK で放映『ニュースな街に住んでみた』(2018) で草彅剛が住んだ町。朝鮮戦争の避難民たちが集まって暮らした。

1章

都心圏

鍾路区《チョンノグ》・中区《チュング》・龍山区《ヨンサング》

三清洞
北村韓屋村
昌慶宮
アルコ芸術劇場
マロニエ公園
昌徳宮
駱山公園
駱山
大学路
梨花洞壁画村
昌信洞
宗廟
鍾路区
仁寺洞通り
東廟
タプコル公園
敦義洞
東大門
團成社
広蔵市場
鍾路
鍾路3街駅
貫鉄洞
ソウル劇場
黄鶴洞厨房家具通り
忠武路
日報
ソウル図書館
芳山市場
東大門
デザインプラザ
東大門歴史
文化公園
KEBハナ銀行
ソウル広場
乙支路
ソウル中央市場
圜丘壇
五壯洞咸興冷麺
中央アジア街
新堂洞トッポッキタウン
明洞芸術劇場
中華人民共和国大使館
韓国銀行貨幣金融博物館
スタンダードチャータード銀行
退渓路
奨忠洞豚足通り
ウリ銀行
明洞
東国大学校
奨忠体育館
新羅ホテル
中区
厚岩洞
Nソウルタワー
108ハヌル階段
解放村
漢江鎮駅
経理団通り
漢南・ザ・ヒル
梨泰院世界
飲食文化通り
第一企画
漢南洞
緑莎坪駅
読書堂路
梨泰院駅
ソウル中央聖院
漢南五差路
龍山基地
(龍山公園)

※平倉洞・付岩洞、地図外北
仁王山
水聲洞渓谷
通仁市場
景福宮
社稷壇
光化門
慶熙宮
東亜日報社
道路元標
朝鮮日報
徳寿宮
貞洞劇場
トルダムギル
貞洞展望台
北倉洞
中央日報
南大門市場
文化駅ソウル284
(旧京城駅舎)
淑明女子大学校
南営駅
熱情島
戦争記念館
龍山区
三角地駅
龍山電子商街
大韓民国 国防部
龍山駅
二村市場
二村綜合市場

官公庁や新聞社、金融機関など国の主要機関が揃う、名実ともに国の中枢

鍾路区《チョンノグ》＝千代田区

鍾路区にも千代田区にも国の中枢機関が集まる

　国の中枢ともいえる主要機関が集まる**鍾路区**《チョンノグ》（종로구）は、東京に例えるならば千代田区のような存在である。１３９２年に朝鮮王朝が成立した頃に建設が始まり、１３９５年以後は正宮として使われていた**景福宮**《キョンボックン》（경복궁）や、文禄・慶長の役（韓国では壬辰倭乱）で焼失した景福宮に代わって正宮の機能を果たし、世界遺産にも登録された**昌徳宮**《チャンドックン》（창덕궁）①、そして離宮、別宮となった**昌慶宮**《チャンギョングン》（창경궁）、**慶熙宮**《キョンヒグン》（경희궁）のような古宮が存在する。これらは現在、史跡として保存されているが、東京でこれらの王宮に相当するものといえば、やはり皇居であろう。皇居は大田道灌が１４５７年に築城した江戸城がもとである。朝鮮王朝の宮殿、のちに皇居となる江戸城はともに14世紀～15世紀頃に建てられたものである。

　ユネスコ世界遺産に登録された昌徳宮もまた、皇居と考えてよいだろう。景福宮が焼失して以来、約２７０年間、正宮として使われた。昌徳宮は建物が自然の地形に合わせて建てられている。特徴的なのは**秘苑**《ピウォン》（비원）とも呼ばれる**昌徳宮後苑**②である。そのままの自然や地形を生かし、そこに東屋などが配置され、王や王族たちが散策に使っていたようである。皇居であれば東後苑や二の丸庭園のような存在だといえよう。

　そしてソウルの官庁街といえば、景福宮の正門である**光化門**《クァンファムン》（광화문）一帯である。広々とした車線の中央には２００９年に光化門広場が造成され、現在は朝鮮時代の武将・**李舜臣**《イスンシン》（이순신）とハングルを創製した朝鮮第４代王・**世宗大王**《セジョンデワン》（세종대왕）の銅像が立っている。一方で皇居のそばには天

③

④

皇家の血筋を守った和気清麻呂像や、後醍醐天皇に忠誠を尽くした楠木正成の像がある。話を戻すと、多くの官庁は盧武鉉元大統領の公約により移転が決まり、現在は政府ソウル庁舎や外務省にあたる外交部、ソウル地方警察庁などほか一部を残すのみで、多くは世宗特別自治市に移転された。

一方で東京は首都機能移転の話は出ていたが、結局立ち消えになり、一部がさいたま新都心に移転したことを除いて、今もなお多くの官庁が**霞が関**③にある。その霞が関の官庁街は皇居の**桜田門**④の外に位置するが、門の近くにあるという点でもソウルの光化門を思い起こさせる。いずれも官庁街は、王宮や皇居の近くに位置している点では共通する。このようなことから、鍾路区を千代田区と仮定してみたい。

光化門・大手町には新聞社が多い

光化門は官庁街であり、霞が関のような場所ではあるが、光化門交差点の南側には新聞社が集まっている。その意味では大手町のような存在ともいえるだろう。大手町には読売新聞や産経新聞、日経新聞それぞれの本部がある。余談だが大手町は箱根駅伝のゴール地点でもあり、光化門はソウル国際マラソンの出発地点でもある。主催もともに新聞社の名が入っている。そして大手町、光化門ともに、区境に位置している点もまた共通する。大手町の東側は中央区日本橋室町、そして光化門交差点の南側は**清渓川**《チョンゲチョン》（청계천）を境にして鍾路区、中区に分かれている。例えば東亜日報と朝鮮日報は目と鼻の先にあるのだが、前者は鍾路区、後者は中区だ。少し離れたところに位置する新聞社もあり、朝日新聞は中央区築地、中央日報は中区の市庁駅南側にある。日本の新聞社のソウル支局や、韓国の新聞社の東京支局も同じビルに事務所を置いていたり、この近隣にあったりするので、ともに**新聞社街**⑤といえるだろう。

そして東京の場合は、大手町や丸の内、内幸町あたりに金融機関の本店が集まっており、みずほ銀

⑤

⑥

行や三菱ＵＦＪ銀行もこのあたりだ。やはり近くには韓国の銀行の東京支店もある。ソウルでは銀行の本店は中区の明洞界隈に多く集まっており、韓国銀行本店、ＫＥＢハナ銀行、ウリ銀行があるが、国民銀行は証券街である汝矣島に本社を置いている。

千代田区・鍾路区は大使館密集地域

鍾路区や千代田区には大使館が多い。千代田区では皇居の東側にあたる番町エリアや麹町に大使館が集まっている。千鳥ヶ淵公園の向かいには英国大使館が堂々と構えており、近くにはパラグアイ大使館もある。半蔵門駅付近の麹町にはビルが多いが、番町あたりはお屋敷街で、そこには大使館が散らばっている。ソウルの大使館で最も目立つ場所にあるのは**アメリカ大使館**⑥であり、光化門広場の脇に位置している。日本大使館もほど近いが、建て替え計画で数年前に取り壊されているままの状態だ。目の前の歩道には椅子に腰かけた慰安婦少女像が置かれている。とにかく地図を比べて眺めてみても王宮や皇居周辺に大使館があることは共通する。ソウルではほかに龍山区や城北区に大使館が多く、東京では港区や品川区、また目黒区、世田谷区の住宅街にも点在している。

博物館など文化施設が光化門に集中

光化門の後ろに建てられた朝鮮総督府の庁舎は、１９９５年に取り壊されるまで国立中央博物館（現・龍山区）として使われていた。現在は光化門のすぐそばに韓国の近現代史の展示をおこなう大韓民国歴史博物館、光化門広場の銅像の下には李舜臣と世宗大王の記念館があるなど、この光化門を中心に博物館や公演場などが30施設ほどある。２０１０年頃にはその文化施設の連合体を作ろうと、ニューヨークのブロードウェイに倣って「世宗ベルト」と名付けられたが、数年後には全く言われなくなった。東京で文化施設が多い場所といえば上野を思い浮かべる人が多いだろう。皇居の北側にあ

⑦

⑧

る北の丸公園には科学技術館や東京国立近代美術館があり、その北には戦中戦後の国民生活を展示する昭和館があるなど、皇居の周辺にもいくつかの施設が存在する。

大統領府青瓦台と首相官邸

景福宮の裏手には大統領官邸の**青瓦台**《チョンワデ》（청와대）⑦がある。文字通り青い瓦屋根の建物であり、アメリカの大統領官邸のホワイトハウスのように“Blue House”と呼ばれることもあるが、日本でいう内閣総理大臣官邸（以下、首相官邸）にあたるだろう。住所は永田町であり、国会議事堂⑧に隣接する立地であるが、霞が関の官庁街にもほど近く、光化門の官庁街とも近い点は似ている。しかし韓国の国会議事堂は永登浦区汝矣島《ヨイド》（여의도）にあり、青瓦台とは距離があるが、直接選挙で選ばれる韓国の大統領は日本の首相とは異なり、国会議員ではないため、離れていても特に問題がないのだろう。青瓦台の正門前には青瓦台サランチェ（청와대 사랑채）という施設があり、歴代大統領のパネル展示や大統領執務室が再現され、写真撮影を楽しめるスポットにもなっている。

鍾路区・千代田区の交通面とスペック

鍾路区と千代田区は、ソウル・東京それぞれで人口密度が最も低い点は共通する。鍾路区の人口は1平方キロメートルあたり約６７００人、千代田区は約５８００人であり、国の機関や企業などが集まっているために昼間人口が多いのだが、住民登録数が少ないことは想像に難くない。人口や面積は鍾路区が約16万人、２３・９１平方キロメートルで、千代田区が6万7千人、１１・６６平方キロメートルと、いずれも倍以上の差がある。千代田区には国立大学はないものの、私立大学の数は10を超えており、国の中枢となる機関とともに高等教育の場も多いといえる。鍾路区にもその要素があり、かつては大学路と呼ばれるあたりにソウル大学校（韓国では日本でいう大学を「大学校」という）の本

⑨

⑩

⑪

部があった。詳しくは後述するが、近くには朝鮮時代の最高教育機関を受け継ぐ、成均館《ソンギュングァン》（성균관）大学校がある。そのほかにも祥明《サンミョン》（상명）大学校、培花《ペファ》（배화）女子大学校といった大学が区内に本部を置いている。

そして交通面をみてみよう。東京の中央は皇居であるため、地下鉄はその場所は通っていないが、ソウルでも同様に王宮の地下を通ることはなく、迂回するような形になっている。鍾路区では北部は地下鉄が通っておらず、光化門や鍾路といった中心部には1・3・5号線が通っているほか、東部には南北に4・6号線が通り、この2路線は1号線とも交差している。ソウルの地下鉄路線はわかりやすいが、東京の場合は地下のあらゆる場所で線路が入り重なるように配置されている点は特徴的だ。とくに大手町駅は地下鉄5路線が、霞ヶ関駅は3路線、3つの区の境に位置する飯田橋駅もまた地下鉄3路線に加えて総武線が通っている。そして千代田区の区境を見ると、北部は中央快速線や総武線、そして東部には新幹線や山手線などのJR線が走っている。

伝統的な商業地区・鍾路は丸の内や神田

ソウルのどの王宮でも正門をくぐると、神聖な宮中と外の世界とを分ける禁川橋《クムチョンギョ》（금천교）とよばれる橋が架かっている。本来はこの橋の下を明堂水《ミョンダンス》（명당수）という水が流れるが、現在は流れていない。これに防衛の意味はないようだが、これを皇居の内堀に例えることもできなくはない。ただしもう少し広くみるならば、内堀は清渓川《チョンゲチョン》（청계천）⑨にあたるといえまいか。清渓川はもともと自然の河川であり、都として風水上の意味をもっているが、周囲の山々から流れてくる水により、洪水に悩まされたことから、15世紀初頭に掘り起こされ、当初は「開川《ケチョン》（개천）」とよばれた。江戸城の外濠の内側にあり、東京駅の正面にあたる場所は「丸の内」と呼ばれている。ソウルでいうならば、清渓川と並行する歴史ある大通り、鍾路がここに当たるだろう。鍾路は歴史ある主要道路で、ソウル中

心部を東西に横断し、光化門交差点から、東大門をこえ、新設洞駅あたりまで４・３キロ続く。鍾路の「鍾」は「鐘」という字を当てることもあるが、朝鮮時代に都城の開閉を知らせていた鐘に由来する。現在も地下鉄1号線の鐘閣駅の前の普信閣には大きな鐘が置かれており、毎年12月31日に除夜の鐘が鳴らされる。

　鍾路は朝鮮時代、王や高官がこの道を通るあいだ、民衆たちは伏せていなければならなかった。それを煩わしく思ったことから、人々が大通りを避けるようにして「**避馬コル**《ピマッコル》（피맛골）」⑩⑪と呼ばれる路地裏が発達したという経緯がある。ちなみに丸の内は江戸時代には大名屋敷が立ち並ぶ場所だったが、明治時代初期には荒廃。その後、市街地として開発された。21世紀に入ってからは再開発が進み、今は高層ビル街となっている。一方で鍾路は２００８年頃から再開発が始まり、かつての路地裏は撤去され、ビルのなかに取り込まれた。今もなおその面影を残す路地が残っているとはいえ、特に光化門〜鐘閣駅までの大通りの左右はビルが立ち並び、まさに丸の内を連想させる。鍾路には庶民的な店が多いが、丸の内のビルの合間は高級ブランド店が多く、ハイソな街並みになっているところは異なっているだろうか。そして鍾路、とくに鐘閣駅付近は朝鮮時代、**六矣廛**《ユギジョン》（육의전）という御用商人たちが集まっている町でもあった。現在でも鍾路1街から**曹渓寺**《チョゲサ》（조계사）（大韓仏教曹渓宗の総本山）近くへ続く仏具店街、**鍾路3街の貴金属店街**⑫、**鍾路5街の薬局街**⑬がある。一方、神田は江戸時代、商工業の街であった点はどことなく共通点が見いだせる。現在は全体的に商業ビル街へと置き換わっているが、東神田・岩本町の衣料品問屋街は今もなお健在だ。染物職人がいた紺屋町、駕籠職人がいたといわれる北乗物町などの地名は今も残るが、職人街という要素は神田のほうが強かったとも思える。

　さらに鍾路沿いを見ていくと、宗廟の向かいあたりには１９６８年に建てられ、当時は画期的だともてはやされた住商複合施設の**世運商街**《セウンサンガ》（세운상가）⑭が南北に連なり、ここは１９８８年のソ

⑮

⑯

ウル五輪の頃に龍山電子商街が形成されるまでは電子部品街として栄えていた。その後衰退の一途をたどるものの、ソウル市主導で再生事業が行われ、今は歩道や展望デッキが設置されているほか、ロボットが出迎えてくれる。こちらを秋葉原と考えることができるが、龍山のほうがふさわしいように思える。ちなみに神田付近も、もともとは職人たちが仕事とともに生活する場でもあったし、現在も職住一体のまちづくりを進めている動きもある。

広蔵市場《クァンジャンシジャン》（광장시장）は、朝鮮時代後期にはソウルの3大市場のひとつに数えられたペオゲ（梨峴）市場がその前身にあたる。1905年に朝鮮の資本で建てられ、当初は「東大門市場」とも呼ばれていた。観光客には屋台風の飲食通りが人気を集めているが、この市場の主要品目には伝統衣装の韓服や反物、織物がある。建物の2階には古着を扱う店が集まっており、一部の買い物客には人気がある。鍾路区から中区へとまたがる東大門ファッションタウンにも近いという点では、岩本町・神田岩本町や距離的にも近い中央区・日本橋横山町の衣料品店街にも通ずるものがあるのではないか。

朝鮮時代のお屋敷街は現代にも息づく

朝鮮時代のソウルのお屋敷街といえば、景福宮の西側に位置する「**北村**《プッチョン》（북촌）」といわれる地域で、ここは上級官吏たちが暮らす町だった。現在は**北村韓屋村**《プクチョンハノンマウル》（북촌한옥마을）⑮として、実際に人が住むエリアでありながら、観光客たちもこの伝統家屋の韓屋の趣を楽しみにやってくる。ちなみに北村と対比される「**南村**《ナムチョン》（남촌）」は清渓川の南側で、今の明洞から南山あたりのことをいい、下級官吏が暮らしていた。千代田区のお屋敷街はといえば、江戸時代では先に述べた丸の内周辺ももちろんだが、現在にも受け継がれている場所としては皇居の西側に位置する麹町・番町付近で、今もなお高級住宅街である。シックな外観の建物が多く、非常に落ち着いた雰囲気のある場所だ。

ちなみに景福宮の西側にあたる場所を**西村**《ソチョン》（서촌）⑯という。ここには朝鮮時代、中人（上流階

⑱ ⑰

級と庶民との間の身分の職能集団）が暮らし、その後文人たちが多く暮らした場所だ。西村もまた伝統的な韓屋街だが、北村よりも庶民的な要素がある。地元ローカルで惣菜店が多く、観光客の間では「お弁当カフェ」としても有名な**通仁市場**《トンインシジャン》（통인시장）⑰もここにある。日本統治時代の詩人・**尹東柱**《ユンドンジュ》（윤동주）がかつて住んでいた場所もこのあたりである。番町もかつて島崎藤村、与謝野鉄幹ら多数の文人たちが暮らしていたことで知られる。そういったことから考えても、ソウルの北村・西村あたりは、東京でいう麹町・番町あたりに相当するだろう。

三清洞は紀尾井町のエレガントさにも共通

「北村」のあるあたりは**嘉会洞**《カフェドン》（가회동）といわれる地域だが、その北側は**三清洞**《サムチョンドン》（삼청동）⑱である。この地名は朝鮮時代に道教思想で建てられた三清殿に由来する。景福宮の西側から続くイチョウ並木が美しく、ここにブティックやカフェが並んでおり、週末になると散策する人々でにぎわう。北村韓屋村に隣接していることもあり、韓屋を改造して店舗としている店もみられる。表参道のような雰囲気もあるが、千代田区であれば紀尾井町付近といえるだろう。徳川御三家の紀伊家、尾張家とともに井伊家の屋敷があったことからこのような地名となっている。その屋敷の跡地は、旧・**李王家東京邸**⑲のある東京ガーデンテラスや、ホテルニューオータニがあるなど、なにかとエレガントな土地柄だ。江戸城の外郭に位置する城門のひとつである赤坂見附跡からプリンス通りに入ると、クラシックな洋館がひときわ目立つ。これが1930年に建てられた旧・李王家東京邸で、現在は赤坂プリンスクラシックハウスとして使われている。朝鮮の最後の皇太子となった**李垠**《イウン》（이은）殿下と、皇族の梨本宮方子《なしもとのみやまさこ》妃が暮らしていたのである。これは事実上の政略結婚だ。梨本宮方子妃は、韓国では**李方子**《イバンジャ》（이방자）の名前で知られており、晩年は昌徳宮にある楽善斎で過ごした。紀尾井町通りに入ると清水谷公園のような緑地や街路樹があることからすれば、街歩きには心地が良い場所だ。上智大

⑲

⑳

学もこの紀尾井町に位置する。ただし敷居の高さ（!?）からすれば、三清洞のほうがふらりと訪れやすい土地柄であるようにも思えるが、景福宮や上級官吏たちが暮らした韓屋村が目と鼻の先という、由緒ある場所であることからすれば、似た要素がないとは言い切れないだろう。

伝統的なまち仁寺洞は、神田神保町に相当

観光客が伝統的なお土産を買い求める**仁寺洞**《インサドン》（인사동）⑳。お土産店のほか、骨董品や伝統的な絵画を売る店が多いが、このような芸術が感じられる街になった理由は、朝鮮時代に、宮中絵師たちが集まる「**図画署**《トファソ》（도화서）」という機関があったことによる。朝鮮時代末期、日本が朝鮮半島に勢力を強めたころ、没落した両班（貴族階級）たちがここで骨董品を売り払ったことにより、今のような伝統スタイルの街になった。ここからは、神田神保町の古書店街を連想した。近くに明治大学や専修大学があり、学生たちが本を売り買いしていたことから、今のような古書店街が形成されていった。ただ景観はあまり似てはいない。ソウル・仁寺洞は低層の建物が多く、メインストリートは休日には歩行者天国となる㉑。韓国の伝統が感じられ、外国人観光客が訪れる観光地という意味では浅草の仲見世通りにも例えられそうだ。神田神保町は中層ビルに囲まれ、目白通りや靖国通りを車が行き来している場所だ。しかし文化的な中古品が流れ込んできた場所としては、共通点が感じられなくもない。ちなみにソウルにも古書店街があり、清渓川沿いにかつて、１００店舗ほどあった。現在は同じ清渓川沿いで東大門にある平和市場（中区）に中古書店が20店舗ほど残っているのみである。

安国駅近くに日本大使館の公報文化院、韓国文化院は？

北村韓屋村や仁寺洞の最寄り駅でもある地下鉄3号線安国駅近くには、日本国大使館の公報文化院という3階建ての建物があり、ここが日本文化の発信地となっている。この図書室には日本語の書籍

㉑

㉒

が多数あり、ギャラリーでは文化的な展示が行われたり、ホールで催しが開かれる。ちなみに東京にも同様に韓国文化を伝える役割を果たす韓国文化院が新宿区四谷にあり、ＫＯＲＥＡ ＣＥＮＴＥＲという名前で、ソウルにある日本大使館の施設よりも立派なビルが建っている。ここにあるハンマダンホールは約３００人収容でき、韓国映画の上映会や、韓国文化に関する講演会などが行われているほか、建物内の図書映像資料室では韓国に関する書籍が置かれている。また韓国観光公社やそのほかの地域の観光事務所もこのビル内にあり、韓国フリークとしてはあらゆる情報を得ることができる。

成均館と昌平坂学問所

鍾路区の大学街といえば、**大学路**《テハンノ》（대학로）である。ここは１９７５年までソウル大学校の本部のキャンパスがあったことに由来するが、現在は医学系の施設㉒を残すのみだ。その建物の雰囲気は東京大学の安田講堂にも似ているように思える。街にはミュージカルが上映される小劇場がひしめき合い、カフェなどの飲食店が多い。大学路近くの**明倫洞**《ミョンリュンドン》（명륜동）には成均館大学校があり、今も大学路あたりには若者が多い。そして「成均館」は先にも述べたが、朝鮮時代の最高教育機関であり、それを受け継ぐかのように現在も名門私立大学のひとつである。２０１６年に米・ロイターが発表したアジアの革新的大学ランキングでは８位にランクインしたほどだ。

一方で千代田区の学生街はといえば、神田川を境に文京区と分けた南側、駅でいうならば水道橋駅や御茶ノ水駅の南側から、神保町駅の北側にあたる場所である。ここには日本大学のほか、専修大学、明治大学やお茶の水女子大などの有名大学が集まるが、ここに学校が増えた理由は、最高学府である「昌平坂学問所」があったことによる。江戸幕府が旗本や御家人の子弟をここで学ばせていたのだ。その意味では「成均館」と同等の施設だといえるだろう。大学路を歩くと、10～20代の若者たちが集う繁華街であり㉓、**マロニエ公園**㉔ではストリートパフォーマンスが行われるなど、アートや

芸術の街という雰囲気も漂ってくる。ピンポイントで言うならば世田谷区の下北沢のような要素もある㉕。実際に演劇が行われる劇場が多い場所である。

ちなみにすぐ近くの梨花洞《イファドン》（이화동）㉖のあたりは、ソウル内四山の駱山《ナクサン》（낙산）の斜面に位置するタルトンネ（달동네：月の街と訳され、貧民街として認識されている）であるが、ここには2006年に壁画やオブジェが施され、観光客が写真を撮りにやってくる。一方で明治大学のそばの神田駿河台にはとちの木通り（通称マロニエ通り）と呼ばれる通りがあり、周辺にはこぢんまりとしたレストランやカフェがある。さらに、ビジネス街のなかに美術予備校や画材店もある。いずれも都市の中心部にある学生街あり、近隣にアートの要素があることは共通する。

屋台街・鍾路3街は有楽町のガード下

鍾路は日本統治時代には鍾路1～6丁目であり、大通りには路面電車が走っていた。解放後は鍾路1街～6街と改められ、現在、道路の地下には地下鉄1号線が走っている。仁寺洞にも隣接する駅が**鍾路3街**《チョンノサムガ》（종로3가）駅だ。

5号線鍾路3街駅の地上あたりには、夕方になると屋台に温かな明かりが灯り出し、店を始める。冬場は**帆帳馬車**《ポジャンマチャ》（포장마차）㉗というテント屋台街になる風情ある通りだが、平日は夕方になると仕事帰りのサラリーマンたちが三三五五と集まってきて、夜更けまでにぎわう。ソジュ（소주：韓国の焼酎、焼酒と表記）の瓶を傾け、小さなグラスへと注ぎ、盃を交わす。千代田区ならば、まさに有楽町駅そばの山手線のガード下の横丁がそれにあたるだろう。夏場には軒先に並んだ赤ちょうちんの下で、ワイシャツ姿のサラリーマンたちがジョッキを飲み干す。鍾路では道路の下を地下鉄5号線が走るが、有楽町では山手線が頭上を駆け抜けていく。いずれも夜の楽園がそこにある。少し話が脱線するが、有楽町駅と新橋駅のちょうど中間あたりには2020年9月、ガード下の趣を生かした商業施

㉗

㉘

設、日比谷ＯＫＵＲＯＪＩが誕生し、新たな風が吹き込まれている。

ちなみに仁寺洞入口付近には3・1独立運動の発祥の地となった**タプコル公園**㉘があり、その周辺は楽園洞という町で、市中価の半分ともいえる価格の食堂、理髪店、露店が多く、おじいさんたちが囲碁を指すなどの孤独老人のたまり場である。**敦義洞**《トンウィドン》（돈의동）あたりにはドヤ街ともいえる**チョッパン村**《チョッパンチョン》（쪽방촌）がある。一人が寝られる程度の極狭スペースだ。ある人は横浜の黄金町に似ているともいうが、東京の都会のど真ん中でこのような場所を見つけるのは容易ではない。

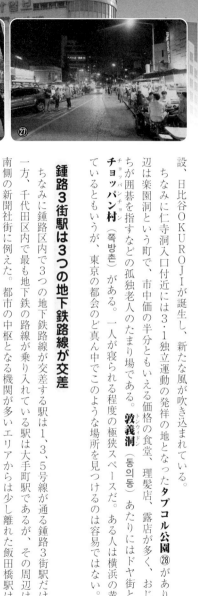

鍾路3街駅は3つの地下鉄路線が交差

ちなみに鍾路区内で3つの地下鉄路線が交差する駅は1、3、5号線が通る鍾路3街駅だけである。一方、千代田区内で最も地下鉄の路線が乗り入れている駅は大手町駅であるが、その周辺は光化門の南側の新聞社街に例えた。都市の中枢となる機関が多いエリアからは少し離れた飯田橋駅は、東京メトロ東西線、南北線、有楽町線、そして都営大江戸線の4路線、さらに地上には中央・総武線が走っている。いずれも東京、ソウルの縦横を走る路線がこの駅を通る利便性の高い駅だ。ここまでは鍾路のオフィス街を丸の内と見立てたり、鍾路3街駅にも近い仁寺洞を神保町と比較したりもしたが、同じように官庁街からは少し離れたところにある鍾路3街駅は飯田橋駅と比べてみたい。

仁寺洞にも近いタプコル公園の向かい側は、**貫鉄洞**《クァンチョルドン》（관철동）㉙と呼ばれる町だ。ここには大手のＹＢＭ語学院をはじめとする語学校が集まっており、学生や仕事を終えた人たちが外国語のスキルアップのために集まってくる。飯田橋駅周辺には東京理科大学のほか、予備校や英仏の語学学校があるが、それぞれ鍾路3街駅、飯田橋駅という路線が交差する場所ならではの利便性が影響しているといえるだろう。貫鉄洞のなかでも鍾閣駅寄りには若い会社員たちが集まる飲食街であり、有名なチェーン店も数多くある盛り場である。清渓川を挟むと明洞にも近い場所だが、ここには外国人の姿はほと

㉙

㉚

んど見られず、まさに韓国人だけの町である。ソウルの人たちが「鍾路」といえばこの繁華街を指すことが多い。近くにオフィスが多く、仕事帰りに立ち寄れることも影響しているはずだ。この街の風景だけみると港区の新橋駅周辺にもなんとなく似ている。

一方で飯田橋駅周辺にもオフィスが多く、飲食街は神田川を挟み、神楽坂へと続く。神楽坂㉚まで行くと新宿区に入るが、ここは江戸時代からの由緒ある通りである。日本らしい料亭や割烹があることからすれば、韓定食通りのある仁寺洞を思わせる。仁寺洞は神保町のようでもあり、神楽坂の雰囲気にも近いともいえるだろう。ただ貫鉄洞にも仁寺洞にも目立った坂はなく、また神楽坂は新宿区という点でもズレはあるが、いずれも鉄道が交差する駅付近の繁華街という点では共通するところがあるように思える。

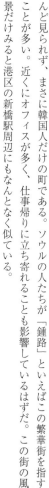

日比谷公園と昌慶宮・宗廟の共通点

丸の内あたりから皇居の内堀を横目に日比谷通り沿いを歩いて南に進むと、日比谷交差点に行き着く。西側には日比谷公園、道路を挟んだ東側の日本生命ビルには日生劇場、隣に帝国ホテルがある内幸町だ。ちなみに鍾路3街駅近く、大通りの南側にはさらに歴史の深い「**ソウル劇場**《ソウルクッジャン》（서울극장）」㉛という名の映画館がある。ソウル劇場は日本統治時代の前、長年のあいだ1907年からの歴史をもち当初、壽座という寄席だった。現在の映画館が開館したのは1979年だが、人々に娯楽を与え続けてきた場所だ。

帝国ホテルはソウルのどのホテルにあたるだろうか？　鍾路北側のモーテル街や南側の小規模なホテルの集合体とでも考えようか。明治前期に外交の中心でもあった鹿鳴館の跡地の隣であり、歴史と格式からすれば迎賓館のあるソウル新羅ホテルや、ソウル市庁前のウエスティン朝鮮ホテルがこれに相当するだろう。しかしその両方は中区に位置する。ホテルオークラや、ホテルニューオータニが千

代田区にある点からしても、格式のあるホテルの存在までは一致しないようである。

日比谷公園はといえば、毎年9月に日韓交流おまつりが開催される場所でもあるが、丸の内と同様、江戸時代は大名屋敷街だった。地盤が安定していないために開発の対象からは漏れ、公園として整備された。「都会の緑地」という意味では宗廟や昌慶宮がそれに相当するだろうか。日比谷公園には野外音楽堂があり、噴水があり、ということからすると、日本統治時代の昌慶宮を連想した。元来、王の近親者たちが暮らしていた宮殿だが、朝鮮総督府により昌慶苑に格下げされ、動物園や植物園、池を造成し、民衆の憩いの場とした。その意味では大名屋敷だった場所を公園化した日比谷公園にも通ずるところがあるのではないか。ちなみに春の昌慶宮は桜の名所でもあるし、日比谷公園の桜は東京で最も早咲きともいわれる。そして昌慶宮は今、日本が手を加える以前の姿に少しずつ復元されようとしている。

緑が広がる場所という意味では鍾路沿いの宗廟も日比谷公園と一緒に考えたいが、宗廟は歴代朝鮮王の位牌が祀られている場所だ。しかし徳川将軍家の位牌は静岡県岡崎市の大樹寺にあることからすると、同等なものとして考えるのは無理がある。

離宮・慶熙宮と、穀物の神をまつる社稷壇

朝鮮王朝の五大宮に数えられる慶熙宮㉜は、景福宮の西側に位置。1617年から建設され、3年後に完成した離宮である。もともとは昌徳宮も離宮ではあったが、前述のように景福宮が消失してからは昌徳宮が正宮として扱われるようになった。皇室の離宮といえば中央区にある旧浜離宮恩賜庭園や、港区の赤坂離宮（現・迎賓館）や旧芝離宮恩賜庭園がこれにあたる。いずれにせよ千代田区という中心部から大きく離れている場所ではないことは共通するといえるだろう。

また景福宮の西側のあたりには土地と穀物の神をまつる**社稷壇**《サジクダン》（사직당）㉝がある。これは儒教に

㉝

㉞

よるもので宮殿の西には社稷壇、東には宗廟を置く必要があり、遷都の際にこの場所に置かれた。江戸城や皇居とは関連はないが、日本では穀物の神は稲荷神社に祀られている。千代田区内では東京大神宮の近くにいくつか小規模ではあるが稲荷神社が存在する。社稷壇は一般の人がお参りする場所ではなく、国家的な儀式のときに使われる場所だが、東京大神宮や靖国神社などの東京を代表する神社が皇居の西側（北西）に、そして**日枝神社**㉞が南西にあることはなにかの偶然だろうか？

日本武道館と奨忠体育館、そして気象観測所

九段下の由来は九段の石垣を作り、御用屋敷を置いたことや、江戸城吹上庭園の役人の官舎が九棟並んでいたことなど諸説ある。いずれも江戸城の役人たちが暮らした場所である。麹町・番町付近のお屋敷街の一部も**西村**《ソチョン》（**서촌**）とみなすこともできるが、九段もまた西村に近い場所ではないだろうか。社稷壇も西村にあるが、靖国神社もまた九段のすぐそばだ。社稷壇の北側には培花女子大学校があるが、靖国神社の北側には法政大学がある。西村には大学がひとつだが、靖国神社の南の番町エリアには大妻女子大学や二松学舎大学がある。

日本武道館に似たものといえば、どこにあるだろうか？　中区にある**奨忠体育館**《チャンチュンチェユックァン》（**장충체육관**）がこれに相当するように思う。1963年に開業したドーム型の体育館で、2015年にリニューアルされた。プロバレーボールチームの男子、女子の2チームが本拠地としており、最寄りの東大入口駅には男子チームのソウルウリカード ウィビ（**서울우리카드 위비**）や、女子チームのGSカルテックスソウルキックス（GS**칼텍스 서울** KIXX）の選手パネルが設置され、フォトゾーンが設けられていたりする。その他にも体育館ではバスケットボールなどの球技や、レスリング競技、伝統相撲のシルムなどが行われた。そのほかK-POPライブが行われる点では共通するといえるだろう。ただし「武道館ライブ」のように、アーティストたちがあこがれる存在ではないようだ。

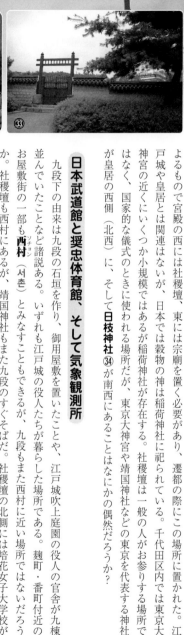

㊱

㉟

少し話を戻すと、西村や社稷壇あたりと一致するのは、慶熙宮のすぐ隣に位置する気象観測所である。北の丸公園にも２０１４年に大手町から移転してきた気象観測露場があり、それぞれ天気予報の基準となっている。このように現代でも景福宮や皇居周辺に主要な施設が集中しているのは、双方の都市の共通点である。

北岳山の後ろもソウル　自然豊かな高級住宅地

景福宮の後ろにそびえる**北岳山**《ブガクサン》（북악산）の裏側もまた鍾路区である。北岳山はソウル内四山のひとつだが、外四山の北漢山の麓に位置する街が**平倉洞**《ピョンチャンドン》（평창동）㉟だ。こちらも斜面に豪邸ぞろいだ。この街にはギャラリーが多いこともひとつの特徴である。もはやこの地を千代田区に当てはめるのは難しい。大田区の田園調布をここに例えるならまだ理解できる。田園調布駅の西側は駅を中心に放射状に町が形成されており、道には街路樹が連なるとともにやはり豪邸揃いである。武蔵野の面影を残すために広場として残したことが由来である宝来公園だが、ここには池があり、梅の木が植えられている。ごく普通の公園とはいえ豪邸街の中庭のような印象だ。しかし平倉洞をそのまま東京に例えるのは難しく、山が見える街並みは軽井沢に豪邸を建てたような雰囲気である。

平倉洞から付岩洞への道には、**弘済川**《ホンジェチョン》（홍제천）という川が流れているが、そこへ注ぎこむのは、付岩洞の奥地にある**白砂室渓谷**《ペクサシルケゴク》（백사실계곡）㊱の水である。白砂室渓谷は朝鮮時代に別荘があった場所であり、山道の散策コースにはその礎石が今もなお残っているのだが、ここに訪れるには斜面に建つ住宅街のなかを上がっていく。傾斜23％の急勾配の標識が設置されているほどで、住民たちは日々の外出にもきっと一苦労であろう。こうした白砂室渓谷は、少々無理やり感があることは否定できないが、千代田区であればお茶の水あたりに例えられるだろうか。茶を立てるのに良い水が出るということで、このあたりは「茗渓《みょうげ》」とも呼ばれていた。もう少し広く見れば、飯田橋〜市ヶ谷あたりの外

堀もそうだろう。外堀のほかのエリアよりも自然が感じられる。ちなみに**付岩洞**《ファムドン》（부암동）㊲は、青瓦台にも近い地域で警備が行われており、目立った開発もされていない。そんな土地柄だからか、こぢんまりとしたカフェやギャラリーも多くみられる。またこの町にはソウルを囲む城郭の小門、**彰義門**《チャンウィムン》（창의문）㊳もある。

ソウル・東京の文具玩具問屋街

興仁之門（東大門）の東側、城郭のすぐ外に位置する町が**昌信洞**《チャンシンドン》（창신동）㊴である。この界隈は東大門ファッションタウンにも隣接し、小規模の縫製工場が多い。また東大門駅から東廟前駅近くまで続く路地には文具や玩具を扱う卸問屋が80ほど集まっており、文具・玩具通り㊵が形成されている。東京で文具の問屋が集まる場所は、台東区の江戸通りで、蔵前橋通りから総武線をまたいで神田川にかかる浅草橋付近まで約700メートル続く。ここは文具、玩具、人形などの問屋街で、この付近には大手玩具メーカーのバンダイ本社（台東区駒形）や、人形の久月の総本店（台東区柳橋）がある。ソウルの昌信洞のように問屋だけが軒を連ねているわけではないが、それに近い場所がここだろう。

そして昌信洞は東大門の外側という場所だけあって、もともと庶民のエリア。夜もにぎわう東大門市場の隣だけに、鍾路の大通り沿いには回転率が高く、うどんや豆もやしご飯といった手軽でチープな料理を提供するお店が並ぶ。そして昌信市場は昔ながらの雰囲気を残している。東大門を出たところに位置するこの界隈を東京に例えていうならば、ちょうど江戸から出たという場所である。この昌信洞には梨花洞同様にタルトンネが形成されている。

東廟とソウル風物市場の蚤の市

地下鉄1号線はソウル中心部の地下を通ったあと、東大門駅から東廟前駅を過ぎ、新設洞駅のあた

㊸

㊷

りが鍾路区と東大門区の境となる。その境にあたる町が**崇仁洞**《スンインドン》（숭인동）である。この町にある**東廟**《トンミョ》（동묘）㊶は、中国・三国時代の蜀漢の名将、関羽《かんう》を祀った霊廟である。豊臣秀吉らによる侵攻（文禄・慶長の役）の際、朝鮮と明の連合軍が日本を退けたことで国を守り抜いたのだが、それは関羽将軍の霊のおかげだとして1601年に建てられた。東京都区内で霊廟として代表的なものといえば、やはり徳川霊廟だろうか。こちらは港区増上寺や台東区寛永寺にあり、参拝には有料もしくは申込みが必要であるなど、寺社本体とは分けられている。

ちなみにこの東廟の前では、毎日蚤の市㊷が行われている。古着や靴などのほか、旧式のカメラやラジオなどの電気製品などがビニールシートの上で売られている。客層の年代はかなり高く、平日の昼間にはリタイアした高齢者たちが集まる場となっていた。しかし最近では若者が好む古着店も見られるようになり、雰囲気が変わってきた。

またお隣の**新設洞**《シンソルトン》（신설동）駅近くで、住所としては東大門区ではあるが、**ソウル風物市場**《ソウルプンムルシジャン》（서울풍물시장）㊸もまた蚤の市であり、建物の内でそれぞれのお店が開かれている。どちらに置かれているものもある意味ガラクタのように見えるが、ソウル風物市場には骨董品やビンテージ品、古着のようなものが多い。いずれにせよ掘り出し物を探すのが好きな人にとっては楽しいだろう。都会にある蚤の市ということからすれば、丸の内にある東京国際フォーラムの地上広場で行われる大江戸骨董市や、年末年始の12月と1月に行われる世田谷ボロ市といったところではないだろうか。ただし東京では常時行われていないという点で異なる。

南大門市場や明洞、市庁、ソウル駅が所在し、鍾路区と並ぶ首都中枢

中区《チュング》＝中央区＋新宿区

中区はソウル北部を代表する商業区

中区《チュング》（중구）の大部分は、ソウル城郭を囲む四大門の内側に位置し、まさにソウルの中心に位置する区である。「中区」と名付けられたのは1943年のことで、現在の位置へとおさまったのは1970年代に入ってからである。ちなみに中区の人口は約13万5千人でソウルの人口のなかで最も少なく、面積も最も狭い。一方で東京の中央区は約17万人で千代田区に次いで二番目に少なく、面積でも都内では最も狭い水準で、これは台東区や荒川区と同程度である。ここには企業が多く、昼間の人口が多いことなども共通する。

中区には伝統ある**南大門市場**《ナンデムンシジャン》（남대문시장）①や、江北エリアで最大の繁華街である**明洞**《ミョンドン》（명동）、そして東大門ファッションタウンがあり、ソウルを訪れる観光客にとってもソウル旅行の中心的な区であるといえよう。中央区には高級感のあるイメージが強い銀座のほか、海産物などの美味しいものが味わえる築地場外市場、江戸時代の風情が感じられる日本橋人形町など、やはりソウル同様に観光の中心的な場所ともいえるのではないだろうか。

ただし異なる点をあげれば、明洞や東大門は若い世代の買い物客が多くみられる一方で、銀座は格式と高級感のある街というイメージが強い。とはいえ銀座にも新しい風が吹き込む要素もあり、有楽町駅～新橋駅のガード下にある「コリドー街」②は近年、ナンパの聖地として話題になっていたりする。また日本橋あたりには特に老舗店が多く、伝統や格式を感じられる場所柄ではある。そしてここには江戸時代に全国の商人や職人が集まってきた町であることを考えると、東大門の東側に位置す

③

④

る中区**黄鶴洞**《ファンハクドン》（황학동）、**新堂洞**《シンダンドン》（신당동）周辺に同業者街や専門卸売街が多く見られることに共通するとも思える（後にも述べるが、このあたりは台東区のような印象も受ける）。そして「国内最大」を掲げる**ソウル中央市場**（서울중앙시장）や、現在のような間食として味わうトッポッキの発祥の地、新堂洞トッポッキタウンがある。

また隅田川下流で埋立地でもある月島、晴海にはウォーターフロントがあり、現在はタワーマンションが並ぶ。一方で中区には清渓川を除いて水辺はなく、居住地というよりも商業地区という印象が強い場所でもある。

面積や人口などの要素では中区は中央区に近いが、東京都の行政機関である東京都庁、東京都議会は新宿区にあり、それに相当する機関としてはソウル市庁やソウル市議会が挙げられるが、いずれも中区に位置する。さらに外国人が多い区であることもまた共通する。中区は外国人比率が7・04％と、外国人工場労働者が多い地区を除けば高い水準にあり、新宿区は12・22％（中央区は5・03％）と東京都のなかでも突出して高い水準である。実際に明洞にはチャイナタウン、東大門には**中央アジア街**③があり、エスニックな雰囲気が感じられる。そのようなことからすれば、中区は新宿区と似ている面もあるのではないか。ということから、中区に関しては中央区だけでなく、新宿区の要素も含めて検討してみたい。

日本の建築家が設計した東京駅とソウル駅

ソウルを訪れたとき、その玄関口ともいえる場所が**ソウル駅**《ソウルヨッ》（서울역）④だ。ガラス張りで解放感のある現在の駅舎は、2004年に高速鉄道KTXが開業する際に建てられたものだ。そのすぐ隣に位置する旧・ソウル駅舎は現在「文化駅ソウル284」という名で複合文化空間として、展示やイベントが行われるスペースになっている。この「284」という数字は史跡284号を意味する。辰野

金吾が設計し、1914年に竣工した東京駅⑤にそっくりだ。旧駅舎はその弟子である塚本靖とドイツ人建築家ゲオルグ・デ・ラランデにより設計され、1925年に京城駅として建てられた。旧ソウル駅は中区、ソウル駅舎は龍山区に位置するが、ホームは両区にまたがる。赤レンガの旧ソウル駅は東向きだが、東京駅は西向きで、千代田区の丸の内側を向いている。東京駅東側は八重洲口で中央区だ。そもそもこの八重洲の由来は、江戸時代に幕府から重宝されたオランダの貿易商ヤン・ヨーステンの邸宅がこの地にあったことによる。駅前の地下には都内最大の地下商店街である八重洲地下街がある。

そして京橋・日本橋という江戸時代の一大繁華街のそばにこの東京駅が位置している。京橋には1664年から大根を中心とした青物市場があり、1935年に築地に移転するまでこの地にあった。中央通りには重厚な中層ビルが多く、それらが整然と並んでいる印象を受けるが、そのなかでも1933年に建てられた日本橋高島屋の建物は重要文化財にも指定されている。また北側の日本橋駅近くにはコレド日本橋があり、日本橋を挟んだ三越前にはコレド室町という商業施設が建つなど再開発が進んだ。

一方でソウル駅はどうか。ソウル駅は当初1900年にこの場所で南大門停車場として設置されたもので、南大門は目と鼻の先だ。南大門のすぐそばには1414年から開かれ、600年を超える歴史をもつ**南大門市場**《ナンデムンシジャン》（남대문시장）⑥がある。現在でも1万店舗以上の店があり「ないものはない」市場とも呼ばれており、衣類や日用品、輸入品からおみやげものまで何でも揃っている。ソウル駅、東京駅のいずれも商業の中心地に建てられたことは共通するといえよう。

とはいえ南大門市場の雰囲気は、台東区にある上野アメ横である。規模としては南大門市場のほうが明らかに大きいが、お店の軒先にTシャツやジャケットが吊るされていたりする点は同じであるし、お店のテーブルに気軽に腰かけて軽食をとったり（南大門では路上だが……）。するところは同

⑦

⑧

じだろう。アメ横には韓国系のお店もあり、そこではホットクや「トッポギ」が売られていたりするほか、来日する外国人に合わせてであろうか、飲食店はかなり多国籍の店が多い印象を受ける。

ちなみに京橋に隣接する日本橋といえば国道の基準となる「道路元標」がある場所だ。それは東大門ではなく、鍾路区の光化門広場近くにある。日本統治時代には光化門広場の中央あたりに置かれており、その後移動したが、1997年からは光化門交差点の南側に位置している。地図で見るとソウル駅から北北西にあり、一方で日本橋の道路元標は東京駅の北西方向に位置するため、ソウル駅、東京駅からの基準で見れば、方角としては似ていないこともない。

明洞は銀座や日本橋、雰囲気は渋谷や新宿

明洞⑦は韓国で最も地価が高い場所という点で、東京では銀座を思い起こす。また「明洞」という地名を冠する繁華街は地方各地にあり、その点でも銀座との共通点が見いだせるだろう。特に日本人にもよく知られているのはドラマ『**冬のソナタ**《キョウルヨンガ》（겨울연가）』のロケ地としても話題になった江原道・春川市の「春川明洞」がそのひとつである。しかし明洞は、銀座のようなハイソな雰囲気か、というと大きく異なる。むしろ新宿や渋谷によく例えられる。明洞はとくに外国人観光客が目立ち、夕方になると通りには露店が登場するが、ソウルの若者たちが買い物にやってくる場所でもある。若者向けのファッションビル、ロッテヤングプラザや明洞ミリオレ、また韓国の有名コスメブランドの多くは明洞に出店している。多くのストリートは歩行者天国になり、買い物をしながら歩く姿を見ると、雰囲気は渋谷センター街に近いとも思える。しかし新宿の要素を挙げるとすれば、「新宿」という文字が表すように、新たに作られた街ということである。新宿は甲州街道の新たな宿場町として1699年に開設された。内藤氏の領地だったことから内藤新宿と呼ばれ、今は内藤町という地名が残る。一方、明洞は清渓川の南に位置し、朝鮮時代はこの一帯が**南村**《ナムチョン》（남촌）と呼ばれ、**北村**《プクチョン》（북촌）よりも

悪条件の場所であった。日本統治時代にそこに日本人が住みはじめて明治町、黄金町、本町（それぞれ今の明洞、乙支路、忠武路）と呼び、開発を進めて商業地域となった。今やどちらも歴史のある繁華街だが、それぞれの時期に新たに作られた町であることは共通するといえる。

ちなみに明洞界隈には1930年代前後に建てられた近代建築が多い。現在の**新世界百貨店本店本館**⑧は三越百貨店京城支店の建物であり、その隣には朝鮮貯蓄銀行として建てられ、現在は**スタンダードチャータード銀行**⑨として使われている建物もまた文化財となっている。その向かい側には朝鮮銀行の本店として使われ、現在は**貨幣金融博物館**⑩（1912年竣工）として使われている建物がある。この建物もまた日本橋本石町にある日本銀行本店の本館の設計者と同じ、辰野金吾によるものである。さらに明洞のメインストリートには**明洞芸術劇場**⑪など当時の建物が現存している。

そこで明洞界隈の劇場にも目を向けてみることにしよう。明洞芸術劇場の建物は1934年に建設され、当初は映画館だったが、1936年に「明治座《ミョンチジァ》（명치좌）」として開館（後述するが、東京にも同名の劇場がある）。解放後は国立劇場としても使われていた。この建物は1975年に閉鎖されたが、2009年に外観はそのままの形でリニューアルを遂げ、今も当時の面影を感じさせる。今は演劇やミュージカル、オペラなど多様な公演が行われている。東京で最古の劇場といえば日本橋浜町にある「明治座」だ。ここは1873年創業、1993年に建て替えられたためにビルになっているが、演劇やコンサートや落語なども行われる歴史ある劇場だ。しかし現存する劇場の建物の歴史性からみれば、今の明洞芸術劇場は日本橋室町にある三越劇場のほうがより近いのではないだろうか。こちらは当時の京城「明治町」にも建設された三越の日本橋三越本店、その本館6階に位置している。この建物は1935年にルネッサンス様式で建てられた重厚な建物で、現在は重要文化財に指定されているほどである。また三越百貨店の向かいにはソウルと同じく日本銀行本店が堂々と構えている。そのすぐそばにはギリシャローマ風の三井住友銀行日本橋支店があり、その当時の建築が現在も使わ

⑪

⑫

れている点では明洞にそっくりである。
　このほかにも中央区には劇場が多く、銀座四丁目の歌舞伎座、六丁目の新橋演舞場では能や歌舞伎といった伝統芸能の公演、銀座八丁目の銀座博品館劇場ではミュージカル公演などが行われる。ちなみに明洞にもノンバーバル・パフォーマンスで世界的にも有名なＮＡＮＴＡ（ナンタ）の専用劇場があったり、明洞からは少し離れるが、地下鉄３号線忠武路駅に近い南山ゴル韓屋村にはソウル南山国楽堂がある。さらに明洞から徒歩圏内であるソウル市庁となりの徳寿宮の裏手には１９９５年に開業した**貞洞劇場**《チョンドンクッチャン》（**정동극장**）⑫があり、ここでは韓国の伝統芸能をもとにしながらも、ミュージカル風に鑑賞できる作品が多く、外国人観光客にも人気が高い。

古きも新しきも、外国語の看板も入り混じる明洞

　そして明洞の一角には小さなチャイナタウンがある。ここは**小公洞**《ソゴンドン》（**소공동**）⑬と呼ばれる町だが、華僑の漢城華僑小学校、その隣には中国大使館があり、そのまわりに中華料理店や食材店、雑貨店などが何軒か集まっているのだが、とくに観光地という雰囲気があるわけでもない。大使館前の通りということから、中国語にちなんで「官前街」とも呼ばれる。中華料理店ではチャジャン麺（**짜장면**）という韓国式のジャージャー麺のほか、揚げた豚肉にあんかけをかけて食べるタンスユク（**탕수육**・糖熟肉）など韓国人の口にあう料理が提供される。このあたりには公認両替所が多く集まっており、両替レートが良いことから、観光で訪れた外国人たちでにぎわっている。

　明洞の外国人街としてはこのチャイナタウンだけだが、日々外国人が訪れる多国籍な街であるともいえる。街中には日本語や中国語が表記された看板も目立ち、さらには外国語ができる店員が多い。中国人が「爆買い」をしていた２０１５年頃、銀座界隈では中国人観光客に対応する販売員も多かったようだが、明洞もまたこれと同じであった。日本人観光客のほうが多かった頃は、日本語が聞こえ

てくるなど、観光客にとって買い物がメインとなる街だけに、その時々の需要に応じて使われる言語も変化する。特に明洞はソウルを訪れる外国人が必ずやってくるといっても過言ではない町だ。

韓国屈指の繁華街であり、外国人観光客が訪れる明洞という町は「銀座」でもあるようで、日本統治時代、つまり大正・昭和初期の近代建築が今もなお使われているという点では「日本橋」のようでもある。さらに雰囲気からすれば若者たちが買い物に訪れ、近年では外国人観光客が多く、スクランブル交差点が名物になっている「渋谷」のようでもある。このように明洞は様々な要素を持った街なのである。

東京にある華僑学校と韓国学校

明洞には華僑学校があるが、東京の華僑学校といえば、千代田区五番町にある台湾系の東京中華学校がそれにあたる。この学校がある千代田区の番町エリアや、隣接する紀尾井町のあたりは、先にも述べたように由緒ある高級住宅街だ。東京中華学校は市ヶ谷駅や四ツ谷駅のあいだに位置しており、中央線・総武線の線路を挟むと新宿区というロケーションだ。ちなみに新宿区若松町には東京韓国学校があり、ここにはニューカマーの韓国人や駐在員、在日韓国人たちがこの学校に通っている。余談だが、東京には朝鮮学校のほうが、韓国学校よりも圧倒的に多い。そして韓国学校の周囲の電柱には韓国の大学受験や英語の資格試験を視野にいれた学習塾やピアノ教室など、子どもの教育に関する広告がハングルで書かれている。そして韓国学校の最寄り駅である大江戸線の若松河田駅から都営新宿線の曙橋駅にかけては韓国系スーパーや飲食店⑭、伝統衣装のレンタルショップなどがあり、隠れたコリアンタウンである。このあたりの食堂は現地ならではの味がするという評判もある。さらに曙橋駅よりも少し南にあたり、韓国文化院のある四谷三丁目駅近くにかけても韓国料理店が点在しており、チェーン店として展開する妻家房の四谷本店もここに位置している。

ソウル市庁と東京都庁の共通点は？

ソウル市庁舎⑮は、鍾路区の光化門広場から少し南に下ったところに位置する。日本統治時代の１９２６年に京城府庁舎として建てられ、２００３年に主に近代の文化財に与えられる韓国の登録文化財52号に指定されている。この建物は２０１２年までソウル市庁として使用されたあと、すぐ後ろに旧市庁を覆うように建てられているガラス張りの新庁舎に移転した。残された旧庁舎はソウル図書館として使われている。新庁舎は日本統治時代に建設された旧庁舎を覆いかぶさるような形をしているため、津波が日本を襲っているデザインなのではないかと噂された。しかしデザインされたのは２０１１年の東日本大震災以前で、これは都市伝説にすぎないだろう。

そしてソウル市庁の目の前には芝生が広がっているが、ここが**ソウル広場**《ソウルクァンジャン》（서울광장）⑯である。ここでは各種イベントが行われたり、時にはデモが行われるほか、冬にはソウル市によるスケートリンクが設置されたりもする、まさに市民のための広場である。ソウル市庁に相当する建物といえば、やはり新宿区西新宿にある東京都庁だろうか。丹下健三の設計で１９９０年に完成したビルで、その高さは２４３メートルである。地上45階には無料で入場できる展望室があり、東京を見渡せる観光名所となっている。ちなみにソウル市庁の本庁舎ではなく、近くにある西小門庁舎の13階にも貞洞展望台があり、こちらは近隣を見渡せるようになっている。

さてソウルと東京の範囲についてもここで触れておこう。ソウル特別市には東京市部や島嶼のような場所がないが、あえて例えるならば、ソウルをとり囲むように位置する京畿道、仁川の一部が三多摩にあたり、そしてそれらの西方にある島々が伊豆諸島や小笠原諸島にあたるだろう。そういった意味で東京都庁とソウル市庁は管轄する範囲が異なるが、韓国、日本のそれぞれ最も人口が多い地域の庁舎である点は共通する。また東京都庁の前にあり、建物に囲まれたスペースは都民広場であり、規

⑰

⑱

⑳

⑲

㉑

模は小さいながらもここでもイベントが行われる。また都庁隣には新宿区最大の面積を誇る新宿中央公園があり、ここではフリーマーケットほかイベントが行われたりもする副都心のビル街のオアシス的な存在だ。そして新宿中央公園の脇には熊野神社があり、木々に囲まれているが、このあたりにはかつて十二社池《じゅうにそういけ》があり、かつては風光明媚な場所だった。

そしてソウル市庁の周りには、明洞が近いこともあってかホテルが多い。ソウル市庁の向かい側にはプラザホテル、明洞寄りには**ロッテホテル**⑰が建っているが、このあたりで最も歴史が古いのは、**ウェスティン朝鮮ホテル**⑱である。当時、この場所は大韓帝国（１８９７〜１９１０）の皇帝により「祭天」という儀式が執り行われる**圜丘壇**《ファングダン》（환구단）⑲があった場所だった。圜丘壇は一部の建物を残して取り壊され、１９１４年にその跡地に建てられたのが朝鮮ホテルだ。これは朝鮮半島初の西洋式ホテルであったといい、当時の京城を訪れる国賓をもてなす役割をも果たした。迎賓館としても機能したという点では、東京の帝国ホテルにも共通するものがある。ただしこちらは中央区銀座から、ＪＲの線路をくぐった千代田区内幸町に位置している。

洋風の建築が取り入れられた徳寿宮は新宿御苑

そしてソウル広場のすぐ西側には**徳寿宮**《トクスグン》（덕수궁）⑳という宮殿がある。ソウルの五大宮のなかでは鍾路区ではなく、唯一中区に位置している。徳寿宮はもともと王族が住んでいた場所だったが、文禄・慶長の役で景福宮が破壊されたあと一時的に王の居所となった。再び王が移り住むようになったのは、朝鮮第26代王の高宗の妃である明成皇后が日本の浪士によって暗殺された１８９５年の閔妃殺害事件のあとのこと。高宗はロシアの助けを求めようと、ロシア公使館に近いこの場所に身を置いたのである。そのような背景から徳寿宮のなかには西洋風の建築があり、テラスのある静観軒はロシア人建築家のサバテンが設計した建物で、現在徳寿宮美術館㉑として使われている石造殿はイギリス

㉒

㉓

人の設計によるものだ（ちなみにイギリス大使館は現在、徳寿宮の隣にある）。そのようなことから新宿御苑を思い浮かべた。敷地内には日本式の庭園のほかに、イギリス式、フランス式の庭園があり、海外の要素が取り入れられているからだ。新宿御苑は江戸時代、譜代大名であった内藤氏の江戸屋敷であったことから、このあたりは内藤町とも呼ばれるが、この敷地は明治時代に上納されて近代農業の試験場となり、その時期に外国の樹木や洋風建築を取り入れた。その後、１９０６年に皇室の庭園として新宿御苑と名づけられた。

徳寿宮の南側にはトルダムギル（돌담길）㉒と呼ばれる石垣道が有名である。国民的バラード歌手であるイ・ムンセ（이문세）が歌うバラード曲「光化門恋歌」（１９８８年）にもこの道が登場する。秋になると銀杏並木が美しいこの通りだが、ここを歩いたカップルは分かれるというジンクスがある。ここに家庭裁判所（家庭法院）があり、離婚する夫婦がここに出入りしていたという噂があるのだ。実際に近くにはソウル市立美術館㉓として使用されている旧最高裁判所（１９２８年建設）の建物があったことはこの話に信ぴょう性をもたせている。東京の最高裁判所は半蔵門の近く、千代田区隼町に位置するが、戦前の旧大審院は現在の高等裁判所がある霞が関にあった。

東大門ファッションタウンは、日本橋や岩本町に通ずる？

ソウル四大門のひとつである東大門（興仁之門）のそばに位置するのは韓国最大の衣類専門ビルの集積地があり、東大門市場や**東大門ファッションタウン**㉔などと呼ばれる。清渓川にかかる五間水橋を境に鍾路区から中区へと分かれ、双方にまたがっている。この東大門市場の成り立ちは、朝鮮戦争後に清渓川沿いにバラックが経ち、そこに住む人々がミシンひとつで商売したことが始まり、といわれる。清渓川沿いに長い平和市場は、避難民たちが集まって形成された市場である。東大門市場は夜になるとソウルはもちろん、全国各地からバイヤーたちがこぞって買い付けにくる。

㉔

㉕

東大門の中央にはまるで宇宙船が停泊したかのような、**東大門デザインプラザ**（ＤＤＰ）㉕が堂々と構えている。それを境に西側は小売ビル、東側に卸売ビルが集まっている。観光客は主にＤｏｏｔａ！モールやミリオレ東大門などの小売ビルで買い物をする。ちなみにもう少し広くみると、東大門から近接した鍾路区の広蔵市場でも韓国の伝統衣装である韓服や反物が主品目として扱われている。また東大門駅に直結する地下街もまた韓服や布団を販売する地下街である。そうしたことからすると、これらは日本橋の歴史ある呉服店に通ずるものがあるのではないか。日本橋界隈は東大門市場のように衣類専門ビルがまとまっていたり、夜にネオンが煌々とする町ではないが、千代田区岩本町・神田岩本町の衣類卸売街へと区をまたがって続くファッション専門街だと考えることもできる。

かつての東大門運動場は、神宮球場のような存在か

現在東大門デザインプラザ（ＤＤＰ）が建っているこの場所は、２００７年までは東大門運動場があり、主にアマチュア野球場として使われていた。１９８２年に韓国でプロ野球が始まって以来、数年間本拠地として使われていたが、１９８６年に蚕室野球場が完成後はアマチュア野球が開かれるようになった。中区を新宿区と考えたとき、神宮球場が思い浮かぶ。神宮球場は東京ヤクルトスワローズが本拠地にしてはいるが、高校野球の東東京大会の決勝や、六大学野球が行われたりする。東大門には神宮のような森はないが、都心のど真ん中にある球場という意味では似たようなものだったのかもしれない。

東大門周辺は池袋駅北口のような要素も

東大門エリアには中国人や日本人をはじめ、各国からの観光客が多いだけでなく、東大門市場の裏あたりにはロシア語の看板がちらほらとみられ、モンゴルやウズベキスタンなどのお店が集まる中央

㉖

㉗

アジア街が形成されている。また東大門付近には朝鮮戦争の避難民が多かったことから、五壮洞《オジャンドン》（오장동）咸興《ハムン》（함흥）冷麺通りや、奨忠洞《チャンチュンドン》（장충동）㉖の豚足通りなど38度線以北の料理店街が形成されている。地方から衣類を買い求めに集まる人々、各国から訪れる観光客や定住者が存在することから、カオス的な要素がある。その意味では東大門の街は、池袋の要素が含まれているようにも感じる。池袋駅北口あたりは中華料理店が多く集まっており、異国的要素があり、そして風俗街があり、西口には学生街もあり、そして私鉄やJR、地下鉄が乗り入れているという点でもそのように言えるのではないだろうか。

仏教系の東国大学校と中央区唯一の大学、聖路加国際大学

ソウルで「東大《トンデ》（동대）」というと、東国大学校《トングクテハッキョ》（동국대학교）㉗のことを指す。中区に本部がある大学は東国大学校のほかいくつかの女子大のみだが、ここは仏教系の4年制の総合大学である。この大学の博物館には仏教に関する国宝などの文化財を有している。東京にも仏教系大学は多数あり、駒澤大学のほか大正大学、文教大学、立正大学などがある。ちなみに東国大学校には演劇映画学科があることから芸能人たちのなかにも卒業生が多い。南山の麓に位置するため、キャンパス内には坂が多いことも特徴的だ。「東国大」と表記すると埼玉県川越市に本部を置く、東京国際大学の略称でもあり、箱根駅伝のゼッケンにはそのように記されている。

一方で中央区に本部を置く唯一の大学は、看護学科のみ存在する聖路加国際大学である。こちらはミッション系の大学で、隣には聖路加国際病院が位置している。この周辺には歴史ある私立大学の発祥の地の碑があちこちに建っているのだが、これは明治初期、築地の明石町付近が外国人居留地とされ、この地で外国人宣教師らが私塾を開いたことによる。明治学院や立教学院、関東学院などがこれにあたり、聖路加国際病院の場所には中津藩の屋敷があったことから、福沢諭吉もこの場所で慶應義

㉘

㉙

塾を開いている。

韓国映画の中心地・忠武路

明洞の隣町、**忠武路**《チュンムロ》（충무로）。韓国では映画の入場料金が安いこともあってか、日本以上に映画が大衆に根付いているといえるが、映画の象徴的な場所といえばこの忠武路であり、韓国映画界の代名詞にもなっている。忠武路とは清渓川にかかる**観水橋**《クァンスギョ》（관수교）から南下し、乙支路3街駅、そして忠武路駅あたりまで続く通りである。清渓川を渡った北側の鍾路3街あたりまで映画館がいくつかある（前項ではこれを千代田区内幸町の日生劇場などに例えた）。映画の街となった理由は日本統治時代に遡る。1907年に建てられた鍾路3街の**團成社**《タンソンサ》（단성사）㉘がのちに韓国初の常設映画館となり、1913年には黄金演藝館、1935年には若草劇場（解放後にそれぞれ国都劇場、首都劇場と改称）ができるなど、このあたりに映画館が増えていった。解放後の1955年には忠武路4街に大韓劇場がオープンしたころ、劇場街で上映された映画がヒットすると、映画関連の会社が徐々にこの地に集まるようになったのだという。

東京には忠武路のように「映画の象徴」とされる場所はあるだろうか。今では千代田区日比谷や有楽町あたりにも映画館が多い㉙。また近年では規模の小さな映画館は閉鎖に追い込まれ、シネコンばかりが目立つようになってきた。そして他の場所でいうならば、台東区浅草が映画の街に近かったのではないだろうか。日本最初の常設映画館は1903年に現在の台東区浅草一丁目に設立された「電氣館」である。また日本最初の遊園地である花やしきも浅草にあり、さらには小劇場や芝居小屋などがあったりと、庶民の場所として栄えた。一方、かつて忠武路と呼ばれていた通りは、明洞の南側を退渓路に並行して東西に走る路地であり、李舜臣の諡号である「忠武公」にちなんで解放後に命名された。日本統治時代には「本町《ほんまち》通り」という日本人街であった。銀座を歩く「銀ぶら」ならぬ「本ぶ

㉚

㉛

ら」という言葉さえあるハイソな町だったようだ。もちろん忠武路が映画の街となったのは解放後であるが、かつての本町は銀座のような場所であり、浅草には例えづらい。

乙支路と退渓路、銀座通りと昭和通り

銀座の中心街である銀座中央通りは、銀座1丁目から8丁目まで続き、全国各地にある「○○銀座通り」の由来になっている通りである。歴史を感じさせる重厚な建築もあり、高級なものが集まる気品のあるイメージが強い場所である。銀座には1丁目から8丁目まであり、銀座通りを中心に順々に続くが、それはソウル市庁から東大門まで続く、**乙支路**《ウルチロ》（을지로）㉚もよく似ている。乙支路は高麗の将軍、**乙支文徳**《ウルチムンドク》（을지문덕）に由来し、同名の駆逐艦もある。この乙支路の下を地下鉄2号線が通るとともに地下街が約3キロ続いており、東大門歴史文化公園駅までは歩いて行ける。ソウルは地下街が発達しているのだが、これは有事の際にシェルターの役割を果たすためである。明洞の最寄り駅は乙支路入口駅で、その次は乙支路3街駅、乙支路4街駅と続く。実際の住所では乙支路1～7街まであるが、このように一本の道に1丁目から順々に続くという点では銀座通りと共通しているといえるだろう。ただし乙支路が銀座通りのように高級感ある街並みかというと、そこまでは感じられない。大通り沿いには表具店や照明器具の商店のほか、路地に入ると零細工場街がある。近年はそこを若い芸術家たちがリノベーションをし、新しいタイプのカフェや飲食店が増えている。そして居酒屋も多く、夏場には店の前にテーブルを並べ、路上ビアホールと化す。日本統治時代の乙支路は黄金町通りと呼ばれており、やはり黄金町1丁目、2丁目のように続いていた。また清渓川を挟んで北に並行する鍾路も同様に鍾路1～6街まである。ちなみに鍾路の一部は日比谷通りにも例えてみたが、この銀座中央通りもJRの線路を挟み、鍾路と同じように日比谷通りに並行する。

さらに銀座中央通りの西側に並行する昭和通りは、乙支路とともに並行し東西へと続く**退渓路**《テゲロ》（퇴계

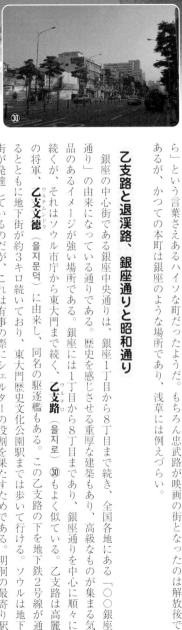

㉝

㉜

로）㉛にも例えられるのではないか。退渓路は朝鮮の儒学者、李退渓に由来する。ソウル駅あたりから明洞の南側を通り、西へと伸びており、東大門文化公園駅付近で乙支路と合流。そして**新堂洞**《シンダンドン》（**신당동**）あたりまで続く４・７キロの道路である。奇遇にも退渓路は日本統治時代には昭和通りと呼ばれていた通りである。現在の退渓路には忠武路駅付近に愛犬通り、オートバイ通りといった同業者街があるほか、その下には地下鉄４号線が走っている。

戸山公園のツツジと新大久保コリアンタウン

新大久保駅周辺㉜はコリアンタウンとして知られている。韓国料理店や韓流グッズ、韓国コスメショップなどが多く、韓国カルチャーに関心がある人にとって人気の街であり、観光地と化している。実際は中国や東南アジア系のお店も多いほか、イスラム横丁と呼ばれる場所があり、エスニックタウンとしての様相も強い㉝。ＪＲ大久保駅とＪＲ新大久保駅のあいだは百人町と呼ばれるのだが、この地名は江戸時代に鉄砲隊百人隊が暮らしていたことに由来する。彼らは将軍の警護や、戦いに備えるために配置されていた「足軽」という身分の武士たちであった。しかし生活するのに十分な俸禄は与えられておらず、副業としてツツジ栽培を行って生計を立てていた。その名残ともいえる場所はコリアンタウンの北側に位置する戸山公園にある。この公園には山手線内最高峰の山である「箱根山（海抜４４・６メートル）」という人造の山あたりに、現在は13種類６００株のツツジが栽培されている。これらは鉄砲隊がツツジを育てていたことにちなんだものである。

ツツジといえば韓国では「チンダルレ（**진달래**）」と呼ばれ、春の花の代表格として古くから親しまれてきた花だ。朝鮮王朝では旧暦3月3日には、小麦粉で作ったお焼きに、摘んだツツジを添えて**花餅**《ファジョン》（**화전**）を作ってツツジの花見を楽しんだ。ただ、ツツジとはいっても「カラムラサキツツジ」という品種であり、日本にはほとんど自生していない品種だ。とはいえツツジがある場所の近くに韓

㉞

㉟

国人たちが集まってきたのは偶然にしては上手くできている。ただ、新大久保のようなエスニックタウンが中区にあるか、といえばそういった場所はないように思える。もし昨今の新大久保をソウルで例えるならば、朝鮮族をはじめとする中国系の人たちが多く暮らす**九老区加里峰洞**《カリボンドン》（가리봉동）に、いくらか多国籍な要素を加えて賑やかな街にした雰囲気だが、同じく朝鮮族が多い永登浦区大林洞《デリムドン》（대림동）よりは多国籍な街並みだ。米軍基地の街で欧米系も含めたエスニックな龍山区**梨泰院洞**《イテウォンドン》（이태원동）ほどの華やかさはないように思える。

北倉洞の飲食街＝新宿・歌舞伎町

　明洞の隣に位置しており、ソウル市庁と南大門市場のあいだに飲食店がひしめき合っている町があるのだが、ここは**北倉洞**《プクチャンドン》（북창동）㉞と呼ばれる町である。朝鮮時代に**宣恵廳**《ソネチョン》（선혜청）という税の出納を行った官庁であり、その北倉に当たる場所である。意味的には江戸幕府が直轄地である天領から集めた年貢米を貯蔵しておく蔵があった台東区蔵前に近いかもしれない。蔵前は先述のようにバンダイの本社もある玩具街としても知られているが、近年は東京のブルックリン（ニューヨーク市の区のひとつ）とも呼ばれ、倉庫をリノベーションしたゲストハウスやカフェが登場するなど、モノづくりの街と調和した落ち着いたインテリアのお店が増えている。ただ雰囲気は北倉洞とは異なる。

　その北倉洞は600年以上の歴史をもつ南大門市場に隣接しているだけあって、路地には長年営業している食堂が多い場所ではあるのだが、特に男性サラリーマンの間ではルームサロンや日本でいうカラオケスナックのような遊興施設が多いことでも知られている場所だ。現在は「北倉洞飲食通り」「北倉洞風流通り」という名前が付けられており、600年以上の歴史をもつ南大門市場のそばであることもあってか、長年営業している店が多い場所である。都会に位置し、看板がひしめき合って雑然としているという意味では、新宿区の**歌舞伎町**㉟にもなんとなく似た雰囲気があるといえるかも

しれない（町の風景はそこまで似ているわけではないのだが）。歌舞伎町には飲食店のほか、風俗店やホストクラブなども多くみられるため、近寄りがたさを感じる人もいるだろう。ただ歓楽街としての印象は日本屈指の歓楽街ともいわれる歌舞伎町のほうが強く、街の盛り上がりとしては龍山区の梨泰院洞のほうが近いかもしれないが、歌舞伎町には外国人観光客が多いものの、異国情緒はそこまで感じられない。

①

②

梨泰院や大使館が並ぶ漢南洞、在韓米軍基地などソウル一の国際区

龍山区《ヨンサング》＝港区

外国人が多く、江南・瑞草に次いで勤労所得が高い区

米軍基地近くの繁華街にあたる**梨泰院**《イテウォン》（이태원）は、**龍山区**《ヨンサング》（용산구）はもちろん、ソウルを代表する繁華街であり、歓楽街である。世界各国の飲食店が集まる梨泰院世界飲食文化通り①が形成されているほか、街を歩いてもエスニックな雰囲気が漂ってくる繁華街だ。そしてバーやクラブも多く、歓楽街的な要素もある遊び場としての外国人街である。東京でそれに相当する町といえば、港区にある六本木や**麻布十番**②、赤坂あたりがそれに相当するだろう。そんなこともあり、漢江の北側の**江北**《カンブク》（강북）では中区に次いで外国人比率が高い区であり、6・19％にも及んでいる。一方港区も大使館が多いことは共通しており、7・8％と比較的高い水準だ。龍山区の人口は約24万5千人、面積は21・87平方キロメートルで、港区は人口が25万9千人で面積が20・37平方キロメートルと、スペック面でもほとんど大差がないことも双方を例える理由である。港区は区民の年間平均所得が1000万円を超える区で、23区内でも突出して高い水準だ。龍山区もまた勤労所得（主に会社員の所得）では江南区、瑞草区に次いで高い水準である。また龍山区に本部がある大学は、韓国初の民族女子大である**淑明女子**《スンミョンヨジャ》（숙명여자）大学校だけだが、港区には国立では東京海洋大学のほか、私大では慶応大学や明治学院大学、北里大学や芝浦工業大学など有名大学も多いという違いがある。また、港区内のなかでも官庁街に隣接した虎ノ門、サラリーマンの街といわれている新橋駅周辺は鍾路区として例えた。

③

④

龍山駅は品川駅でもあり、秋葉原でもある

　ソウル駅を東京駅として例えた場合、高速鉄道ＫＴＸ停車駅の龍山駅は、品川駅に相当すると思える。東京駅から東海道新幹線に乗り、最初の停車駅が品川である。この品川区ではなく、港区に位置している。龍山駅は全州や光州といった**全羅道**《チョルラド》（**전라도**）方面の列車の起点となっているが、一部列車はソウル駅まで運行されている。龍山駅東側の駅前にはかつて、ピンク色に光る飾り窓の集娼街が並んでいたが、２０１１年頃に撤去された。先進国としての地位を確立した韓国ではさすがに駅前に堂々と残しておくわけにはいかなかったようで、その跡地にはビルが続々と建設され、企業のオフィスとなるビルが立ち並んでいる。龍山駅のすぐそばには地下鉄４号線の新龍山駅もあり、韓国の大手化粧品会社、アモーレパシフィックもここに本社ビルを構えている。同じ通りの漢江寄りには防弾少年団（ＢＴＳ）が所属するＢｉｇ Ｈｉｔエンターテインメントの新社屋も２０２０年５月に移転してきている。龍山駅前はまだビルは少ないとはいえ、オフィスのビルが多いという意味では品川駅東口にもなんとなく雰囲気が似ている。また日本サムスンの本社もここに位置する。そして龍山駅の場合は、そのビル街よりも少し東側へ行くと米軍の龍山基地がある。

　品川駅の西側には品川プリンスホテルや、グランドプリンスホテル高輪・新高輪といった西武グループのホテルがあるが、龍山駅の北西には韓国の秋葉原ともいわれる電子街が広がっており、韓国の秋葉原ともいわれる。低層の建物のなかには電子部品などを扱うお店が集まっている**龍山電子商街**《ヨンサンジョンチャサンガ》（**용산전자상가**）③がある。建物がいくつかあり、そこへ電子部品や電子機器などの商店が集まっており、そこであらゆる製品が販売されている。そういった点は秋葉原電子街にもよく似ている。

　そして龍山駅は駅ビル④になっており、百貨店、映画館やスーパーＩ・ＰＡＲＫ ｍａｌｌ（アイパークモール）があるのだが、６階のホビーのフロアにはミニ四駆やプラモデルで有名なタミヤ、ガンダムベース、アニメイトなどの日本企業が入店。同じ階でドラえもんやクレヨンしんちゃん、ワン

ピースといった日本のアニメのショップがイベントとして開かれていたり、こうしたソフトコンテンツ分野という面でも近年は徐々に秋葉原に似てきているようだ。

梨泰院は六本木のような雰囲気

米軍基地近くの繁華街、**梨泰院**《イテウォン》（이태원）。メインストリート⑤には、外国語とハングルの看板が入り混じる。梨泰院駅前のハミルトンホテルの裏側⑥あたりには世界各国の飲食店が集まる通りが形成され、アジア圏はもちろんのこと、エスニックなレストランも多く、韓国にいながらにして異国情緒が感じられる。また夜になるとメインストリートの南側⑦も含めてナイトクラブがにぎわい、バーでお酒を楽しむこともできるが、この界隈は弘大のクラブとは異なり、比較的年齢層が高くオトナの遊び場といえる。梨泰院の裏通りには朝鮮時代に雨ごいをした**雩祀壇**《ウサダン》（우사당）に由来する**雩祀壇通り**《ウサダンギル》（우사당길）があるのだが、そこにはイスラムのモスクである**ソウル中央聖院**《ソウルチュンアンソンウォン》（서울중앙성원）⑧が堂々と建っている。東京のイスラム寺院は渋谷区代々木上原にあるトルコ系の「東京ジャーミイ」があり、トルコ文化センターが併設されている。また梨泰院のすぐ隣の漢南洞は大使館が多い町で、やはりこちらも異国の要素が感じられる。梨泰院のメインストリートのなかでも**漢江鎮**《ハンガンジン》（한강진）⑨駅寄りはよりハイソな印象で、ここには日本発のＣＯＭＭＥ ｄｅｓ ＧＡＲＣＯＮＳが店舗を構えているが、その本社がある南青山あたりのような雰囲気も感じられる。

「梨泰院」という名前の由来は諸説あるのだが、そのなかには豊臣秀吉による朝鮮出兵、つまり文禄・慶長の役の際に生まれた混血児がここに集められて「異胎院」と呼ばれていた、というものもある。ということからすれば、この町が多国籍になった理由は、米軍基地があることだけが理由ではなさそうだ。

東京で梨泰院に近い場所といえば、六本木あたりではないだろうか。２０２０年初頭にオンライン

⑨

⑩

漫画原作のドラマ『梨泰院クラス』が人気を集めたが、日本語版の漫画では『六本木クラス』という邦題になっており、梨泰院といえば、やはり六本木を連想しやすい。その六本木に隣接する麻布、赤坂周辺には大使館が多い。なかでも国際色が豊かというイメージが強く、外国人にもよく知られている六本木は、戦後にＧＨＱが駐留していたことが所以だ。駐留軍の場所は防衛省が引き継ぎ、その後は東京ミッドタウンへと生まれ変わった。コカ・コーラの本社もこの場所に位置する（※東京ミッドタウンの住所は赤坂9丁目だが、六本木に隣接）。梨泰院が米軍基地であると同様、六本木も軍由来の場所なのである。「六本木」の地名の由来は、上杉、朽木、高木、青木、片桐、一柳という木に関する屋敷があったことや、六本の松の木があったことなど諸説ある。六本木のランドマークとなり、成功したＩＴ長者の代名詞「ヒルズ族」が住む六本木ヒルズも、また長府藩毛利家の上屋敷の跡地だ。後にも述べるが、この六本木、麻布界隈にある大使館もまた、江戸時代に大名屋敷があった場所を利用していることが多いようだ。

六本木のメインストリートの頭上には首都高3号渋谷線が通っており、梨泰院のように街を見渡せる雰囲気ではない。町の外観は風変わりな建物を時々目にする以外には、東京のどこにでもあるオフィス街とさほど変わらず、雑居ビルのなかにクラブやバーが点在しているといった印象だ。ただし夜になるとネオンが輝き、歓楽街の様相を呈する。また六本木にはサントリー美術館や、新国立美術館といった施設があるが、梨泰院にも世界を代表する企業、ＳＡＭＳＵＮＧグループが運営する三星美術館Ｌｅｅｕｍがある。ただしランドマークである六本木ヒルズに相当する建物は見当たらない。

厚岩洞・龍山洞・経理団通り

南山の西側にあたる**厚岩洞**《ファムドン》（후암동）⑩という町。南大門駅（現在のソウル駅）ができたあとに急速に発展し、日本統治時代には高級住宅街にもなっていた。現在でも住宅街だが、ここには日本家屋

⑫

⑪

をリノベーションしたカフェ、そして南山寄りの高台にはルーフトップのカフェがあり、夜景も楽しめるなど夜遅くまで若者たちでにぎわっている。そしてその南側には**解放村**《ヘバンチョン》（해방촌）⑪と呼ばれる場所がある。日本統治時代に海外に逃れ、解放後に戻ってきた人や、朝鮮戦争の避難民たちが暮らし始めたいわゆるタルトンネだ。市場や教会など人々の暮らしの場とともに、メインストリートにはピザのお店やハンバーガーショップが集まるなど、米軍基地の隣であることを思わせる。そしてその東側は韓国陸軍の予算に関する部署にちなんだ**経理団通り**《キョンニダンギル》（경리단길）⑫と呼ばれる坂があり、ここにもレストランやカフェがあるなど、大人の流行の発信地となっている。これらの街の住居環境は様々だが、とくに後者の2つは南山の麓の坂道に位置している。後でも触れるが港区には坂が多い（文京区も）。これらを分かりやすく例えるならば外国人が多い町である六本木、その六本木交差点すぐ脇にある芋洗坂にも様々なお店が並んでいるが、そこに住宅街があるかないか、という違いかもしれない。

さて「坂男（sakaotoko.com）」という個人サイトに興味深い分析があった。東京の山の手エリアでは坂上に高級住宅街が形成され、坂下では木造の家が密集する傾向にあり、たとえ同じ町名であっても、地域内格差が生じている（sakaotoko.com/958/　２０１９年10月11日閲覧）という。港区だけでなく東京の他の区も同様で、邸宅がひしめく町内にも古い木造住宅が目にとまる。高級住宅街のすぐそばに環境がよいとはいえない家が共存している点ではソウルも同じだといえるが、丘や急坂のようなところにタルトンネ（달동네）が多く存在しているという点では、東京とは逆の傾向が感じられる。もちろん韓国も丘のような場所に豪邸が建っているところも多い。やはり同じ地域であっても、住宅の外観だけ見る限りでは貧富の差があるように感じられる（もちろん住居にこだわっていない人が暮らしている可能性も十分にあり得るが……）。

⑬

⑭

漢南洞は大使館街。麻布や白金に相当？

漢南洞《ハンナムドン》（한남동）⑬は、漢江とNソウルタワーがそびえる南山の中間に位置することから名づけられた地名だ。その地名が表すように漢江に向けて傾斜になっている。梨泰院メインストリートの東寄り、韓国の最大手の広告代理店、**第一企画《チェイルギフェク》**（제일기획）⑭の社屋から漢江方面に下る坂を大使館通りという。最大手ということは電通のような存在だろうか。この通りの脇にはタイやスイス、イエメンなどの大使館や公邸がある。大使館街ということもあってか、梨泰院の繁華街よりは落ち着いた印象が感じられる飲食店が多い。また**漢南五差路《ハンナムオゴリ》**（한남오거리）⑮周辺は地元のスーパーや商店が並ぶほか、その裏手は斜面に家々が建つタルトンネだ。

一方、港区麻布もまた坂が多い地域だ。大小合わせると89の坂があるといわれ、住宅街に入っていくときも急坂にあたり、自転車を押して登らなければならないほどのところもある。坂のそれぞれに名前がついており、例えば南部坂は南部藩、仙台坂は仙台藩というように、武家屋敷があったことに由来する名前だ。その跡地が大使館となっている場所が多く、麻布にはインドやアルゼンチン、イタリアのほか、韓国大使館など多数の大使館が存在する。すぐ近くの麻布通りには韓国領事館があり、韓国でビザを取得する手続きのためにやってきた人もいるだろう。またこの建物には在日韓国人の組織である韓国民団の中央本部がある。さらに建物内には在日韓人歴史資料館があり、日本における韓国人の約１００年の歴史が解説されている。

さて話を元に戻すと、有栖川記念公園がある場所も盛岡藩の下屋敷があった場所だ。港区には外国人が多く、富裕な層が多いというイメージが強い区だが、そういった傾向は南麻布のほか、隣接する渋谷区広尾あたりにも広がっている。

さて漢南洞の大使館通りから漢南五差路を過ぎ、漢江には下らずに北東方向へ入っていくと「**読書洞路《トクソダンロ》**（독서당로）⑯」と呼ばれる通りへと続く。朝鮮時代の若手の官吏養成機関である「読書洞」

⑮

⑯

に由来するが、その跡地は城東区にあり、緩やかな坂を上っていくと、城東区玉水洞《オクスドン》（옥수동）へと続いていく。この読書洞路もまた大使館通りから続き、大使館や公邸が多いのだが、閑静な高級住宅街といった雰囲気だ。この路地には小洒落た大人の雰囲気のレストランやカフェが集まっているが、ときには期間限定でギャラリーが開かれたりする。元々は近隣で暮らすセレブ感ある人たちが休日にふらっと訪れるような場所だったというが、最近は他の地域からも休日のひと時を過ごそうとやってくる。すぐ近くの丘のようになった場所には、何棟もの低層アパートが建っており、そこを「漢南・ザ・ヒル（한남더힐）」⑰という。ゲートには守衛がいて敷居の高さがうかがえるが、ここには世界的なアイドルグループとなった防弾少年団の宿舎があることでも知られる高級住宅地だ。そんな読書洞通りのあたりは、港区で言えば白金あたりに例えられるだろう。

　麻布から首都高2号目黒線をまたぎ、南に位置する白金は14世紀頃にこのあたりを開拓した豪族が銀（白金）長者であったことに由来する。白金近辺に住み、この地でショッピングや余暇を過ごす女性を示すとされる「シロガネーゼ」という言葉からも、高級住宅街のイメージが強い街だとされる。やはりこの白金にもアフリカの小国ではあるが、ジンバブエやリベリアといった大使館がある。実際のところはすべてが高級住宅街であるかといえばそうではなく、白金高輪駅のあたりの駅前は高層マンションがそびえるが、実際には町工場が多く、下町の雰囲気も感じられる。漢南洞にもタルトンネがあるように、メディアのイメージだけにはとらわれない様々な要素が街には混在しているということでもある。

青山という地名はない

　青山は海抜が30メートルほどあり、他の地域に比べると山である。青山一丁目駅という駅があるが、実際には「青山」という地名はなく、北青山、南青山という住所だ。地図上で見ても何か緑地のよう

⑰

⑱

な要素が多く、北青山には秩父宮ラグビー場（ソウルラグビー場は九老区の温水駅近く）、そして新宿区とまたがるように神宮外苑があり、南青山には青山霊園がある。都心のど真ん中にある霊園といえば、銅雀区の国立顕忠院あたりだろう。龍山区の地図上で青いところといえば、現状では南山の一部くらいであるが、龍山米軍基地は返還後に公園となるということだから、それに例えても良いだろう。

また龍山基地の東側、大使館街があり、ここにもアパートが並んでいる。神宮前にはトルコ大使館、北青山にはエストニア大使館、住所は赤坂7～8丁目にはカナダ、カンボジア、サンマリノ、レソト大使館があるが、龍山基地の脇にはチュニジア、クウェート、ハンガリーなどの大使館がある。ただ北青山、南青山は渋谷区神宮前から続く表参道の一部でもあり、こちらは江南区の狎鴎亭洞や清潭洞として例えるのが自然だろう。

龍山一帯は古くから軍事的な要素のある街

龍山駅から少し南へと下った地下鉄4号線・6号線が交わる**三角地**《サムガクチ》（**삼각지**）駅。この駅近くには国防部合同参謀本部があり、そのすぐ隣に米軍の龍山基地⑱が位置し、韓米同盟の拠点となっていた。龍山基地の面積は約２４３万㎡（東京の皇居の面積は１１５万㎡、皇居外苑を含めると約２３０万㎡で龍山基地とほぼ同等）で、この規模の外国の基地が都心に堂々と駐屯しているというわけだ。龍山基地は１９０４年から日本軍の基地として使われ、解放後に米軍基地となった。在韓米軍司令部もここに置かれていたが、２０１８年に京畿道・平澤市にある**烏山**《オサン》（**오산**）空軍基地（以下、烏山基地）に移転。在日米軍は福生市にある横田基地に司令部を置いているが、烏山基地がそういった存在になった。そして２０１９年には龍山基地の返還が決定した。２０２０年からは徐々に一般公開され始めており、今後は龍山公園が新たに造成されることになる。

⑲

⑳

実は東京のど真ん中にも米軍基地がある。それは港区六本木7丁目にある赤坂プレスセンターである。これは環状三号線の**六本木トンネル**⑲の真上にあたり、ここにヘリポートがあるのだ。アメリカ大使館は比較的近くの赤坂1丁目に位置しており、連携がとりやすい場所でもあるのだが、韓国のアメリカ大使館は朝鮮王朝の正宮である景福宮のすぐ近く。首都の大動脈ともいえる光化門広場の大通りの横で星条旗を掲げて建っている。

話を戻すと、三角地駅そばにある国防部の門の向かいには、戦争記念館がある。ここは主に朝鮮戦争に関することが展示されている大規模な記念館で、屋外には朝鮮戦争に韓国を支援するために参戦した国の国旗がずらりと並べてあるほか、戦闘機や戦車などが展示されている。館内展示もまた南北の最前線で防衛ラインを争った死闘の様子が描かれていたりと、朝鮮戦争をより深く知ることができる博物館となっている。余談だが、駅の近くにはテグタン（대구탕）通りという、タラ鍋のお店が集まる路地がある。韓国ではスケソウダラをよく食べるが、こちらはマダラである。セリや豆もやしがたっぷり入った辛い鍋を食べると体が温まるので、冬にもってこいの料理である。

三角地駅の北側に位置する地下鉄1号線**南営**《ナミョン》（남영）駅。この「南営」という地名はソウルの南の軍営、つまり駐屯地があったことに由来する。龍山のこのあたり一帯はかねてより軍事的な要素をもっている、ということである。そして近年この2つの駅のあいだには70〜80年代に栄えた町工場をリノベーションする形で若者向けの居酒屋が次々と増え、「**熱情島**《ヨルジョンド》（열정도）」⑳という名でホットスポットになっている。都会の高層アパートに囲まれたなかで日々賑わいをみせている。

迎賓館と乃木神社が南山周辺に

さて東京の迎賓館は、元赤坂に位置している。ちなみに大統領府青瓦台にも迎賓館があるが、この場所には宿泊施設がない。そのため国賓はソウル市内のホテルに宿泊することになるというのだ。

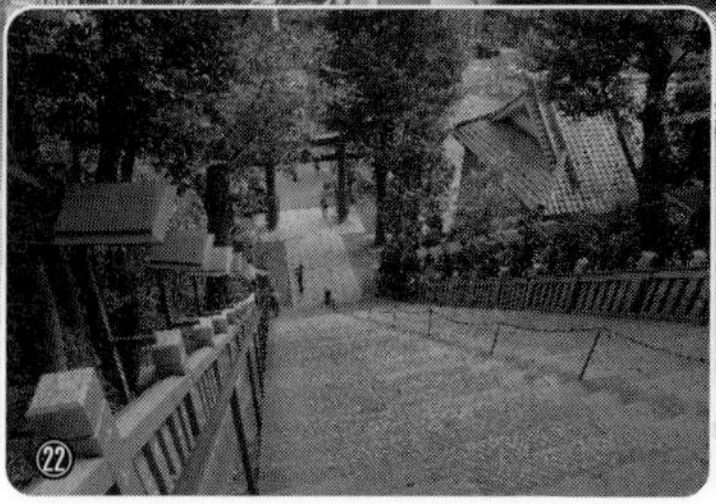
㉒

㉑

ほかにも「迎賓館」と掲げられた場所がある。それは南山の北側にあたる中区**奨忠洞**《チャンチュンドン》（장충동）にあるソウル新羅ホテルには、漢字で「迎賓館」という扁額が掲げられた門や建物があるのだが、1970年代に青瓦台の迎賓館が建てられるまでは、こちらが迎賓館として使われていた。実はこの場所には解放以前、安重根によって暗殺された伊藤博文の菩提を弔うための曹洞宗寺院、博文寺《はくぶんじ》があった。ちなみに品川区との境界の港区高輪には伊藤博文の旧邸宅がある。さて、このソウル新羅ホテルは中庭まであり、格式高いホテルという印象が感じられる。また新羅免税店も併設しており、東大門あたりからも近く、ショッピングに訪れる人たちも多い。東京の迎賓館のすぐ隣にもホテルニューオータニがあり、これはソウル新羅ホテルに相当する存在だといえるだろう。また赤坂見附駅前には赤坂エクセルホテル東急があるほか、周辺にも宿泊施設が多い場所である。

さて東京の迎賓館の裏手には赤坂御用地があるのだが、これにあたるところはどこだろうか？ ソウル新羅ホテルの南側は**南山**《ナムサン》（남산）だが、その南山公園がそのような場所にあたるといえるかもしれない。この南山には日本統治時代には朝鮮神宮のほか、京城神社、京城護国神社があった。南山にいくつかの階段が残されているが、今でも神社址だとはっきりとわかるのは厚岩洞にある京城護国神社の階段跡である。現在は108ハヌル階段として整備され、近隣住民のためのエレベーターも作られている。そしてかつては京城神社の境内の摂社のひとつには**乃木神社**㉑があった。乃木神社といえば、港区赤坂の乃木坂駅のすぐそばにある。これは明治天皇の葬儀の日に切腹して殉死した陸軍大将の乃木希典を祀った神社だ。国内にはいくつかの乃木神社があるが、赤坂の乃木神社は乃木夫妻が自刃した邸宅の隣に位置している。さて赤坂あたりは何かと南山付近に似ていると思うが、山らしいものはあるだろうか？ それは赤坂のお隣、愛宕《あたご》にある愛宕山だろう。愛宕山は海抜25・7メートルで、天然の山としては、23区内の最高峰（前述の新宿区の箱根山は人造）にあたる。愛宕神社の入り口には80段を超える急な石段㉒があるのだが、1634年に江戸の3代将軍・徳川家光の命で、

㉔

㉓

曲垣平九郎が乗馬のままでこの階段を上って名をあげたことから「出世の階段」とも呼ばれている。なかなかの急階段で、上るにも下りるにも一苦労だ。とにかく、赤坂あたりは神社跡が多い南山とも何かと共通点が多いようだ。

赤坂コリアンタウンと二村日本人街

そして赤坂といえば韓国のお店が多い場所でもある。地下鉄千代田線の赤坂駅の前にはＴＢＳ（東京放送）や複合施設の赤坂サカスがあるが、その脇にはガラス張りのフォルムが独特な建物がある。ここは２０１６年12月にオープンした大手芸能事務所のＳＭエンターテインメントが運営するレストラン「**SMT TOKYO**」㉓だ。10代20代の若者がけん引する第３次韓流ブームの萌芽とともに開業した。レストランでは韓国料理を現代風に整えたフラワービビンパなど写真映えする料理があるほか、2Fはバーになっていて、カクテルが飲める。店内には同事務所所属のアーティストの写真やグッズなどが置かれていたりし、女性に人気があるようだ。しかし２０２０年はコロナ禍により、建物を残したまま休業を続けており、閉店も噂された。

さてこの赤坂2丁目あたりには、かねてより韓国料理店や韓国食材店が集まっている場所があり、ここは「赤坂コリアンタウン」㉔とも呼ばれている。ここは韓国大使館がある麻布に近いことから自然に形成されていった。オールドタイマー（１９８０年代以前に来日した外国人を指すことが一般的だが、本書では戦前に来日し、いわゆる「在日」と呼ばれる韓国・朝鮮系の人々を指す）の在日コリアンではなく、戦後にやってきたニューカマーに近い人が多いようだ。牛骨を煮込んだスープのソルロンタン専門店「一龍」や、韓国焼肉店「兄夫（ヒョンブ）食堂」など様々な韓国料理店がここにひしめき合い、韓国居酒屋が集まる風情ある路地にはハングルの看板もちらほらみられる。その周辺の繁華街にはところどころに韓国料理店やハングルで書かれた「미용실（美容室）」などという文字

㉕

㉖

を目にする。このあたりは盛り場でもあり、韓国式クラブなどもあるようだ。

港区にはこうした小さなコリアンタウンがあるように、龍山区には日本人街がある。それは**東部二村洞**《トンブイチョンドン》（동부이촌동）㉕という場所だ。行政区画では二村駅のある二村1洞がそれにあたるが、二村洞の東側にあることからそう呼ばれている。龍山駅から京義・中央線に乗車して、ひと駅のところにある駅が二村駅である。この周辺には日本人駐在員が多く暮らすことで知られている。ただ駅を降りても漢江に面したほかのエリアと雰囲気は変わらない。高層のアパート街が立ち並んでおり、ごくありふれた街並みである。この街にある二村綜合市場付近には日本式の居酒屋がちらほらと見られ、その路地裏感は、以前の赤坂コリアンタウンの一角とよく似ていた。ただ昨今はソウルだけでなく地方にも「ＩＺＡＫＡＹＡ《イジャカヤ》」と呼ばれる日本式居酒屋が増えており、繁華街に出かければ必ずといってもよいほど赤ちょうちんの店を目にする。二村洞のとある店には「Ｓｉｎｃｅ２０００」と書かれて、そうした日本居酒屋が流行る以前から営業していたことがわかる。また駐在員たちは近くの漢南洞あたりにもよく出かけるらしい。そして二村駅の北側には世界6位の規模を誇る国立中央博物館、そして国立ハングル博物館といった立派な施設が建っており、いずれも無料で利用できるため、博物館見学をしたい人にはもってこいの場所である。

浜松町周辺で感じられる韓国

ソウルの大門といえば、四大門やその間にある四小門を思い浮かべるが、東京で「大門」といえば、増上寺の総門であり、地下鉄大江戸線の駅名にも「大門」がある。さて、この「増上寺《ぞうじょうじ》」であるが、韓国語ネイティブは日本語の「ザ」と「ジャ」行の音を難しく感じるようで、発音には苦労する人が多そうだ。また増上寺を囲むように東京プリンスホテルや芝公園があり、その南側には**東京ＫＡＬビル**㉖がある。「ＫＯＲＥＡＮ ＡＩＲ」と書かれた看板がビルに取り付けられているので、公園側か

らもそれがわかる。

大門駅近くのJR浜松町駅前㉗には40階建ての世界貿易センタービルのほか、ラジオの文化放送㉘の社屋がある。余談だが、文化放送（1134KHz）の周波数は、夜になると韓国KBS第3ラジオ（旧・社会教育第一）と非常に混信しやすく、文化放送の放送休止時間帯には韓国の国歌「愛国歌」が聞こえるほどだ。また韓国でも同名の**文化放送**《ムヌァバンソン》（문화방송）があり、MBCの略称を持つ。こちらはテレビ局もあるのだが……。

東京の桟橋とかつての漢江の川港

ちなみに浜松町駅近くには竹芝桟橋がある。このあたりは再開発が進んでおり、2020年にはアトレ竹芝や東京ポートシティ竹芝といった商業施設が開業したが、竹芝桟橋からは伊豆大島や小笠原諸島へと船が出る。今のソウルに桟橋はなく、ソウルから近い港といえば仁川港であろう。しかしかつて漢江が水運や交通に使われていた頃、漢江にも港があった。地名に「浦」がついている「永登浦」「麻浦」などはその名残である。そして「龍山浦」もあった。さらに龍山区の漢江沿いには**西氷庫**《ソビンゴ》（서빙고）・**東氷庫**《トンビンゴドン》（동빙고）という地名が残っているが、ここは冬に漢江の氷を蓄えておく場所だった。

港区に港があっても龍山区には港はないが、漢江に川港があったころの名残は土地の名前である。また竹芝桟橋の南隣には日の出桟橋があるが、ここからは浅草やお台場などへ行く水上バスが出ている。これは漢江の遊覧船のようなものだろうか。龍山区からも比較的近い汝矣島や、ロッテワールドのある蚕室に船着き場があり、漢江のクルーズを楽しめる。

Nソウルタワーと東京タワー

ソウルのランドマークといえば、南山にそびえるNソウルタワー㉙である。ソウルに訪れた観光

客なら必ず一度はやって来る場所といっても過言ではないだろう。Nソウルタワーは１９７１年に完成した２３６・７メートルの電波塔だ。山頂付近に建てられているため、南山の標高２６２メートルとあわせると、その高さは約４８０メートルにも及ぶ。「南山タワー（남산타워）」とも呼ばれる。

　この南山という山は、北岳山、駱山、仁王山とともにソウルを囲む内四山のひとつであり、ソウル城郭はそれらの山々の上を張り巡らしている。環境面への配慮からマイカーでの入山が規制されており、南山の山頂へ行くにはケーブルカーに乗るか、循環バスまたは徒歩で上る必要がある。Nソウルタワーに相当する東京のタワーといえば、やはり東京タワーだろう。東京タワーは１９５８年（昭和３３年）に完成した電波塔で、地上３３３メートルの高さである。

㉙

加里峰洞

大林洞

ソレマウル

中央アジア街

ソウルの外国人街

永登浦区大林洞（朝鮮族）
永登浦区新吉洞（朝鮮族）
九老区加里峰洞（朝鮮族）
広津区紫陽洞（朝鮮族）
冠岳区奉天洞（朝鮮族）
龍山区梨泰院洞・世界飲食文化通り（米国ほか世界各国、中東アジア・ナイジェリア）
龍山区龍山２洞（インド）
中区光熙洞・東大門中央アジア街（モンゴル・ロシア・ウズベキスタン）
瑞草区盤浦洞ソレマウル（フランス）
龍山区二村洞（日本）
鍾路区崇仁洞・昌信洞（インド・ネパール）
鍾路区恵化洞（フィリピン）
城東区杏堂洞（ベトナムタウン）
瑞草区駅三洞（多国籍タウン）

外国の飲食通り

新宿区百人町・大久保（コリアンタウン・中国台湾系・ネパール、ベトナム、イスラム横丁）
新宿区高田馬場（ミャンマー、リトルヤンゴン）
新宿区神楽坂：（フランス）
北区東十条（バングラディッシュ）
渋谷区代々木上原（トルコ・日本最大のモスク）、東京ジャーミーイ
足立区竹ノ塚（フィリピン）
江戸川区西葛西（インド）

コラム1 ソウルにあるものを東京に擬える

鉄道

ソウルでは**地下鉄**《チハチョル》（**지하철**）は1～9号線まであるが、一方で東京は13路線だ。東京では運営会社が東京メトロと、都営地下鉄に分かれているが、近年まで1～4号線はソウルメトロ、5～8号線はソウル特別市都市鉄道公社が運営していた（9号線には民間資本が入っている）。その点では、東京の地下鉄が東京メトロと都営地下鉄の2社に分かれていることに似ていた。しかしシステムの安全性やコスト削減を目指し、2017年にはソウル交通公社として統合された。日本も東京メトロと都営地下鉄の統合や一元化の議論は存在するが、なかなか進まないようだ。

そして地上を走る通勤列車でも一般的には「地下鉄」と呼ぶことが多いものの、首都圏を走る広域電鉄は「**電鉄**《チョンチョル》（**전철**）」という。ソウルを走る列車では京義・中央線や京春線などがそれにあたる。これらは日本のJRにあたる韓国鉄道公社（KORAIL）が運行している。また、韓国には日本のような私鉄がない（地下鉄9号線、新盆唐線といった一部の路線には民間資本が投入）。日本のように他社線をまたぐ際に新たに初乗り料金が発生することはなく、距離別の通し運賃となっており、それはバスに乗り換えるときも同様だ。そのため日本よりも交通費が安く済ませられる。

東京には私鉄があり、それぞれの沿線で鉄道会社が主導となって宅地開発や駅周辺の開発が行われてきたことも影響してか、路線ごとの特徴がより強く感じられる。韓国でも路線によって多少のカラーが出ているとはいえ、これは線路が通る地域の違いを反映したものにすぎないだろう。

韓国の鉄道は日本統治の影響から左側通行だが、地下鉄はアメリカの影響を受けており右側通行だ。京釜線、京仁線に接続して運行する地下鉄1号線（1974年開通）だけは、例外的に左側通行だ。地下鉄2号線は環状線であり、よく山手線に例えられる。「まぁるい緑の山手線～♪」というヨドバシカメラのCMソングにもあるように、韓国でも2号線はグリーンのカラーである。東京と同じ名前の列車としては「中央線」が挙げられるが、2014年から京義線と接続し、「京義・中央線」という名称になっている。こちらは龍山駅から清涼里駅までが広域電鉄にあたり、清涼里駅から慶州駅までが中央

線だ。通勤列車が走る京畿道楊平郡の**龍門**《ヨンムン》（**용문**）駅あたりが、中央線でいう山梨県大月駅あたりになるだろうか。駅から少し離れたところにある龍門山の中腹には、913年建立の龍門寺があり、首都圏からの登山客や参拝客でにぎわう。中央線は京畿道を抜けると、江原道原州市、忠清北道、慶尚北道へと走っていく。途中でユネスコ世界遺産にも登録されている安東河回村のある安東駅を通り、終点の慶州は京都に例えられる新羅の都である。

日本の新幹線にあたる列車は、韓国鉄道公社による高速鉄道KTXのほか、同社の子会社によるSRT（江南区水西洞にある水西駅から運行）であり、JRの特急・急行列車にあたるものが、ITX-セマウル（**새마을**）号、ムグンファ（**무궁화**）号といった列車で、地下鉄や広域電鉄とは別の運賃体系になっている。

大学

東京大学に相当する韓国最高峰の大学は、ソウル大学校（**서울대학교**）である。日本統治時代の京城帝国大学が前身のように思われがちだが、実際には9つの旧制専門学校が統合する形で1946年創立となっている。そしてソウル大と私立大学の高麗大、延世大の頭文字をとった「**SKY**《スカイ》（**스카이**）」は、大学受験の場面でよく言われ、韓国の大学の最高峰とされる。日本でいうと東京大、早稲田大学、慶応大学といったところだ。とくに高麗大①は早稲田大学、延世大②は慶応大学に例えられ、スポーツでは早慶戦のように「**延高戦**《ヨンゴジョン》（**연고전**）」として盛り上がる点も同じだ。

日本では旧帝国大学に代表されるような地方の国立大学の権威も高いのだが、韓国では「**inSeoul**《インソウル》（**인서울**）」という言葉があり、ソウル市内にある大学こそが良い大学であるとして、世間的にもそうしたイメージが強い。そのほかではPOSCOのお膝元である慶尚北道浦項市に本部を置く浦項工科大学のほか、国立大学では大田広域市に本部を置くKAIST（韓国科学技術院）の

ほか、大邱、蔚山、光州にある韓国科学技術院はそれぞれ難易度が高い大学だ。強いていうならば東京工業大学がこのあたりに相当するのかもしれない（蘆原区の項ではソウル科学技術大学校にも例えている）。

ソウルでいえば、東京都立大学に相当するのはソウル市立大学校、日韓で同じ大学名なのは中央大学校、東京外国語大学は日本では国立大学だが、韓国では私立大学の韓国外国語大学校③がわりと似通った存在といえるだろう。社会科学系の国立大学である一橋大学に相当する大学は見当たらない。地下鉄2、3号線の駅名にもある教大はソウル教育大学校といい、初等教育の教員を養成する大学だ。これは東京学芸大学のようなものだろうか。ミッション系大学としては名門女子大学の梨花女子大学校④が有名だが、女子大という意味では東京女子大学が近い存在かもしれない。また明治大、青山学院大、立教大、中央大、法政大は大学受験業界ではMARCHと呼ばれてきたが、あえて例えるならば西江大、漢陽大、成均館大、中央大、慶熙大あたりがそういった位置づけになるだろうか。また、西江大がイエズス会系を設立母体としているところは上智大学と同じだ。ただ韓国では偏差値という概念は存在しないので、日本と同様の比較はできない。仏教系の東国大は映画演劇学科があり、芸能人を多く輩出しているほか、弘益大は芸術系の大学として知られる。また韓国ではホテル経営学科などユニークな学科も多い。そして韓国には2・3年制の**専門大学**《チョンムンテハク》（**전문대학**）があり、これらは職業養成の大学だ。近年では大学進学に価値を見出さない若者が増えているともいい、一時は80％近くまで達した大学進学率は近年下がり始めている。日本でもかつての偏差値重視の大学選びは徐々に崩れているといわれており、大きな変化が訪れている。

テレビ局

日本のNHK（日本放送協会）⑤に相当するテレビ局は、韓国ではKBS（韓国放送公社）⑥だ。NHKは渋谷区神南、KBSは永登浦区汝矣島洞に位置している。ともに受信機を保有している世帯

⑤

⑥

から受信料を徴収する形で運営されているが、韓国では電気料金と併せて支払う形になっている。しかし料金は年額3万ウォンであり、日本の4分の1程度だ。公営テレビ局としてはKBSのほか、日本のNHK教育テレビに相当するEBS（韓国教育放送公社）がある。民放ではMBC（文化放送）とSBSがラジオとテレビ局をもっているが、前者はフジテレビ内に東京支局、フジテレビはMBCビルにソウル支局を置いており、後者もまた日本テレビと相互に東京支局、ソウル支局を設置している。放送局の本社はソウル市内のそれぞれの場所にあるが、麻浦区上岩洞のデジタルメディアシティにはKBS、MBC、SBSのほか、音楽専門チャンネルMnet（大手食品会社のCJグループ企業、CJ ENMが運営）の施設が集中している。東京ではこのようにテレビ局が集中しているところがあるわけではないが、民放キー局の本社はすべて港区に集まっている。また韓国ではケーブルテレビのチャンネルが多く、日本のBS・CS放送のような存在だといえる。中央日報系のJTBC、朝鮮日報系のTV朝鮮といった新聞社系のテレビ局のほか、ニュース専門チャンネルのYTNなどがある。

野球チーム

ソウル特別市に本拠地（韓国語では「縁故地・**연고지**」）を置く球団は斗山ベアーズと、LGツインズだ。松坡区の項ではかつての読売ジャイアンツと日本ハムファイターズに例えてみたが、現在東京にある球団は、読売ジャイアンツと東京ヤクルトスワローズの2つである。九老区の高尺スカイドームでキウムヒーローズ（ネーミングライツにより、ウリ、ネクセンと球団名が度々変更）が、ホームグラウンドとしており、合計3球団だ。かつて元ヤクルトの高津臣吾投手は2008年、ウリヒーローズ（当時）に在籍していたことがあり、その当時は木洞野球場を主に使用していた。そして首都圏には仁川文鶴野球場（ネーミングライツ取得により、2015年からは仁川SK Happy Dreamパーク）にフランチャイズを置く、SKワイバーンズがあり合計4球団（日本は5球団）だ。

⑦

⑧

こうした点は似ているようで、あまり似ていないが、特に同じ球団名があるのは在日韓国人の辛格浩（重光武雄）氏が日本で創立した会社で、その後韓国でも創立されたロッテである。韓国ではジャイアンツ、日本ではマリーンズという球団名で、カモメをモチーフにしたマスコットキャラクターも同じである。さらに千葉ロッテマリーンズは応援に韓国曲を取り入れていた。2000本安打を達成し、現在はコーチとなった福浦和也氏は「海岸へ行こう（해변으로 가요）」、引退後にはタレント・YouTuberとしても活躍する里崎智也氏にはコヨーテの「出会い（만남・マンナム）」が使われていた。さらに2000年前後に名物応援となった「タオル回し」でもコヨーテの「**純情**《スンジョン》（순정）」（のちにDJ OZMAがカバー）が使われ、それがマリーンズ側のスタンド全体に広がった。

そしてロッテジャイアンツの本拠地である**社稷野球場**《サジクヤグジャン》（사직야구장）は、横浜スタジアムを模して作られている。実際のところ電光掲示板や内野の土で覆われている部分などの形もそっくりだ。横浜スタジアムは両翼94メートル、中堅117メートルと日本のプロ野球規格に満たない球場であるが、社稷野球場は両翼95メートル、中堅118メートルと少し上回る広さであり、少しでも大きく作ろうと対抗したように思えてならない。そして余談ではあるが、釜山の広安大橋⑦（1994年着工、2003年竣工）は東京・お台場のレインボーブリッジ（1987年着工、1993年竣工）とは外観が非常によく似ており、写真を見ただけでは、どちらなのか錯覚してしまうほどだ。また広安大橋はダイヤモンドブリッジ（다이아몬드 브리지）という愛称がある。

百貨店

韓国最初の百貨店は1930年に創業した三越である。明洞界隈に残る京城支店の建物を引き継ぐ新世界百貨店もそのように発表しているのだが、日帝による統治を想起させることから、しばしば論争が起きる。韓国人資本で最初に設立された百貨店は、1932年に創立した和信百貨店で、現在の

⑩

⑨

鍾路タワーの場所に本店を置いていた。ほかにも丁子屋、平田、三中井とあわせて京城の五大百貨店とされていたといい、そのうち三中井百貨店は満州や中国にも支店を置いていたが、敗戦後に幻と消えていった（『幻の三中井百貨店』（林広茂 著）に詳しい）。

現在の韓国の百貨店といえば、新世界百貨店⑧、現代百貨店、ロッテ百貨店⑨の三大百貨店が挙げられるが、いずれも大資本によるものだ。韓国各地で展開するそのほかの百貨店としては高級感のあるギャラリア百貨店、アウトレット系のNC百貨店、AKプラザ百貨店がある。小規模のところでは陽川区のヘンボッカン百貨店（**행복한백화점**）や、銅雀区の**太平百貨店**《テピョンペックァジョム》（**태평백화점**）、永登浦区にある汝矣島百貨店（**여의도백화점**）といったものがある。

東京にある全国規模の百貨店は三越伊勢丹、大丸松坂屋、そごう西武、高島屋、といったところだ。ほかには鉄道系の東武、東急、西武、京王、小田急のほか、阪急百貨店は阪急メンズ東京として千代田区有楽町に出店している。ちなみに大邱市内で「テベク（**대백**）⑩」という名で親しまれる大邱百貨店のロゴマークは、東京都のロゴマークとそっくりである。これは東京都のほうが後である。

スーパー

韓国語ではロッテマート（ロッテグループ）、イーマート（新世界百貨店グループ）、HomePlus（サムスングループ、英テスコによる共同運営）といったスーパーマーケットは「**大型マート**《テヒョンマートゥ》（**대형마트**）」と呼ばれている。ショッピングカートが大きく、毎日買い物するというよりも、週末にまとめ買いする感覚だ。階をまたいでの移動の際にはベルト式のエスカレーターで移動する。これらの大型マートは雰囲気も店内の構造もよく似ている。また、大型マートによる寡占が問題視され、在来市場や商店を保護するために月2回（日曜日）の休業が義務付けられている。観光で訪れた際に休業日に当たったことがある人もいるはずだ。

⑫

⑪

そして韓国語で「**スーパー**《シュポ》（**슈퍼**）」といわれるのは、住宅街の近くにある中小の店舗または、町の小さな商店であり、そこでは日用品や食料品などを取り揃えている。日本ではイオンやイトーヨーカドーのようなスーパーマーケットが、韓国の大型マートに近いといえるが、日本ではカートも小さめで、食品類も韓国よりも小分けされている印象が強い。また高級路線の成城石井や東急ストア、庶民派の西友、Big-A、OKといったような価格帯での棲み分けは韓国ではあまりはっきりしていないようだ。

コンビニ

韓国のコンビニはセブンイレブン⑪、CU、GS25、ミニストップ、emart24がある。そのうちセブンイレブンやミニストップは日本でもお馴染みだ。「CU」は2012年頃まで**Family Mart**《フェミリマトゥ》（**훼미리마트**）⑫であったが、日本資本のファミリーマートの看板では出店しにくい場所（公共施設など）があるということから新名称となった。かつては、セブンイレブン、FamilyMart、ミニストップの三社が両国で同じ看板で営業していたため、街を見渡したときに覚える親近感はより強かった。

韓国のコンビニでは店内にイートインスペースが設けられていることが多く、夏になるとお店の前にテーブルを出してお酒を飲む人たちもいる。店内のイートインに関しては、2015年頃からそれが日本へ波及したように感じる。

近年韓国では単身世帯が増加したこともあってか、弁当やサンドウィッチが格段と美味しくなり、その点は日本に近づいているように感じる。特に韓国ローカルだと思うことは「**三角キンパプ**《サムガッキンパプ》（**삼각김밥**）」というおにぎりが韓国海苔で包まれている点であり、大きめのサイズも存在する。またホワイトデーやバレンタインデーが近くなると大々的にイベントコーナーが置かれるところも面白い。

日本はコピー機やATMが店内にあったり、チケット発券機が設置されているなど、韓国のコンビニよりも多機能であり、そのほかスイーツや菓子パンなどの品ぞろえが充実している。

外食産業

日本は吉野家や松屋、すき家のように300円台で牛丼、カレーライスを中心とした食事がとれるチェーン店があるが、韓国ではそのような食堂が非常に少ない。安価な食堂を見かけることもあるが、人通りが多く回転率が高い場所にある程度だ。強いて言うならば、キンパプ天国（김밥천국）⑬やキンパプナラ（김밥나라）を中心とする海苔巻きチェーンがそれらに例えられるだろう。こうした軽食全般のことを「**粉食**《ブンシク》（분식）」という（本来は文字通り小麦粉で作ったものを指す）。海苔巻きやインスタントラーメンに加え、キムチチゲ、トンカツやオムライスなどの料理があり、値段は店によって異なるが海苔巻きは1500ウォン～、ラーメンは3000ウォン～程度である。また韓国にもすかいらーくやロイヤルホストのようなファミリーレストランはある。その代表的なものが**OUTBACK**《アウッベッ》（아웃백）である。ステーキなどのメニューやサラダバーなどがあるが、基本的に単価が高く、学生たちが気軽に行けるようなものではない。実際に店舗数は減少傾向にある。

ドラッグストア・雑貨店

Olive young《オルリブヨン》（올리브영）⑭は、日本のドラッグストア・マツモトキヨシにも例えられる。生活用品や菓子、飲料まで取り揃えているが、特に化粧品、ビューティー関連の食品が多いことが特徴だ。そのほか**lalavla**《ラルラブルラ》（랄라블라）、**LOHB's**《ロブス》（롭스）といったドラッグストアも登場しているが、いずれもコスメ色が強いところが美容大国・韓国らしい。日本のドラッグストアの郊外型店舗ではスーパーと大差が感じられないが、ドラッグストアの役割を果たすのは、先にも挙げたよう

⑮

⑯

な大型マートであろう。

文具・雑貨店としてはARTBOX《アトゥバクス》（아트박스）⑮が人気だ。こちらは東急ハンズやLOFTにも似た存在であるが、トレンドが取り入れられており、若者に受けいれられている印象だ。また日本でもお馴染みの100円ショップであるダイソー（다이소）⑯は、韓国では「すべてある」という意味の「ダーイッソ（다 있어）」だと思い込んでいた人も多い。日本の大創産業が元になっているが、韓国ダイソーとの資本関係はない。韓国のダイソーは、日本の100円に相当する1000ウォンで購入できるものは少なめだ。ただこちらも近年、キャラクター商品や、かわいいデザインのものが多いと日本人観光客の間でも人気が高い。

また「ピエロショッピング（삐에로쑈핑）」はディスカウントストアで、韓国版ドン・キホーテとも例えられる。とはいえ近年は韓国から日本への渡航者は多く、日本のドン・キホーテと似ていることは韓国でも指摘されている。

アパート・マンション

韓国ではアパート（아파트）に暮らすのが主流だ。実際にソウルはもちろん、地方都市にも12階建て以上のアパートが並んでいる。これは日本でいうマンションや団地にあたる集合住宅である。持ち家として所有することはもちろんあるが、投機目的で購入したり、賃貸物件として家主になることも多い。アパートのほかにも連立住宅（연립주택）やヴィラ（빌라）という形態もある。家賃の支払いも独特で、チョンセ（전세）という数百万〜数千万単位の保証金を預けることで、家主がそれを運用するシステムだ。保証金だけで賄えない場合はウォルセ（월세）という月々の家賃を支払う場合もある。日本では持ち家として一軒家を購入することも多いが、韓国では単独住宅《タンドクジュテク》（단독주택）の所有はごく一部に限られる。

2章

東北1圏

城東区《ソンドング》・広津区《カンジング》・東大門区《トンデムング》・中浪区《チュナング》

至 新内駅
養源駅
忘憂駅
上鳳駅
上鳳ターミナル
ウリム市場
忘憂里
共同墓地
中浪駅
龍馬ランド
トンウォン市場
面牧駅
中浪区
四佳亭駅
面牧市場
中
浪
川
区
龍馬山
峨嵯山
市場
広津区
漢坪駅
君子橋
グランド ウォーカー
ヒル ソウル
オリニ大公園
広壮洞
広津橋
コモングラウンド
建国大学校
建大入口駅
建大ロデオ通り
東ソウル綜合
ターミナル
紫陽洞
トゥクソム漢江公園

慶熙大学校
韓国外国語
KAIST洪陵キャンパス
回基駅
永徽園・崇仁園
ソウル市立
京東市場
祭基洞駅
新設洞駅
ソウル薬令市正門
東大
龍頭駅
ソウル風物市場
踏十里古美術通り
馬場畜産物市場
踏十里
往十里駅
城東区
杏堂洞
鷹峰山
トゥクソム駅
ソウルの森
聖水駅
Under Stand Avenue
聖水洞

小規模工場や倉庫のリノベーションが進む聖水洞とソウル東部の住宅地

城東区《ソンドング》＝荒川区・墨田区の要素あり

小規模製造業の多い住宅地

城東区《ソンドング》（성동구）は、ソウル東部に位置する区だ。その名の通り、都である漢陽都城の東側に位置していることから、このような名称となっている。東京で「城東」というと明確な定義があるわけではないが、皇居の東側にあたる台東、墨田、江東、葛飾、江戸川あたりを指す。城東区の人口は約30万3千人、面積は16・86平方キロメートルであるが、東京の城東エリアでこれと似た規模にあたる場所は、といえば墨田区であり、人口は約27万1千人で、面積は13・77平方キロメートルだ。大まかにみれば同程度の水準だろう。また後にも触れるが、城東区はとくに聖水洞あたりに製靴業の町工場①が目立つのだが、小規模の製造業が多い区だ。そういった点でも墨田区によく似ている。しかし銅雀区の項でも触れるが、墨田区は都心部からは川を渡っていく必要がある。その点でソウルの中心である中区や東大門区と隣接する城東区とは異なっている。墨田区と似たような区を探すとこちらは城北地区ではあるが、隣の荒川区も候補にあがる。荒川区の人口は21万8千人で面積は墨田区より狭い10・16平方キロメートルである。どちらを当てはめてもよさそうだが、ここでは地理的な面や交通面を重視して、荒川区として考えてみたい。

城東区と荒川区の地形

まずは城東区の地形から見てみよう。ソウル中心部を流れてきた清渓川と、ソウル東部を流れる河川の中浪川が合流し、区の南に面している漢江に注ぎ込むようになっている。東京の地図で形だけを

眺めるならば、荒川と墨田川の中州となっている足立区北千住あたりにも似ているようだ。ソウルは全体的に山が多いが、城東区は山が少なくその多くが平地になっており、区内の南西で漢江との合流地点あたりに**鷹峰山**《ウンボンサン》（응봉산）という小さな山がある程度だ。一方で荒川区は北側が隅田川に面しており、全体的に起伏が少ない場所であるが、こちらも南西の日暮里あたりは台地になっている。

駅ビルがある往十里駅・日暮里駅

城東区の主要駅といえば中央電鉄線や地下鉄と合わせて、4路線が交わる**往十里**《ワンシムリ》（왕십리）②駅だといえる。往十里駅は比較的大きなステーションビルになっており、ここに大型マートや映画館がある。観光面でいえば大型マートのない東大門エリアから地下鉄2号線に乗って数駅なので、一部の観光客は流れていく場所であろう。この「往十里」という地名は、李成桂の命を受け、朝鮮の都の位置を選定していた無学大師が、とある老人から「ここから北西に十里（朝鮮1里＝約４００メートル）往くと都にふさわしい場所がある」と聞いたことによるもので、その場所が景福宮だという。

この往十里駅は荒川区に例えるならば、日暮里駅ではないだろうか。両駅はいずれもソウル、東京の東部に位置している。日暮里駅にはJR、京成線、都営地下鉄線、日暮里・舎人ライナーが通っており、駅ビルとまでは言えないまでも比較的大きな駅舎である。また日暮里駅周辺の特徴としては、近くに繊維街が形成されていることである。約1キロ続く日暮里中央通りには洋裁店や生地を扱うお店が集まっており③、日暮里繊維街のホームページによれば、それらが80店舗以上ある。近年では外国人観光客が日本らしい生地を求めてやってくるという。ソウルで生地を販売する問屋街といえば、広蔵市場やビルになっている東大門綜合市場（鍾路区）がこれにあたるが、いずれも東部にあるという点では共通する。そして日暮里駅界隈には在日コリアンによる焼肉店のほか、韓国系スナックの看板④をよく目にする。このような光景は西日暮里駅もまた同様である。このあたりは住宅街に

⑤

⑥

入ってみると、質屋を意味する「전당포（典當鋪《チョンダンポ》）」と書かれた電柱があったりと、コリアンタウンが近いことを感じさせる。また、鶯谷駅周辺にはラブホテルが集まる場所がある。そんなことから、この界隈にはいわゆるデリヘルと呼ばれる派遣型風俗店が数多く存在し、とくに「韓国デリヘル」の中心的な場所になっていることは巷では有名である。それが売春の温床となっていることもまた事実のようだ。

そして往十里駅近くにはかつて牛の小腸である「コプチャン（곱창）」というホルモン焼き通りが形成されており、現在は再開発のために減ったものの何店舗か残っているようだ。また東京都内には「往十里」という地名をもじったホルモン店が存在する。

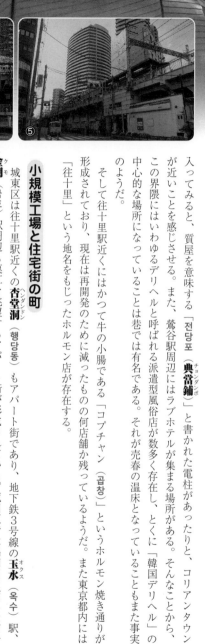

小規模工場と住宅街の町

城東区は往十里駅近くの**杏堂洞**《ヘンダンドン》（행당동）もアパート街であり、地下鉄3号線の**玉水**《オクス》（옥수）駅、**金湖**《クモ》（금호）駅周辺も漢江を眺望するアパート街が形成されている。荒川区では隅田川に面した南千住、**町屋**⑤、荒川、尾久あたりは主に住宅街であり、この地域にある都営住宅は比較的高層の建物が多い。また荒川区は23区内でも最も飲食店が少ない水準である。そして荒川区の61％は準工業地域であり、住居と小規模工場が混在する街だ。かつては荒川沿いに大規模工場が多かったが、現在は30人を下回る事業所が9割を占めており、印刷、金属、皮革、衣服といった零細企業の町工場がほとんどだ。一方、城東区は準工業地帯が13％ほどで、聖水洞あたりに町工場が集中しているという特徴があるが、それ以外の地域は住宅が大半を占める。いずれにせよ都心からは少し離れ、町工場のあるベッドタウンだということは、両者が共通する点ではないだろうか。

二つの区が大きく異なることは、城東区の外国人比率が2・35％とソウル平均を下回る点である。荒川区には在日コリアンが多いこともあってか、外国人比率が9％近くに達する。ただしオールドタ

イマーが多く、そのような地元民たちを日本人同様と考えれば、この比率はより低下するのではないかと思われる。

京城軌道と都電荒川線

東京都の路面電車はかつて40系統あったというが、現在残っているのは2路線である。東急世田谷線と都電荒川線⑥⑦で、後者は荒川区南千住の三ノ輪橋駅（東京メトロ三ノ輪駅は台東区）を起点としており、北区、豊島区、新宿区までの12・2キロの区間であるが、うち4・6キロは北区を走っている。都営荒川線は外国人観光客の2017年4月から「東京さくらトラム」という愛称がつけられたが、それほど浸透していないように思える。10月1日の東京都民の日だけ小学生の都電の乗車が無料になるカッパのバッジは2018年に復活している（ちなみにソウル市民の日は、陰暦10月28日である）。

現在はソウルには路面電車はないが、かつて鍾路区や中区などソウルの中心部を走っていた路面電車の他に「京城軌道」とよばれる電気軌道があった。1930年代から1960年頃まで存在していたが、この路線は東大門から東廟前を通り、馬場、往十里、纛島を通って遊園地（トゥクソム遊園地）までの約7キロの区間である。現在の東大門区から城東区を中心に走っていた路線であり、今の広津区あたりにも約7キロの支線が作られていた。まさにこれが都電荒川線に相当する列車ではないだろうか。そして都電荒川線の駅にも荒川遊園前という駅があり、駅のそばには都内では唯一の公営遊園地となるあらかわ遊園がある。

馬場洞と三河島は「焼肉」で共通

また往十里駅の北側に当たる清渓川沿いの**馬場洞**《マジャンドン》（마장동）には馬場畜産物市場⑧があり、首

⑨

⑩

都圏の食肉の6割がここを経由すると言われている。朝鮮時代の牛馬市は今の鍾路区にあったが、1960年代に馬場洞へ屠畜場とともに移転。現在、屠畜場としての機能は衿川区**禿山洞**《トクサンドン》（독산동）にある。

この馬場畜産物市場の脇には平屋建ての焼肉店街、**馬場洞モクチャコルモッ**（먹자골목）⑨があり、特殊部位を含んだ新鮮な韓牛を味わえることでも知られている。また市場内には各商店が共同で運営しているセルフ式焼肉店があり、市場で購入した肉を味わうことができる。市場自体はディープな印象を受けるが、焼肉好きにはおすすめの場所だ。

ちなみに畜産市場がある「馬場洞」という地名は、やはり朝鮮時代にこの場所に馬場があったことに由来する地名だ。江戸にはあちこちに馬場があったというが、地名としては新宿区高田馬場が最も有名だろう。また中央区日本橋馬喰町もその一つである。

荒川区で焼肉といえば、在日コリアンが経営する焼肉店ではないだろうか。このような店は三河島に多い。東京では江戸時代、都から北東は鬼門とされており、屠畜場がおかれた場所が現在の三河島付近であった。そのような背景もあってか皮革産業が盛んになり、荒川区の地場産業として発展した。そのような仕事に当たった人たちのなかには、日本統治時代に主に済州島からやってきた人たちが多く、このあたりは関東最古のコリアンタウンともいわれている。荒川区は済州市とも友好都市を結んでおり、荒川区役所には石像のトルハルバン（돌하르방）が置かれている。

ちなみに行政区画上は、三河島という地名はない。1968年に死者160人、負傷者296人の大惨事を引き起こした列車事故があって以来、その事故を連想させることからその地名はなくなったのだ。三河島駅前には大韓民国の民団や韓国系の教会、周辺の住宅街には朝鮮学校があるが、新大久保ほどに韓国色があるわけではなく、焼肉店のほかにも韓国食材店が町に点在している。ここで暮らす人たちはオールドタイマーの在日コリアンが多いが、親戚や知人などをたどってやってきたニュー

カマーもいたりする。特に「コリアンマーケット」⑩や「朝鮮市場」とも言われている細い路地には、精肉のほか、キムチなどの食材などを扱うお店があるが、その路地に入ってみると、その香りは韓国の古めかしい市場そのものであり、馬場畜産物市場のミニチュア版ともいえるような雰囲気を感じる。

町工場街をリノベーションした聖水洞

聖水洞《ソンスドン》（성수동）あたりは「**纛島**《トゥクソム》（뚝섬）」といわれる場所であった。これは漢江が洪水になると島のようになることからこのように呼ばれていた。聖水洞には1街、2街（日本でいう丁目）があるが、1街には「**ソウル**《ソウル》**の森**《スプ》（서울숲）」⑪という公園がある。このなかの生態の森にはシカなどの動物がいるほか、園内には昆虫植物園があるなど市民の憩いの場となっている。西側は清渓川と合流した中浪川、そして南には漢江が流れるロケーションのソウルの森だが、かつてはこの場所には競馬場やゴルフ場があった。またソウルの森の北側の住宅街にはカフェが多く⑫、さらに2016年には東側に「UNDER STAND AVENUE」というカラフルなコンテナモールもできており、若者が休日を過ごす場にもなっている。また聖水洞2街は、製靴業の町工場が多い。このあたりは準工業地帯に指定されている。地下鉄2号線トゥクソム駅のお隣にあたる聖水駅から漢江に向かって南へと歩くと町工場や倉庫が目に入ってくる。工場の建物の上には靴を模したオブジェが置かれるなど、中小の製靴工場街だ。さらに聖水洞の倉庫や町工場は近年、若手アーティストによりリノベーションされ、カフェやレストランに生まれ変わるなどして、観光客も訪れる街になりつつあり、ソウルのブルックリンという人もいるという。その意味では台東区蔵前にも似ている。さらに聖水洞の高層アパートには芸能人が住むなどそのイメージも向上しているようである。

荒川区の北部を流れる川は隅田川であるが、北区にある岩淵水門で荒川と分岐する。1964年までは今の隅田川が荒川と呼ばれていたため、荒川区の地名はそれにちなんだものだ。その隅田川沿い

には尾久に位置するあらかわ遊園のほか、南千住の汐入公園といった市民の憩いの場がある。やはり川の景観を生かした場所に公園があることは共通している。トゥクソム漢江市民公園は、住所としては広津区になるが、こうした公園も同様の存在だといえるだろう。

鷹峰山と鷹狩り

城東区の南西には鷹峰山《ウンボンサン》（응봉산）⑬⑭という山がある。標高は94メートルと低山で、京義中央線の玉水《オクス》（옥수）駅と鷹峰駅の中間に位置し、駅から歩くと15分ほどで山頂にたどり着く。朝鮮時代には王や王族が鷹狩を楽しんだ場所である。鷹狩とは飼いならした鷹を放って野鳥をとらえるものだ。この時代における鷹狩は特権階級の遊びであり、徳川将軍家や皇室でも行われていた。現在の鷹峰山は漢江の眺望が美しく、隠れた夜景スポットになっているほか、毎年3月下旬から4月上旬にかけてはレンギョウが山に咲き誇り、花見客が訪れる。東京にも将軍が鷹狩を楽しんだところはあちこちにあるが、荒川区のホームページによれば、三河島付近には鶴が飛来してくる場所だったそうだ。そこで鷹狩が行われ、捕らえられた鶴は皇室に献上されていた。現在も新三河島駅と三河島駅とのあいだに観音寺というお寺があるが、ここは鷹狩の際に休息を行う御膳所になっていた。また「山」という名のつくところを挙げるならば、西日暮里駅の西側にあたる道灌山という場所だ。これは室町時代の武将である大田道灌の出城（本城以外の国境などに築いた城）であり、江戸時代には虫の鳴き声を聞く行楽地であった。

カオスな雰囲気が漂う建大入口駅周辺、漢江に面したリバーサイドの街

広津区《クァンジング》＝江東区

水辺に面した町であることが両者の共通点

広津区《クァンジング》（광진구）と東京都江東区（以下、江東区）は区境の多くの部分が水に面している点で共通する。まず広津区から見ていこう。広津区は東と南を漢江に面しており、漢江の川港、「**広津**《クァンジン》（광진）」に由来する。「広い渡し場」の意味や、京畿道広州とをつなぐ港であるという意味から別名を「**広**《クァン》（광）ナル」ともいい、現在もこれは地下鉄5号線の駅名に残っている。また西は一部が中浪川に面しており、**君子橋**《クンジャキョ》（군자교）という橋が架かっている。

一方、東京都江東区は、隅田川の東側に位置することが由来である。江戸時代から「江東」と呼ばれていた地域ではあったが、明治に入ってからは東京府深川区と南葛飾郡に属していた。郡とはいえ東京だったことからすると、もともと京畿道であった広津区とは異なるといえる。江東区は西を隅田川、東を荒川や旧中川、南を東京湾に面しており、海抜0地帯やマイナス地帯も多い場所だ。実際に近世以降に埋め立てられたところが大部分を占めている。東西線が地下を走る永代通りの辺りが、幕末当時の海岸線だったといい、江戸時代はさらに内側に位置していたという。かつて南葛飾郡の砂町と呼ばれた場所は、現在北砂、南砂、新砂、東砂という地名になっているのだが、大正から昭和にかけては砂町海水浴場があり、このあたりでは潮干狩りもできた。そして大島《おおじま》、越中島といった地名も島や中洲を表している。区内でも最も古い歴史をもつのは北部の亀戸あたりだとされ、中世の遺物が発見されている。

広津区は江東区のように埋立地ではないが、前述のとおり川に囲まれている点では共通し、新石器

時代から人が住み始めた。朝鮮時代には王朝直轄の放牧地があった場所だ。日本統治時代には京畿道高陽郡に所属しており、ソウルに編入したのは1949年のことであった。その当時は城東区であり、広津区となったのは1995年のこと。区の北西に接した中浪川を境にして城東区と分離して発足した。広津区の北東部には**峨嵯山**《アチャサン》（아차산）、**龍馬山**《ヨンマサン》（용마산）といった海抜300メートル前後の低山がある。漢江に面した南側には**トゥクソム**（뚝섬）漢江公園①があり、市民の憩いの場になっているが、その公園を隔てた川沿いには高層アパートが多い。高低差では両者に大きな差があるが、東部に位置し、川に囲まれた水辺の街であることは共通点である。また漢江沿いの**江辺**《カンビョン》（강변）駅②近くには東ソウルバスターミナルがあり、特に江原道方面へのバスが多数発着しているほか、ソウル近郊地域の玄関口になっている。

漢江に面した広津区・水に囲まれた江東区

広津区と東京江東区のスペックを見てみよう。広津区の面積は17・06平方キロメートルで、東京江東区の面積は40・16平方キロメートルである。「お台場」と呼ばれる地域は江東区青海も含まれており、ここにはテレコムセンターや大江戸温泉物語といった施設がある。そして青海の南にある埋立地である中央防波堤の約500ヘクタールは、長年、大田区と帰属問題で争っていたが、2019年9月についに決着がつき、江東区が86・2％、大田区13・8％と決められた。お台場のあたりを永登浦区で汝矣島にも例えたが、その面積を除いても江東区のほうが広いといえる。また広津区の人口は36万1千人、江東区は52万4千人であり、人口も江東区のほうが上回っている。広津区は前述のように山が多いこともあり、公園緑地面積が約32％に及ぶこともひとつの特徴だ。一方で江東区はベイエリア③があり、運河があるなど水に囲まれている。

さて交通面ではどうだろうか。江東区では北に総武線や都営新宿線、中央には東西線、南のベイエ

③

④

リアには京葉線やりんかい線、ゆりかもめなどが通っている。東西に延びる線路が多いため、やはり南北へはバス移動が主となるのだが、混雑度合いが大きいようだ。そこで有楽町線の延伸が協議されており、今後豊洲―東陽町―住吉を結ぶ約5キロの区間の建設が始まる可能性がある。完成すれば区内の南北移動の利便性がだいぶ増すことになるだろう。

しかし広津区は地下鉄2、5号線が東西に、そして7号線が南北にわりと直線的に走っており、東西南北の移動もだいぶ容易である。2、5号線では都心部へ、7号線は江南方面へのアクセスもしやすく、地下鉄での移動はかなり理想的である。後にも述べるが、区内では漢江に7つの橋がかかっており、車での移動もしやすいといえる。

運河の構想があったソウル、運河が使われていた江東区

江東区内を歩いてみると、あちこちに水路があり、そこには橋が架けられ、そして水門が目にとまる。これらは水路というよりも運河である。江戸時代にはこのような多数の運河を掘削し、水運により物資が運ばれていた。ウォーターフロントといわれるエリアには、豊洲、東雲、砂町、あけぼのといった運河があって、そこには多数の橋が架かっており、潮の香りが漂ってきて、屋形船も停泊していた。そういった運河のなかでも、比較的北にある小名木川《おなぎがわ》は、徳川家康の命で行徳から江戸に塩を運ぶために掘削された川で、全長約5キロあり、川の名前は掘削した小名木四郎兵衛の名に由来する。また大島《おおじま》地区は「島」という言葉が示すように、周囲が川に囲まれており、橋がなければ孤島といえる場所である。このように江東区には運河があり、そこにたくさんの橋が架けられているのである。橋は運河にかかるものだけではなく、隅田川や荒川にも多い。墨田川には言問橋（台東区・墨田区）、勝鬨橋④（中央区）といった著名な橋が多く、江東区と中央区の間には永代橋や、清州橋がかかっているが、これらは夜になるとライトアップされる。

さて広津区もまた水辺に位置することから、橋が多いことが特徴だ。ソウル市内で漢江に架かる橋は23あるが、広津区にはそのうち7つある。そのなかでも**広津橋**《クァンジンギョ》（광진교）は1936年に竣工された漢江の3番目の橋（道路橋梁としては2番目）である。中央には「リバービュー8番街」⑤と名付けられた展望台が、橋脚の下に設けられており、床の一部がガラス張りで、川面を見られるようになっている。人気ドラマ『IRIS（アイリス）』のロケ地になったりと、ちょっとした観光スポットにもなっている。

　朝鮮時代までは漢江で水運が盛んだったが、広津区の西部を流れる中浪川にも近年、運河の構想があった。清渓川の再生事業を成功させた李明博市長の次に2006年にソウル市長となった、**呉世勲**《オセフン》（오세훈）市長は「漢江ルネサンスプロジェクト」と銘打って、漢江沿いの高層アパートの整備や、運河を作って仁川とソウルを結ぶといった計画を打ち出した。そのなかの京仁運河事業では、仁川から陸地を通して漢江までつなぐ「京仁アラベッキル（경인아라뱃길）」という名の約18キロの運河を建設し、これを2012年に完成させた。呉市長の計画では漢江を運河として汝矣島、龍山にターミナルを設置するというものや、中浪川や安養川にまで運河を伸ばそうという案まであったが、次の市長には引き継がれずに中止となっている。結局、運河に関しては未完に終わったが、冒頭で述べたように広津区も江東区と同様に水に囲まれた区である、ということは共通点だといえよう。

　そして江東区豊洲、有明などのウォーターフロントのあたりにはタワーマンションが多い。もちろんこれは広津区だけではないのだが、区内では漢江沿いの**広壮洞**《クァンジャンドン》（광장동）⑥や**紫陽洞**《チャヤンドン》（자양동）⑦あたりにアパートが多い。とにかく水辺を見渡せるロケーションは住居として好まれる、ということであろう。

⑩

⑪

建大入口駅＝錦糸町駅？　そして亀戸

広津区で最も大きいとされる繁華街は、**建大入口**駅周辺⑧である。地下鉄2号線は高架、6号線は地下を走るが、駅前の交差点を中心にして建国大学病院、そして建国大学校があり、ファッション通りである建大ロデオ通り⑩、ロッテ百貨店や大型マートのある複合商業施設、そして飲食街が形成されている。2015年には韓国初のコンテナモールCOMMON GROUND⑨がオープンし、買い物はもちろん写真を撮る若者たちでにぎわう。学生街としては西の弘大、東の建大ともいわれるが、駅近くでショッピングや食事のすべてができるコンパクトシティである。ただ「**建大味の通り**《コンデマセコリ》（건대 맛의 거리）」⑪と呼ばれる飲食街は雑居ビルがひしめき、カオスのような印象が漂う。夜になると韓国の繁華街らしい煌びやかなネオンの看板が光り出す。街自体がお洒落な雰囲気というわけではない。そして建大ロデオ通りに並行する隣の通りには、中国東北部の料理である、ラム肉を串刺しにして焼く料理のお店が多いことでも知られる。韓国語ではこれを「ヤンコチ（양꼬치）」というのだが、永登浦区の大林洞あたりから移ってきた朝鮮族がこの街でお店をはじめたそうだ。このヤンコチは日本以上にポピュラーな食べ物である。

江東区で建大入口に匹敵する繁華街といえば、副都心にも指定されている錦糸町や亀戸あたりだといえるだろう。総武線に乗り、隅田川を渡り西に進むと、都心の雑踏からはひとつ抜けたように感じられる。錦糸町駅自体は墨田区なので、詳しくはそちらで触れることにしよう。そのためここでは亀戸駅について見ていきたい。錦糸町はもちろん、亀戸駅の周辺には大学があるわけではないため、建大入口駅のように若者が集まる場所ではないことは大きな違いである。亀戸駅には駅ビルのアトレ亀戸があり、北口の駅前ロータリーを過ぎたところにあるアーケード街の商店街は下町のような雰囲気が漂い、休日日中は歩行者天国にもなる。また南口も含め、中華料理店やアジア食材店が多いのも特徴だ。そんなふうに中国の要素が感じられるのは建大入口駅付近とも同様ではないか。また路地に入

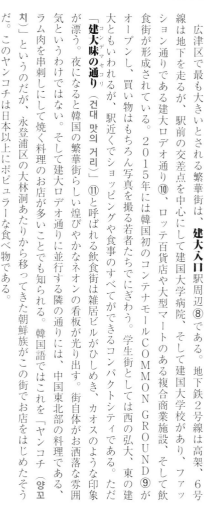

⑫

⑬

ると、亀戸餃子やホルモン焼き⑫などディープな匂いもする飲み屋街といった印象が感じられる。南口にもまた大衆的な居酒屋やパブなどがあり、亀戸は庶民的な香りのする町である。

華陽洞と東陽町の「陽」

さて建国大学校⑬の敷地があるあたりは、現在は**華陽洞**《ファヤンドン》（화양동）といわれる地域である。江東区には東陽町という駅名があり、その付近には東陽、南陽という地名があるのだが、その「陽」という場所の過去の姿をみてみたい。かつては**毛陳洞**《モジンドン》（모진동）と呼ばれていたのだが、2009年に改称された。その理由は「イメージや語感が悪い」というもので「残忍だ、ひどい」という意味の「**모지다**（モジダ）」を連想させる音が含まれていることからである。現在の広津区あたりには朝鮮時代には王室の放牧地があった。栄養が不足していた時代に、泥沼にはまり込んで死んだ馬を分けて食べていた女性たちを見て「ひどい女が住んでいる」ということからこのような名前となった。日本統治時代にこの音に「毛陳」と当て、正式に町の名前になったとのことである。韓国では馬食文化がないことがその背景にあるだろう。

さて江東区の東陽だが、木場駅寄りにあたる現在の東陽1丁目あたりにはかつて洲崎遊郭があったが、これは吉原遊郭にも匹敵する規模だった。1888年には根津遊郭がこの地に移転してきた。この洲崎という場所は、江戸時代は海岸に近い低湿地で、その場所が埋め立てられて弁天が置かれ、洲崎弁天町と呼ばれていた。1956年には遊郭と遊女たちの様子を描いた『洲崎パラダイス 赤信号』という映画が作られた。その後、売春防止法による赤線廃止によって、洲崎遊郭は廃止されることとなった。1968年には周辺の加崎町、平井町、豊住町などとともに東陽に統合されており、現在「洲崎」という地名は神社や郵便局の名前に残る程度である。現在の東陽という地名の由来は定かではなく、街の発展を願ったものだとされる（江東区ホームページによる）。ここに「洲崎」という名前が

⑭

⑮

残らず、「陽」という明るい名前が付けられたのは、もしかすると遊郭のイメージを嫌ったことがあるのかもしれない。

オリニ大公園＝上野の山、規模もほぼ同じ

広津区の陵洞《ヌンドン》（능동）に位置する**オリニ大公園**《オリニデコンウォン》（어린이대공원）⑭は、直訳すると「子ども大公園」である。園内には動物園や植物園、水族館、遊園地があり、「オリニ（어린이）」という言葉が示すように、子どもたちのための遊び場だ。まさに「上野の山」といったところだが、オリニ大公園は約53万6千平方メートルで、台東区の上野恩賜公園の総面積は約53万4千平方メートルで奇しくもほぼ一致する。オリニ大公園の用地は**陵洞**《ヌンドン》（능동）という地名にも表れているように、最後の大韓帝国皇帝（第27代朝鮮王にあたる）純宗の王妃の純明孝皇后閔氏の陵墓、裕陵の場所であったが、純宗の死後に現在の南楊州市で合葬されている。オリニ大公園が公園化したのは１９７０年のこと。園内に動物園がある点では上野公園と一致するが、上野公園に多くある博物館や美術館はここにはなく、博物館は鍾路区光化門周辺に集中している。ただし春に桜が咲き、お花見スポットとなることは共通しているといえる。もしオリニ大公園を江東区に当てはめるならば、夢の島公園約43万3千平方メートル、猿江恩賜公園の14万5千平方メートルを合わせた大きさと近いといえるだろうか。ゴミの埋め立て地であった夢の島公園には植物園があり、貯木場だった猿江恩賜公園には野球場や江東公会堂がある。

カジノができるグランドウォーカーヒルソウルと東京のカジノ構想

広津区の西側の水辺には**グランドウォーカーヒルソウル**⑮というホテルがある。ここはカジノがあることでも有名で、観光客に人気を集めている。地下鉄2号線の江辺駅やクァンナル駅からシャトルバスが出ており、ホテルの近くまで来るとそのバスは丘を登っていく。まさにリバーサイドの丘に

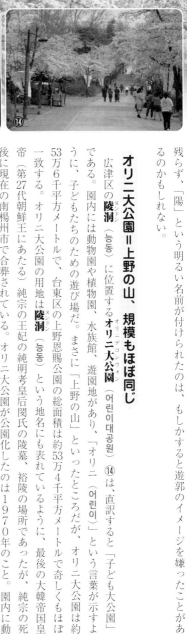

⑯

位置する五つ星（特1級）の高級ホテルだ。カジノができるホテルだけあって、外観からもゴージャスさが漂ってくる。別館の**明月館**《ミョンウォルグァン》（**명월관**）⑯は、韓国の宮殿や寺社などでも見られる**丹青**《タンチョン》（**단청**）により装飾された建物で、ここは高級焼肉店になっている。この場所の地形は港区にあるグランドプリンスホテル新高輪にもなんとなく似ている気がする。ちなみにソウルでカジノができるところはこの他にセブンラックカジノがあり、ソウル駅近くのミレニアムソウルヒルトン店と、三成駅近くにあるソウル江南店で、合計3カ所である。これらはいずれも韓国人は利用することができない。東京にもカジノを誘致する構想があるが、やはりウォーターフロントであるお台場や江東区有明の名もあがってくる。お台場は汝矣島にも例えたが、江東区、港区、品川区にまたがって位置している。

①

②

有名大学多い東部のベッドタウン、かつての集娼街・清凉里は再開発進む

東大門区《トンデムング》＝豊島区

池袋のない豊島区＋文京区・台東区の要素も

東大門区には東大門がない

東大門区《トンデムング》（동대문구）は、ソウルを囲む城郭の門、東大門に由来する。この東大門は通称で、正式には「**興仁之門**《フンインジムン》（흥인지문）」①という。北東の「気」が弱いということから、他の門とは異なり、一字多くなっている。しかしながら、この東大門は鍾路区に位置する。もともとは東大門区内に位置していたが、１９７５年に都心部の面積や人口とのバランスをとるため、隣接する区域が鍾路区や中区に編入された。そのため東大門駅も東大門区にはない。東京に例えるならば、品川駅は港区にあり、目黒駅は品川区にある、というようなものだろう。

朝鮮時代には東大門の外側、都を囲んでいる城郭の外に位置するも、豊作を祈願して祭祀を行う**先農壇**《ソンノンダン》（선농단）や、現在の**ソウル薬令市**②の由来となり、民衆を救済するために作られた**普済院**《ポジェウォン》（보제원）といった施設があるなど、朝鮮時代からの伝統が感じられる場所でもある。そのなかでも普済院は小石川養生所（現・東京大学理学部付属植物園で文京区にあたる）のような存在だろうか。

豊島区と東大門区は友好都市であるが、これは１９８２年に双方の親善協会が姉妹提携をしたことが交流のきっかけとなり、２００２年から友好都市として提携している。この詳しい経緯は定かではないが、現在も国の中枢となる都心部から少し離れているほか、ソウルでは城郭の外であり、東京では外濠よりも外に位置している場所だといえるだろう。またなにかと多国籍でありカオスな池袋駅周辺は、東大門あたりの雰囲気と似ているところもある、と言いたいが、東大門駅周辺が東大門区にない、という点では少々説得力に欠ける。しかし仮に東大門が東大門区に残っていたとすれば、両区を

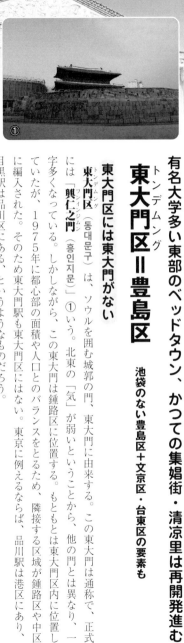

③

④

例えるにはふさわしいだろう。実際に東大門区の人口は約35万9千人で、面積は14・22平方キロメートル。豊島区の人口は約29万8千人、面積は13・01平方キロメートルであることからしても、両区の規模は似たり寄ったりといえるのではないか。

東大門区はソウル市立大学校③、慶熙大学校、韓国外国語大学校といった、日本人留学生も多く通う総合大学が3つある。また慶熙大のすぐ脇には**大田**《テジョン》（대전）に本部を置くKAIST（韓国科学技術院）のソウルキャンパスがあり、教育都市を謳っている。豊島区には立教大学や学習院大学のほか大正大学などがあり、そのほかキャンパスを置く大学も交流や連携を行っている。

豊島区でいえば西側にあたるエリアで、地下鉄有楽町線の要町、千川、そして漫画家が暮らしたトキワ荘でも有名な西武池袋線の椎名町、その隣の東長崎といったエリアは池袋まで歩いて行けるベッドタウンともいえる場所だ。大型商業施設があるわけではなく、地元の商店が充実して住みやすい場所だが、東大門区も人が暮らす街としての要素が強い。地下鉄1号線東大門駅から2駅目にあたる新設洞駅のあたりが東大門区の西端にあたる。副都心のエリアを抜け、住宅が多くなってくる場所だ。さらに清涼里駅④を過ぎ、回基駅、外大前駅周辺は学生街とはいえ、周辺は住宅街である。そんなことからすると、東大門区は、豊島区から池袋を抜いたような区だといえば、何かとしっくりくるのではないだろうか。

東大門区・豊島区の交通とその歴史

朝鮮時代には東大門を出ると、元山や慶興といった咸鏡道（現・北朝鮮）方面へとつながる道があり、東北方面への物資が都に集められてきた。現在、東大門を通る地下鉄1号線は、もし南北が分断されていなければ、清涼里駅からソウルと元山を結ぶ京元線につながる。

また1970年代には東大門周辺には東大門高速ターミナル（住所は東大門区）があり、交通の要

⑤

⑥

衝であった。東大門駅すぐそばに現在、JWマリオットホテル⑤が建っているのだが、そのあたりに位置していた。1968年には前述のソウル市電が運行を停止しており、その車庫だった場所にバスターミナルが作られ、地方とを結んだのである。東大門の脇には鶏の水炊きであるタッカンマリ(닭한마리)⑥という料理のお店が集まる横丁があるのだが、それはかつてバスターミナルの利用客のためのお食事処であった。ソウルの郷土料理として根付き、つい最近まで地方の人には知名度が低い料理(今も知らない人はいるが……)であった。話を元に戻すが、1977年にはすべて江南に新設されたソウル高速ターミナルに移管が進み、その役目を終えた。また現在の東大門区庁(地下鉄2号線龍頭駅近く)の場所には、1969年から1989年までの約20年間、東馬場バスターミナルがあり、こちらは広津区にある東ソウルバスターミナルにその機能が移るまで、地方への移動拠点でもあった。つまり、東大門区のあたりは交通の要衝だったのである。

豊島区の交通の要衝といえる場所は池袋であろう。しかし江戸時代の池袋は小さな農村であり、東大門のような主要な場所ではなかった。池袋駅が開業したのは1903年で、戦後は東京を代表するターミナル駅として成長。今では池袋駅にはJR線のほか、西武池袋線、東武東上線、東京メトロの路線が通っているほか、東口、西口それぞれに地方とを結ぶ高速バスの停留所があり、さらには東池袋のサンシャインシティからも高速バスが運行されている。ただ、乗り場がバラバラでわかりにくい点は、少々使い勝手が悪い印象がある。バスタ新宿と統合されればよいのだが……。

ソウル風物市場と池袋の闇市

東大門駅から2駅目にあたる地下鉄1号線の**新設洞**《シンソルドン》(신설동)駅の近くには**ソウル風物市場**⑦がある。鍾路区の項でも少し触れたが、清渓川沿いの中区・**黄鶴洞**《ファンハクドン》(황학동)蚤の市の一部が撤去されるに伴い、露天商がこの地に集められた。2階建ての建物のなかにそれぞれのお店が寄せ集まっており、

骨董品や古着などが売られているフリーマーケットのような市場だ。集められているものはガラクタにも思えるが、掘り出し物を探すのが好きな人には楽しいだろう。これを闇市に例えたらお叱りを受けそうだが、かつての黄鶴洞の猥雑さは闇市にも相当する。戦後は新宿、神田、上野そして池袋といった主要駅に闇市ができたが、現在の池袋西口公園はかつて闇市だった場所の跡地であった。池袋駅西口には東武百貨店、そしてメトロポリタンホテルなどができ、1990年には東京芸術劇場が開業とともに、池袋西口公園が設置され、石田衣良の小説『池袋ウエストゲートパーク』の舞台にもなり、ドラマ化された際にはロケ地にもなった。2019年11月には池袋西口公園がリニューアルされ、劇場公園としてオープン。鍾路区の**大学路**《テハンノ》（대학로）とよばれるエリアにあるマロニエ公園や、そのすぐそばにあるアルコ芸術劇場を思わせる（大学路という町自体は、世田谷区下北沢にも例えられる）。

さらに池袋駅東口には、青々とした芝生が広がり、カフェもある**南池袋公園**⑧がある。「都市のリビング」をコンセプトに2016年にリニューアルされた公園だ。この雰囲気は麻浦区から龍山区の京義線の廃線跡6・3キロを公園として造成した**京義線森の道**《キョンウィソンスプキル》（경의선숲길）の延南洞（麻浦区）エリアにもなんとなく似ている。ここには芝生が広がり、左右にはカフェや飲食店が並ぶ。弘大に隣接していることから若者たちでにぎわうが、ニューヨークのセントラルパークにたとえて「**ヨントラルパーク**（연트럴파크）」と呼ばれている。いずれも都会の憩いの場であることは共通する。

さて新設洞駅から城東区の聖水駅までは、環状線である地下鉄2号線の支線が伸びている。東大門区は新設洞駅と、その次の**龍頭**《ヨンドゥ》（용두）駅である。駅近くには東大門区庁や大型スーパーがある。ここで**貞陵川**《チョンヌンチョン》（정릉천）⑨という川が、清渓川と合流するこのあたりは龍頭洞という地域で、この周辺にあった裏山が、龍の頭のようであったことによるものである。複数の川が合流するところであり、かつて水が美味しい場所として知られていたそうだ。都内では大田区、世田谷区、練馬区といった場所に湧き水は多いようだが、やはり都心には少ない。豊島区の近隣でいうならば新宿区のおとめ山公

⑩

⑨

園や、文京区のホテル椿山荘東京の脇にある関口芭蕉庵あたりが有名である。

かつては郊外の農地、今は活気ある商店街も

東大門区の南に位置する**踏十里**《タブシムリ》（답십리）。ここには地下鉄5号線が通り、ソウル都心を流れる清渓川の下流に位置するが、朝鮮時代はお隣の城東区往十里あたりとともに、セリなどの野菜畑があった。踏十里の由来は野原が10里続いていたという説、往十里（城東区）の由来とも似ているが、無学大師が都を選定する際にこの地を踏んだという説、ソウル城郭（東大門）まで10里離れている、という説などが存在する。この踏十里のあたりも住宅街であり、歩いてみるとところどころに小さな市場が潜んでおり、人々の暮らしの場である。

駅近くの**踏十里現代市場**《タブシムリヒョンデシジャン》（답십리현대시장）⑩はこの界隈でも規模の大きい市場、というよりも地元ローカルな商店街だが、そのアーケード街には生鮮食品はもちろんのこと、生活雑貨を扱う商店や惣菜店が見られる。入口には簡易テントの屋台やお酒のつまみになるような飲食店が並んでおり、観光客はめったに訪れることのない、地元ローカルな市場といった雰囲気が漂ってくる。豊島区の商店街で最も有名なのは、おじいさんやおばあさんが集まる巣鴨の地蔵通り商店街のほか、最大の繁華街であるサンシャイン60通り商店街だが、それよりも住宅街に密着しており、味のある商店街がこれにふさわしい。アーケード街の椎名町のすずらん通り商店街や、昭和の雰囲気を残す雑司ヶ谷の弦巻通り商店街といったところだろうか。

また、踏十里駅とその隣の長漢坪駅のあいだの千戸大路沿いには朝鮮時代の家具なども含めた骨董品、工芸品などを販売する商店が集まるビルがいくつかあり、踏十里古美術商街としてひとつの名所となっており、アンティークなものが好きな日本人観光客もここを訪れる。

さて地下鉄5号線で踏十里駅の隣には**長安坪**《チャンアンピョン》（장안평）という駅があるが、このあたりはかつて牧

⑪

⑫

場があった場所であり、王族たちの狩猟の場でもあった。中浪川の川べりに位置するこの周辺は農地を経て、現在は住宅地になっており、中古自動車店が多く集まる場所になっている。かつては豊島区内にも牧場があった。豊島区立郷土資料館だより「かたりべ」によれば、明治40年代～昭和にかけて巣鴨に牧場が集中。最盛期の大正八年頃には西巣鴨町が「牛屋横丁」とも呼ばれ、26カ所、区全体では42カ所の牧場が点在していた。ソウルや東京でもその面影は全くなく、都市化された今では考えもしないが、当時は近郊で食料を供給していたことがよくわかる。

清涼里は巣鴨か上野、それとも秋葉原？

東大門区のターミナル駅的存在といえば、清涼里駅である。ここからは江原道や慶尚道、釜山方面へと続く列車が発着する。この地名の由来は近くに**清涼寺**《チョンニャンサ》（청량사）というお寺があることに由来する。清涼里駅がソウルの東側に位置し、地方への路線が多いという意味では上野駅に例えられなくもない。この清涼里駅前には近年まで「**清涼里**《チョンニャンニ》**588**《オーパルパル》（오팔팔）」⑪という有名な集娼街があり、夜になるとピンク色の飾り窓がずらりと並んでいた。この「588」は、かつての住所が**典農洞**《チョンノンドン》（전농동）588番地だったことに由来する。話はそれるが、「典農」は王の親耕地として、歴代王の位牌を祀る宗廟にお供えする作物が育てられていた場所であったことを表している。

かつては清涼里588の飾り窓の前を通ると、女性たちが待機して客引きをしていた。少し強めの口調で「お兄さん」という意味の「オッパ（오빠）」と声をかけられるのだが、かつては服を引きちぎるほどの激しい客引きだったらしい。そんな清涼里588は駅前の再開発にともなって、2017年にはついに全廃されることとなったのである。一方で上野駅から少し離れたところには江戸時代から続く遊郭、吉原がある点からすれば、清涼里駅は上野駅と似た要素がなくはないだろう。

ただしこれを豊島区の駅に例えて考えるならば、区内では池袋に次いで乗降客数が多い巣鴨駅だろ

うか。巣鴨は地蔵通り商店街のイメージから「高齢者の街」という印象が強いが、JRと都営三田線が交差しているほか、駅ビルもあって老若男女が行き交う街である。駅前の商店街はアーケード街になっており、味のある落ち着いた昭和の雰囲気を感じさせる。また隣の大塚駅と同様に駅近くを歩いてみると、風俗店がちらほらと目に入ってくる。

清凉里駅前にはソウル駅と同様に市内バスの乗換センターがあり、都心や郊外からやってくるバスがここを通過する。駅のすぐ前にはソウルのアパート開発の先駆けとなった**美住**《ミジュ》(미주)アパート⑫、そして商店街の役割をはたす地元ローカルな清凉里市場⑬がある。

さらには地下鉄1号線の隣にある祭基洞駅も清凉里駅から数百メートルしか離れていないが、祭基洞駅前にある**京東市場**《キョンドンシジャン》(경동시장)⑭はもともと、京畿道や江原道から清凉里駅まで鉄道を通じて野菜が運ばれてきて自然に形成されていった市場だとされる。こうした要素は貨物駅があり、それとともに神田青果市場があった秋葉原駅を思わせる。秋葉原駅の住所は千代田区なのだが、駅のすぐ北は台東区であり、住居表示では台東区秋葉原である。またすぐ隣には、先にも述べた「普済院」という施設があったことに由来するソウル薬令市⑮⑯があり、このあたりを歩いてみると、漢方薬の香りが漂ってくる。日中は高齢者の姿をよく見かけるので、このあたりが豊島区巣鴨の地蔵通り商店街に例えられるかもしれない。ただ高齢者が集まる場としての印象が強いのは、鍾路区の仁寺洞のメインストリートのすぐ脇にあるタプコル公園(탑골공원)や、鍾路4街にある**宗廟**《チョンミョ》(종묘)周辺である。

広義には京東市場といえば、薬令市ほかこの一帯にある市場を指すが、観光客としては野菜や果物よりも漢方マスクパックや、高麗人参、漢方茶の素材となる**五味子**《オミジャ》(오미자)などが手に入る市場として観光客にも人気が高い。そして祭基洞駅のすぐそばには**貞陵川**《ジョンヌンチョン》(정릉천)という河川が流れ、東京であれば首都高中央環状線ともいえる内部循環道路がこの川の上を走っている。

東大門区も豊島区もキャンパスの街

東大門区のなかでも地下鉄1号線の清凉里駅、回基駅、外大前駅周辺にはそれぞれ大学のキャンパスが点在している。3つの私立大学には外国人のための語学教育施設である語学堂もあり、ここに通う日本人留学生も多い。豊島区では池袋駅周辺には立教大学や、帝京平成大学、目白駅には学習院大学、巣鴨駅近くには大正大学があり、それぞれ区内に本部を置くほか、その他いくつかの大学が区内にキャンパスを置いている。両区にある大学のカラーまでが一致するわけではないが、東大門区にある大学について触れておこう。

清凉里駅の東側に位置し、駅から徒歩15分ほどのところにある**ソウル《ソウル》市立《シリプ》大学校《テハッキョ》**（서울시립대학교）の前は、学生街という印象が全くといっても良いほど感じられず、学生が訪れるような食堂はほんのいくつかあるぐらいで、周囲は住宅街である。ソウル市立なので東京で言えば都立大学のような公立大学だ。キャンパス内の通路は広々としており、裏山や池があったりと都市のキャンパスというよりむしろ、八王子にある東京都立大学の南大沢キャンパスのようだといえば、イメージとしてはわかりやすいかもしれない（つまり都心ではなく郊外にあるようなキャンパスの雰囲気だという意味）。ソウル市立大学校は2011年に朴元淳市長の政策で授業料が半額になり、年間200万ウォン台（日本円で20万円台）という破格の学費だ。

東大門区のなかで最も大学街らしい場所は、回基駅から徒歩10分ほどのところにある**慶熙《キョンヒ》大学校《テハッキョ》**（경희대학교）周辺である。もちろん弘大や建大ほどの規模ではないが、通りには学生たちが訪れるような飲食店のほか、若者向けのコスメショップや小さなファッションショップも目に入ってくる。また回基駅前⑰には学生たちにとっても手頃な値段で味わえるチヂミ、特にネギを入れたものを「パジョン（파전）」と呼ぶのだが、そのお店が何軒か集まっている。セットメニューが豊富で、チヂミだけでなく焼魚や鍋物が味わえるというコスパの良さが魅力だ。

さて、慶熙大学校⑱は総合大学であり、文理ともに様々な学部（韓国では学部のことを「**大学**《テハク》（대학）」という。医学部なら医科大学（学部）があり、隣には韓方病院を併設している。韓国のあちこちに「慶熙」の名前を冠した韓医院がみられるが、卒業生たちが大学の名前をとって名付けたのかもしれない。西洋風の建物をモチーフにした立派な作りが際立ち、正門は通称「**登龍門**」⑲と呼ばれ、古代ローマ風の造りになっているほか、大学の本部は神殿になっているのでとても豪華な印象を受ける。ちなみに三鷹市にある杏林大学の井の頭キャンパスの建物もまたパルテノン神殿風である。

外大前駅の近くにある韓国外国語大学校⑳は1954年創立の私立大学で、45言語という豊富な言語専攻を有する大学だ。ちなみに国立大学である東京外国語大学は27言語（日本語を含めると28言語）なので、どれだけたくさんの種類があるかがよくわかる。ちなみに外大前駅から大学正門へと続く道㉑の中央には線路をくぐる地下車道の入口があるため、道の両側の一体感が薄れており、学生街としてのインパクトがどうしても薄い。しかし通信会社やコスメ店や飲食店はもちろん路地にもカフェなどがあり、必要なお店は揃っているという印象だ。

朝鮮王族と皇族の墓地

さて東大門区は東大門の外、いわゆる郊外に位置していたこともあり、朝鮮後期の王族たちの陵墓が集中している。それは清凉里駅や回基駅周辺である。例えば**回基**《フェギ》（회기）という地名も、もともとは墓地を表していたようだ。ソウル市東大門区の公式サイトによれば、もともとは**懐墓**《フェモ》（회모）という、暴君として知られる朝鮮第10代王・燕山君の生母が眠っていた場所だ。地名に「墓」という文字を充てるのは縁起が悪いことから、似た形をした「基」を当て、**懐**《フェ》（회）と同じ音の「回」を当てたという。

さらに回基駅の南側には**徽慶洞**《フィギョンドン》（휘경동）という町があるのだが、ここにも王族の陵墓である「徽

㉒

㉓

慶園」がかつてあった。また現存するものでは清涼里駅北側にある**永徽園**《ヨンフィウォン》（영휘원）・**崇仁園**《スンインウォン》（숭인원）がある。そしてその隣で、慶熙大学校の脇にはかつて**洪陵**《ホンヌン》（홍릉）㉒という陵墓があった。1895年に朝鮮26代王の高宗の妻である閔妃（明成皇后）が日本人公使らによって暗殺された事件で亡くなったあと、この地に埋葬された。日本統治時代には林業試験場になり、陵墓はのちに京畿道の南楊州市に移された。今は洪陵樹木園㉓という名前で、森林科学院という研究施設がここにあり、様々な植物が生い茂る森を散策できる。

こうした貴人の陵墓が豊島区にあるかいえば、豊島区駒込にある都立霊園のひとつの染井霊園がそのひとつであろう。ここには水戸徳川家の墓所もあるほか、総理大臣経験者の若槻礼次郎や幣原喜重郎、そのほか文人や芸術家など歴史に名を連ねる著名人たちも埋葬されている。また雑司ヶ谷霊園には小泉八雲や夏目漱石のほか、やはり首相を経験した東条英機らが眠っている。しかしそれよりも例えるにふさわしいのは文京区の豊島岡墓地ではないだろうか。ここは護国寺にも隣接している場所だが、皇族専用の墓地であり、天皇皇后を除く皇族たちが眠っている。

ソウルにもかつて路面電車が走っていた

朝鮮第26代王の高宗は、洪陵にお参りに出かけていたことや、民衆の利便性も考え、1899年には西大門～清涼里間の韓国初となる路面電車を敷設した。その後、京仁線が開通し鉄道網が広がっていったほか、その後も路面電車の路線は拡大され、南大門、京城駅や郊外、さらには漢江を渡った永登浦まで伸びていた。しかし1968年には全線の運行が停止されており、現在はひとつも残っていない。その代わりとはいえないが、ソウル中心部には地下鉄と並行するようにバスが縦横無尽に走っている。英語のアナウンスはあるものの、表示がすべてハングルで書かれており、運転にも多少荒さがあるため、一般の観光客には敷居が高いが、地下鉄のような階段の上り下りが不要なバスを乗りこ

㉔

㉕

なすと、だいぶ楽に移動ができる。

東京の路面電車は東急世田谷線と都電荒川線の２路線だが、豊島区内を走る都電荒川線は荒川区の区間が最も長く、豊島区内それに次ぐ長さである。沿線には歴史が感じられる場所が多いので街歩きが楽しめる。鬼子母神前駅近くには安産・子育《こやす》の神様を祀る雑司ヶ谷鬼子母神堂がある。都会に位置しながらも林のなかに包まれたお堂で、その境内には上川口屋という駄菓子屋があるのだが、創業１７８１年の老舗であり、この場所で２４０年近く営業している。一方で韓国では１００年以上続く店はほとんどないが、鍾路区にある**里門ソルロンタン**《イムンソルロンタン》（이문설농탕）は、１９０４年創業のソルロンタンの専門店である。ソルロンタンとは牛骨を煮込んだ白濁のスープで、とても素朴な味だ。90年続く理容室では、１９２７年創業で麻浦区**孔徳洞**《コンドクトン》（공덕동）にあるソンウ理容院（성우이용원）で、ここではかなり年季の入った建物で営業を続けている。

話を路面電車に戻すが、ソウル・東京をかつて走っていた路面電車の一部は展示されている。鍾路区にあるソウル歴史博物館の前には、ソウル市電の列車㉔が飾られているのだが、それは名古屋に本社がある日本車輌製造で１９３０年代に作られたものである。また東京では路面電車はあちこちに展示されていて、北区の王子駅近くにある飛鳥山公園㉕や、小金井市の江戸東京たてもの園などにも置かれており、ノスタルジックな気分で車両の見物を楽しめる。

龍馬山などの山々に囲まれた、東大門区から分離した郊外住宅街

中浪区《チュンナング》＝北区

北や東に山々を望むソウル郊外の住宅地

中浪区《チュンナング》（중랑구）は、ソウルの北東部に位置しており、東大門区と隣接している。この地域は元々京畿道であったが、１９６８年には東大門区に編入、１９８８年には東大門区から分離して中浪区が発足した、という比較的新しい区である。中浪区の名称は区の西側の区境を流れる**中浪川**《チュンナンチョン》（중랑천）に由来するが、東大門区方面からはこの川を渡って訪れることになる。また区内には北に**烽火山**《ポンファサン》（봉화산）、東には**龍馬山**《ヨンマサン》（용마산）や**忘憂山**《マンウサン》（망우산）があって、区内の繁華街からも都会的な街並みとともに山々を望む。

一方で北区には北と東を囲むように隅田川や荒川が流れており、新河岸川、そして石神井川と４つの川が流れている。１９４７年に王子区と滝野川区が合併してできた区で、23区の北に位置するということから北区と名付けられた。韓国では「**北区**《ブック》（북구）」はソウルにはないが、釜山、大邱、光州、蔚山といった広域市にはそれぞれ北区があるほか、浦項市にも北区がある。

次に両区の人口を見てみると、中浪区の人口は約40万1千人で、面積は１８・５平方キロメートル。北区の人口は約35万4千人で、２０・６１平方キロメートルであり、それほど大きな差はないといえるだろう。いずれの区も住宅地であり、下町といった印象も感じられる区で、街を歩くとそれぞれ市場や商店街も栄えている。

ちなみに中浪区は２０１９年に目黒区と友好都市になったが、こちらは両区が交流をしていた中国・北京市東城区を通して間接的につながった経緯がある。目黒区は、東急電鉄の宅地開発によるイ

①

②

メージ戦略もあってか、わりと高級住宅街という印象が強いが、中浪区はいくつかの山に囲まれ、自然環境はよいものの、都心から少し離れた郊外の住宅地というイメージがあるようだ。

両区の交通面の特徴

中浪区《チュンナング》（중랑구）では東西を貫くように京義・中央線が通っており、さらに江原道・平昌や江陵とを結ぶ高速鉄道ＫＴＸ京江線も走り、区内東部で江原道**春川**《チュンチョン》（춘천）へ向かう京春線と分岐。北区では田端から板橋区との区境にあたる浮間船渡駅まで線路が端と端をつないでいるほか、そして南北には埼京線と地下鉄南北線、中浪区には地下鉄7号線がそれぞれ通っている。

産業の町でもあった北区・中浪区

中浪区も北区も全体的にみれば、住宅地という印象があるが、過去にはともに産業地区として認識されていたようだ。まずは中浪区から見ていこう。京義中央線（旧・中央電鉄線）は１９３７年に開通。となりの京畿道九里市との間には**忘憂里峠**《マンウリコゲ》（망우리고개）があり、そこには現在も国道6号が通っている①。こうした鉄道や国道によって地方から物資が運ばれてきた。そして鉄道、国道沿いにある**上鳳**《サンボン》（상봉）駅、その隣の**忘憂**《マンウ》（망우）駅あたりに工場が建てられたのだが、１９５９年には上鳳洞に韓独薬品の工場（１９９５年に忠清北道陰城郡に移転）、１９６２年に忘憂駅一帯には江原産業の練炭工場ができている。忘憂駅一帯はビルが建つなど商業施設として開発され、現在に至る。

北区の産業の歴史は、明治時代までに遡る。現在は近代化産業遺産として観光資源のひとつになっているが、現在の**王子駅**②周辺に工場が建てられ、巣鴨から分水された千川上水を利用して操業していた。１８７２年には民間最初の紡績工場である鹿島紡績所が操業を開始、１８７５年には日本初の洋紙工場が作られた。これがのちに「王子製紙」という社名になる。ちなみに「王子」という地名

の由来は王子権現（熊野権現という説も）があったことに由来し、王子製紙の社名はこの地名を冠したものだ。こうした工場だけでなく、軍関連の倉庫や工場も多かったため、戦時中は米軍による空襲を受けることにもなった。

上鳳駅と赤羽駅

中浪区の代表的な商圏のひとつは、上鳳《サンボン》（상봉）駅の周辺③である。このあたりに工場が建てられたことは前述したが、現在はKORAIL京義中央線、京春線の駅であり、地下鉄7号線が通っている。さらに上鳳駅は２０１７年12月、平昌オリンピックの開催に伴う京江線KTX（現・江陵線）の開通により、高速鉄道KTXの停車駅となった。オリンピック終了後には始発駅になる予定もあったのだが、結局はソウル駅や清凉里駅の発着に落ち着いた。

上鳳駅と隣の忘憂駅④は、並行する線路と6番国道を介して約６００メートルしか離れていないが、そのあいだには倉庫型スーパーのコストコや、大型マートがある。大通りを離れれば、周辺はには住宅を中心に商店が混在している。忘憂駅寄りにある上鳳ターミナル⑤からは、主に江原道方面への高速・市外バスが出ている。ただし上鳳ターミナルは広津区に東ソウルターミナルがあることにより、影の薄い存在であることは否めない。

そんな上鳳駅は北区でいうならば、赤羽駅にあたる駅ではないだろうか。新幹線こそ停車しないが、埼京線や東北本線の停車駅であり、埼玉県や東北への玄関口でもある。赤羽駅は駅ビルになっており、エキュート赤羽やビーンズ赤羽といった商業施設があり、ショッピングセンターがあるなど、何かと栄えている印象が強い。一方で上鳳駅は2階建ての駅舎だが、駅ビルになっているわけでもない。ソウルのKTX停車駅としてはパッとしないのだが、そうした意味では東大門区の清凉里駅のほうが主要駅らしい佇まいである。

上鳳洞の地名の由来は、このあたりの昔の地名であった上里、鳳凰里が合わさった地名だというが、「鳳凰」は想像上の鳥である。一方で北区の赤羽も鳥に関連するのではないかと思えるが、こちらは火山灰の赤土に由来し、「赤埴《あかはに》」が由来だとされ、鳥とは関係がないようだ。

赤羽の飲み屋街とレトロブーム

赤羽は近年、レトロな飲み屋街として若者に人気を集めている。東口の駅前からゲートが見える**一番街**⑥、そしてアーケード街である一番街シルクロードは昭和にタイムスリップしたように赤ちょうちんがかかった居酒屋が並んでいる。1000円でべろべろに酔えるという意味の「せんべろ」という言葉もあるが、赤羽にはそうした立ち飲み屋や簡素なテーブルの居酒屋が多い。価格も安く気軽に入れることがその魅力でもある。

ソウルにはこうしたレトロな飲み屋街は、鍾路の路地裏であるピマッコル周辺や、西大門区の**阿峴《アヒョン》**（아현）市場のような場所であったが、近年は再開発の波に押されてだいぶ減少傾向だ。そして街の小さな個人商店（韓国ではこれをスーパーと言う意味の**슈퍼**《シュポ》と呼ぶ）でお酒を飲む人たちもいる。

そして韓国でも日本同様、レトロなものを新鮮だと感じる10代、20代の若者たちが増えており、そこでは「ニュートロ（뉴트로）」と名付けられる現象が起きている。日本統治時代をイメージした居酒屋チェーンまでできているほか、「ニュートロ」は若者たちのファッションにも影響している。

大都市ならではの活気ある商店街が魅力

中浪区では赤羽のようなレトロ感がある飲み屋街は見当たらないが、庶民的な商店街としては**ウリム**（우림）**市場**⑦がある。忘憂駅近くに位置し、「ソウルで3番目に大きい市場」とも言われており、500メートルほどの長いアーケード街が特徴的な伝統市場だ。馬場畜産市場（城東区）に売られる

⑧

⑨

牛がここで一晩休んでいく場所で「牛（우）が森を成した」ことから「**牛林**《ウリム》（우림）」と名付けられ、牛がVサインをしているゲートがある。

こうしたアーケード街と、その規模で思い浮かべたのは十条銀座商店街である。東京には地元に根付いた特徴的な商店街があるが、ここもそのひとつだといえる。

区内にはそのほかにも中浪駅近くの**東部市場**⑧、**面牧**《ミョンモク》（면목）駅近くにある**トンウォン**（동원）**市場**や、**四佳亭**《サガジョン》（사가정）駅近くの面牧市場といった、それなりに規模が大きく、にぎやかな市場がいくつか見られる。とくに買い物客が多い夕方の時間はバスに乗りながら、街を眺めて市場を見つけると、ついつい降りて立ち寄ってみたくなるほどだ。商店街に活気があるのは北区も同様である。小さな商店街も数えれば、その数は80にも及ぶ。物菜が10円、100円のようにお手頃価格で買えて、食べ歩きが愉しめることでも知られる十条銀座商店街の他にも、王子、田端といったそれぞれの駅の近くに位置する王子銀座商店街、田端銀座商店街、さらに霜降銀座、染井銀座というような「銀座」といった名前がつく商店街も目立っている。いずれの区も都心からは少し離れていながら、周辺住民たちには愛着を持たれ、人口が多い大都市ならではの活気がある市場、ということは共通するだろう。

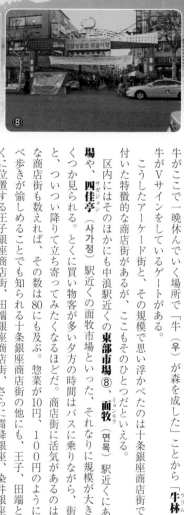

忘憂里墓地と飛鳥山公園

中浪区の東側には、ソウル外四山のひとつである**龍馬山**《ヨンマサン》（용마산）のほか、北には**烽火山**《ボンファサン》（봉화산）、**忘憂山**《マンウサン》（망우산）といった100m~400m級の山に囲まれている⑨。その山の周辺には公園が造成されており、市民の憩いの場となっている。特に忘憂山の麓にある**忘憂里公園**《マンウリコンウォン》（망우리공원）は、共同墓地があることで知られている場所だ。ここには「朝鮮の土となった日本人」として知られる朝鮮民芸研究家の浅川巧の墓地があることでも知られる。ここの墓地は日本統治時代の1933年に作られ、1973年以降は新たな埋葬はされていないが、「忘憂」という言葉は、この町のイメージに

も印象付けられているようだ。現在は5キロの循環路にウォーキングコースが造成されており、長距離ランナーたちの練習にも用いられている。また、龍馬山の名を冠した**龍馬ランド**《ヨンマレンドゥ》（용마랜드）⑩は、ミニ遊園地のようになっているものの、遊具だけが残された状態で閉園している。しかし近年K－POPのミュージックビデオの撮影が行われたことにより、現在はフォトスポットとして人気を集めており、入園料を払い、写真を撮りにやってくる観光客もいる。

また忘憂駅の隣にある**養源**《ヨンウォン》（영원）駅の前にも大きな公園があり、ここは中浪キャンプの森としてキャンプ場⑪になっている。このあたりが中浪区と京畿道九里市を分ける境界になっており、京義・中央線の本数もあまり多くない。朝のラッシュ時で1時間に6〜8本出ているものの、昼間は4本程度であり、町の雰囲気もローカル感が増してくる。

さて養源駅のように駅前に公園がある場所は、北区でいうと王子駅近くにある飛鳥山公園だろう。駅のすぐそばで高台になっている場所があり、そこに木々が生い茂っている。この公園の歴史は江戸時代にまでさかのぼる。1720年の徳川吉宗の時代に桜が植えられ、庶民の行楽地となり、そして1873（明治6）年の太政官布告で、日本最初の公園のひとつとなった。公園には桜だけでなくツツジやアジサイも植えられている。

一方で中浪区付近の桜の名所といえば、中浪川沿い⑫である。この川が東大門区と中浪区の境界になっているが、東大門区側のほうが桜並木になっており、4月の桜の花が咲く季節にはここでお祭りが開催される。北区で川沿いの桜といえば、それは荒川の河川敷だろう。埼玉県川口市との境界に位置する赤羽岩淵駅から徒歩で行ける場所にある、荒川赤羽桜堤緑地である。

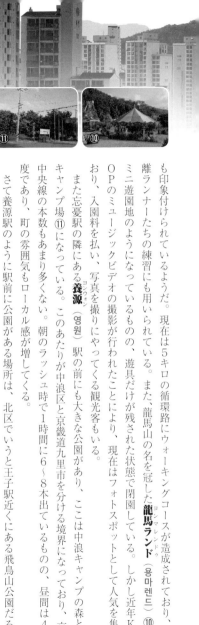

①

②

コラム２

ソウルのなかの日本・東京のなかの韓国

ソウルのなかの日本

ソウルのなかで日本らしい場所といえば、龍山区の二村洞①②（東部二村洞とも）である。ここは日本人街として知られ、ソウルのなかの「リトルトーキョー」（本家本元は米・ロサンゼルスの日本人街）とも呼ばれている。京義・中央線の二村駅を降りると、高層アパートが立ち並んでいるくらいのもので、特に日本人街という雰囲気は感じられない。ただ二村綜合市場のあたりには提灯がかかった日本式居酒屋がちらほら見られたりと、いくらか日本の要素が感じられる、といったところである。

しかし今では二村洞が特別に日本人街だという印象は薄れているように思う。２０１０年前後から日本ビールを提供する飲食店が増え、アサヒビールやプレミアムモルツなどのロゴが掲げる店が目立っていたほか、ＣＯＣＯ壱番屋やモスバーガー、丸亀製麺などの日本の飲食店が続々と進出。「**IZAKAYA**《イジャカヤ》（**이자카야**）」と呼ばれる日本式の居酒屋は、ソウル市内に限らず、地方の繁華街でも見られるようになった。特にソウルの中では若者の街・弘大や江南駅近くの駅三洞の飲食店街にこうしたお店が増え、日本人街としての二村洞の影は薄れていったように思う。またメニューを見てみると、チェーン店は日本のそのままの味が流入したともいえるが、居酒屋のメニューは一品料理が大皿で提供されるなど、ローカライズされているように感じる。日韓関係が悪化すると客足に影響が出ることはあるようだが、いずれにせよ、こうした流れは定着している。

光化門の教保文庫のような大型書店に行くと、日本書籍コーナーはもちろんのこと、漫画も数多く

揃えられており、日本でもお馴染みの漫画の翻訳版が並べられている。ワンピースやドラゴンボール、名探偵コナンは非常に知名度が高い。また日本のファッション雑誌も数か月のライムラグがあるとはいえ、こうした書店には並べられており、日本文化への関心度の高さがうかがえる。ガンダムショップのＧｕｎｄａｍ Ｂａｓｅ（ガンダムベース）やプラモデルやラジコンカーなどを販売する韓国タミヤ③によるＴＡＭＩＹＡ ＰＬＡＭＯＤＥＬ ＦＡＣＴＯＲＹ（タミヤプラモデルファクトリー）もソウルを中心に出店しており、電子街としても有名な街である龍山のＩ'ＰＡＲＫ ｍａｌｌにはそうしたショップが集まっている。そのほかキャラクターとしては「ドラえもん」はもちろん、韓国ではチャング（짱구）の名で知られる「クレヨンしんちゃん」も有名だ。ただし日本の文化開放は完全に進んでいるわけではなく、地上波では日本語の楽曲が流せない。そんなこともあり、日本統治の影響はまだ残っているといえる。

そして韓国には日本人留学生も多い。新村にある日韓交流カフェ「カケハシ」④のほか、弘大にある「トトロハウス」もまた長年営業しており、日韓の交流の場を提供している。安国駅近くにある駐韓日本大使館の「公報文化院」や、ソウル駅近くにある国際交流基金のソウル日本文化センターは日本の書籍などの資料が揃う場所である。

こうした現代的な流れはさておき、韓国各地には日本統治の名残りである日本近代建築が残されている。繁華街である**明洞**《ミョンドン》（명동）には当時の三越百貨店、旧朝鮮銀行本店、明洞劇場といった重厚な建築が現代にも残されている。その近隣ではソウル駅の旧駅舎や、旧ソウル市庁、徳寿宮のそばにあるソウル市立美術館も日本統治時代に建てられたものである。またソウルには木造の家屋が残っているところもあり、南山麓の厚岩洞には日本家屋をリノベーションしたカフェがある。なかには「**日帝残滓**《イルチェザンジェ》（일제잔재）」として破壊されたものもあったようだが、このように70年以上が経過した現代でも当時の建築が残されているということは、それが丈夫な造りであったことも同時に表してい

⑤

⑥

るといえる。もちろんこれはソウルだけでなく地方都市も同様だ。韓国にとって「植民地支配」は忘れたいものでありながら、こうした建築は近代の歴史を表す貴重な資料として、文化財として保存する動きが進んでいるのである。

東京のなかの韓国

コリアンタウン

日本最大のコリアンタウンといえば、JR新大久保駅周辺であろう。在日韓国人に関係が深いロッテ新宿工場のお膝元であったこともその理由であろうか。この町は2002年の日韓ワールドカップや韓流ブーム以降、コリアンタウン⑤としての色合いが強くなった。東京に住む韓国人をターゲットにした飲食店が増えると同時に、ドラマブームにより中高年のファンが訪れるようになった。オールドタイマーも住んでいたようだが、こうした盛り上がりとともに留学生やニューカマーが集う町となった。2010年以降はK‐POP人気により、若いファンが増え、2016年以降は中高生にも韓国カルチャーが波及するようになり、韓国発の料理がアレンジされた形で、チーズタッカルビ（**치즈닭갈비**）がヒットし、全国的にその名を轟かせた。街には韓国の人気チェーンや、韓国発のコスメブランドの店も見られ、より一層韓国色が強まった。

新宿区内にはもうひとつ隠れたコリアンタウンがある。新宿区若松にある東京韓国学校周辺である。駅でいうと都営地下鉄若松河田駅と曙橋駅の間あたりだ。ここには韓国料理店や食材店や、民族衣装である韓服（日本では一般的にチマチョゴリと呼ばれる）のレンタルショップなどがある。韓国学校には在日韓国人のほか、駐在員の子息が多いこともあってか、電柱にはハングルで書かれた教育

⑦

⑧

関係の広告が目立っている。

そして港区の赤坂2丁目もコリアンタウン⑥と呼ばれる町だ。TBSの社屋のすぐ近くに24時間営業の韓国料理店が多く、食材店もある。こちらは歓楽街でもあり、夜の街としての雰囲気が強い。赤坂コリアンタウンの形成過程は、近隣である南麻布に韓国大使館（1965年の国交回復以前は駐日本韓国代表部）があることに由来するようだ。

ニューカマーが集まるコリアンタウンとしては、以上のような場所が挙げられるが、大使館や在日韓国・朝鮮人の組織にも触れておこう。南麻布の仙台坂には韓国大使館⑦、その近くの麻布通り沿いにはビザなどの発行業務を行う韓国領事館がある。それと同じビルには在日韓国人の組織である在日本韓国民団中央本部があり、入口にはそうした表札が掲げられている。一方で在日コリアンのなかでも朝鮮民主主義人民共和国寄りの組織である在日本朝鮮人総聯合会は、千代田区富士見に位置している。朝鮮学校は都内にいくつかあるほか、朝鮮大学校が小平市にある。またコリアンタウンには民団系、総連系の双方の人が暮らしていることが多い。

そして次に戦前から日本に定着する在日韓国・朝鮮人（いわゆるオールドタイマー）とその子孫が多いコリアンタウンについて触れていきたい。JR常磐線の三河島駅周辺（住所としては荒川区西日暮里であるが、このあたりは関東最古のコリアンタウン⑧ともいわれる。荒川区の地場産業である皮革業に済州島から渡ってきた人が従事したこともその理由である。通称「朝鮮市場」「コリアンマーケット」と呼ばれる場所には食材店が集まっており、周辺には焼肉店や韓国料理店、韓国居酒屋が集まっている。

そして江東区枝川にも小さなコリアンタウンがあるが、こちらは1940年に開催を予定していた東京五輪（戦争により中止）の際、当時の朝鮮人たちが移住を余儀なくされた場所だ。現在では朝鮮学校の周りにちらほらと焼肉店があるほか、民家の表札に韓国名が記された家が見られる程度である。

⑨

⑩

上野駅から徒歩5分ほどの台東区東上野にもコリアンタウン⑨がある。ここは戦後すぐに韓国同胞向けに商売を始めたことがきっかけで、「京城料理」と書かれた焼肉店の看板や、キムチ店などの食材店、焼肉店などが集まっている。

オールドタイマーたちが多く暮らす場所で提供される料理は、現代の韓国料理を提供するお店もあるが、在日コリアン一世のおふくろの味から長い年月をかけて受け継がれ（ある意味ではジャパンナイズドされ）て定着してきた料理が味わえることも特徴だ。盛岡冷麺もまた在日コリアンが日本に住む人々の嗜好に合わせて改良され、定着してきたものである。

こうしたオールドタイマーが多く住むいずれの場所も、地縁・血縁をたどって朝鮮半島から日本へ移住してくる傾向があり、実際には数多くのニューカマーが暮らしていると思われる。

東京で韓国文化に触れられるスポット

次に東京で韓国文化に触れられるスポットをいくつか挙げておこう。ひとつは新宿区四谷にある韓国文化院⑩だ。このビルには図書映像文化院や韓国観光公社の事務所があり、様々な情報が得られる。また千代田区神田神保町にあるチェッコリは、韓国の書籍（主に中古書籍）を販売するブックカフェで、韓国に関する様々なイベントが行われていることでも知られる。また紀伊國屋書店の新宿本店では２０１８年に韓国の教保文庫と提携、韓国語書籍の販売を開始し、その後渋谷区千駄ヶ谷のタカシマヤタイムズスクエアにある洋書専門店Books Kinokuniya Tokyoに移動している。近年、韓国のヒット作品が日本語版に翻訳されている実情がある。またシネマート新宿はアジア系映画のひとつとして韓国映画の上映本数が多い。いずれも日本における韓国カルチャー好きには注目されている。

⑪

⑫

第3次ブームと韓国カルチャー

第3次（2016年〜）とも言われる韓流ブームにより、若者文化のなかにも韓国が流れ込んでいる。その前年に韓国でデビューしたアイドルグループTWICEの存在は大きかったといえるだろう。とくに新大久保には「オルチャンメイク」という韓国風メイクを施した10〜20代前半の女性が増え始めた。この「オルチャン（얼짱）」という言葉は「顔が最高」という意味で、2000年代初頭に韓国で生まれた新語だったが、それが15年ほどの月日を経て、日本にも波及したのである。

　こうした現象は韓流の聖地といわれてきた新大久保だけにとどまらず、ブームが始まった頃から東京の若者の街にも浸透している。原宿や「裏原」といわれる渋谷区神宮前には韓国発のコスメ、ファッションブランドをはじめ、韓国の流行を取り入れた店が増えた。竹下通りには2016年12月に韓国コスメブランドのETUDE HOUSE（エチュードハウス）が出店し、翌年の2017年6月にはソウル・東大門発のブランドSTYLENANDA（スタイルナンダ）の旗艦店がオープンして話題を呼んだ。STYLENANDA⑪の店舗はソウル・明洞のピンクホテルをテーマにした店舗とよく似ている。

　そして新宿ルミネエストや渋谷109、ラフォーレ原宿といった商業施設にも韓国ファッションを扱うショップが見られ、そこでは期間限定のポップアップストアが開かれることもある。そして2020年10月には渋谷区宇田川町に韓国のセレクトショップALANDがオープンしたことも注目された。

　こうしたブームは食べ物にも波及している。2016年6月には原宿駅前に韓国のかき氷チェーン「ソルビン」がオープン（2020年1月閉店）。これはパウダースノーの新感覚かき氷として、それ以前に韓国で流行ったものだった。2017年には新大久保を発端としてチーズタッカルビ⑫が全

⑬

⑭

国的に流行し、さらに翌年はチーズ入りのアメリカンドッグ「チーズハットグ（치즈핫도그）」⑬が話題となった。「アリランホットドッグ」⑭というチーズハットグのお店は新大久保での出店を皮切りに今や全国的に展開していることに加え、大手コンビニのミニストップでも販売されるなど浸透していった。ちなみにチーズハットグは２０１６年に韓国で大流行した食べ物である。２０２０年にはコロナ禍による「おうち時間」も相まって、太ったマカロンという意味の「トゥンカロン（뚱카롱）」や、韓国のカルメ焼きを由来とする「タルゴナコーヒー（달고나커피）」といった韓国発のフードや飲み物も話題となった。

　このようにインターネットや通信が高度に発達したこの時代には、韓国でヒットしたものが、大きなタイムラグなしに日本国内で流行し、定着する動きも数多くみられるようになってきた。その多くは新大久保をはじめ、東京を通して全国的に広がっていることにも注目したい。

コロナ以後に話題となった韓国コンテンツ

　２０２０年にはＮｅｔｆｌｉｘで放映されたドラマ『愛の不時着』や『梨泰院クラス』が日本でも人気を集め、第４次韓流ブームとも呼ばれた。コロナ禍で自粛生活を送っていた人々が韓国ドラマにハマったことがブームの発端で、前者は中高年、後者は若者のファンが多いようだ。さらにソニーミュージックと、ＪＹＰエンターテインメントによる合同オーディション「Ｎｉｚｉ　Ｐｒｏｊｅｃｔ」で選出されたＮｉｚｉＵ（ニジユー）も注目を集めた。コロナ禍ではオンライン通販も好調のようで、Ｑｏｏ１０などの越境ＥＣを通して韓国コスメやファッションを注文して購入する動きも盛んだという。さらに東京の町ではマスクをしてコロナ感染対策に気を使いながらも、とくに新大久保は韓国カルチャーを求める人々や、話題に乗って訪れる若者で日々にぎわっている。

3章
東北2圏

城北区《ソンブック》・江北区《カンブック》・道峰区《ドボング》・蘆原区《ノウォング》

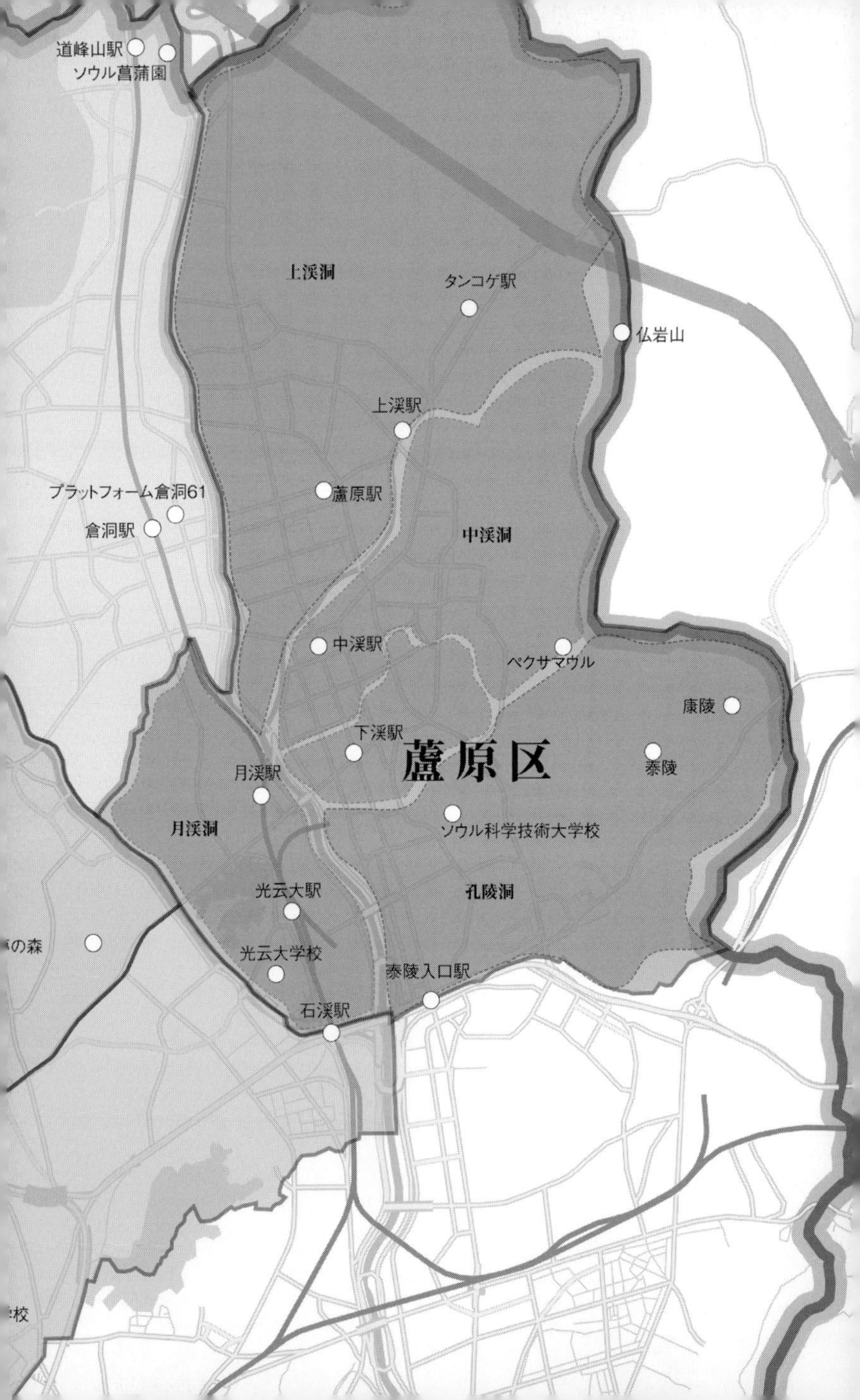
道峰山駅
ソウル菖蒲園
上渓洞
タンコゲ駅
仏岩山
上渓駅
プラットフォーム倉洞61
蘆原駅
倉洞駅
中渓洞
中渓駅
ペクサマウル
康陵
下渓駅
蘆原区
泰陵
月渓駅
月渓洞
ソウル科学技術大学校
光云大駅
孔陵洞
光云大学校
泰陵入口駅
石渓駅

道峰山
牛耳洞渓谷
北漢山
道峰
江北
弥阿サゴリ
弥阿サゴ
城北区
吉祥寺
日本大使公邸
三清閣
城北洞
彌阿里
誠信女大入口駅
UTAモール
漢城大入口駅

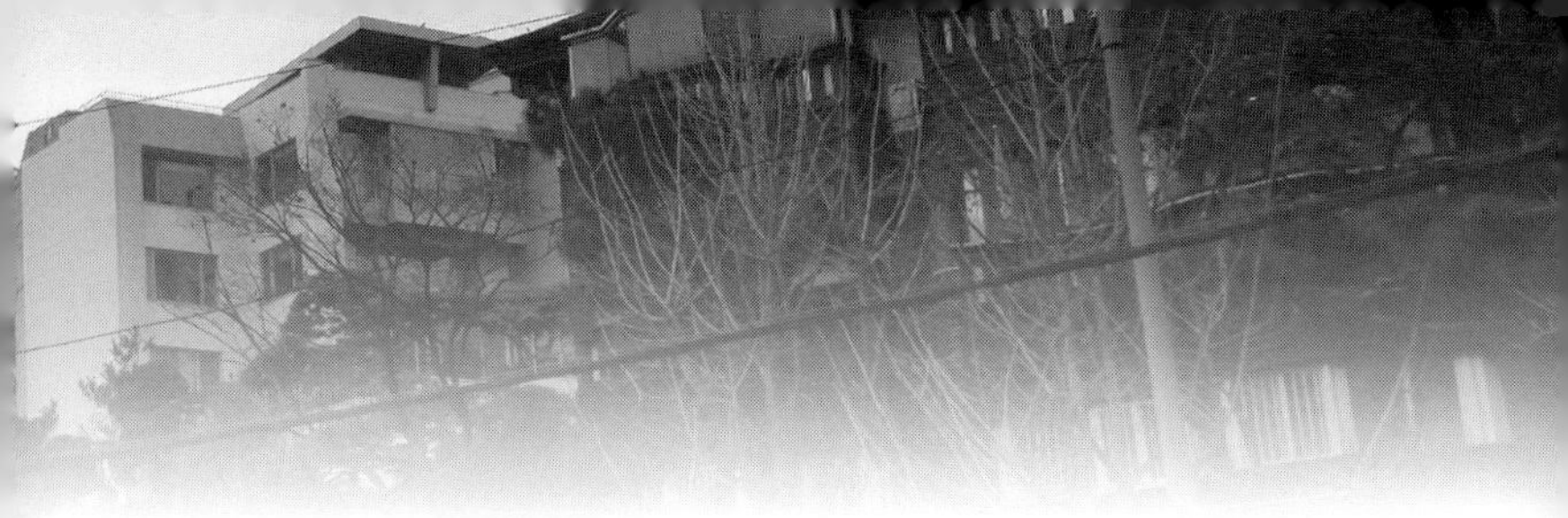

北漢山に接し、城北洞はペ・ヨンジュンや日本大使も住む高級住宅街

城北区《ソンブック》・道峰区《ドボング》・江北区《カンブック》＝世田谷区＋目黒区の一部

城郭の北に位置するベッドタウン

城北区《ソンブック》（성북구）はソウル北部に位置している。「城北」というエリアは東京にもあるが、東京では江戸城、ソウルでは漢陽都城の北側にあることにちなんだ名前だ。城北区の人口は約45万人である。すぐあとで述べる理由から世田谷区に例えたいと思うが、世田谷区の人口は東京で最も多く、94万3千人である。城北区に隣接する**道峰区《ドボング》**（도봉구）は32万9千人、**江北区《カンブック》**（강북구）は31万4千人なのだが、道峰区は城北区から、そして江北区は道峰区から分離したことを考えると、ひとつの区として考えても間違いではないだろう。3区の人口を併せると110万人ほどになるため、多少大きいが、三区ともにソウルのベッドタウンである。面積では3区の合計は68・84平方キロメートル、都内では大田区に次いで2番目の面積を誇る世田谷区は58・05平方キロメートルであり、3区のほうが面積としても上回る。これは山の面積も含むためだが、そうしたことから世田谷区に隣接する目黒区の一部も含めて考えたい。目黒区は江南区としても例えている。

世田谷区のあたりは一般的にわりと富裕な住宅街というイメージを持つ人も多いはずだ。このあたりに当てはめた大きな決め手としては、城北区城北洞の存在である。この町には大使館のほか、高級住宅街がありヨン様こと、ペ・ヨンジュン（배용준）の邸宅があることも知られる。ソウルの高級住宅街は漢江の南に多いのだが、そのなかでも城北洞は特別な存在である。23区の外縁にあたる区で大使館がある区は、やはりこの2区だろう（大使館関連施設は中野区や江東区にも一部あるが……）

世田谷区というと江戸時代は郊外の農村であり、今でも農地が多いエリアだが、成城や等々力のよ

うな場所は、やはり高級住宅地である。ただしソウルの外れである道峰区となると都心から離れるために住宅価格が低い水準なので、そのイメージとは少し異なるかもしれない。ソウルなので決して安くはないのだが……。そんなこともあって平均的な街の姿から見た場合には世田谷区は瑞草区あたりがふさわしいかもしれない（そのほかの要素から本書では瑞草区を杉並区に例えた）。

　また世田谷区はこれといって中心的な駅が存在するわけではない。大きな街をいくつか挙げるなら、三軒茶屋や二子玉川、下北沢といったところだろうか。ソウルの城北区ほか3区であれば、城北区の誠信大入口駅、江北区の水踰駅の周辺、そして道峰区では倉洞駅あたりが中心街にあたる。しかしいずれもそれほど目立った場所ではないという意味では同じだ。ちなみに下北沢のような場所といえば、城北区に隣接する鍾路区の大学路あたりであろう。また目黒区に位置する自由が丘は、渋谷区の代官山とあわせてカロスキルに例えている。

高級住宅街でもあり、大使館街もある城北区の城北洞

先にもあげた城北洞はどのような街であろうか。地下鉄4号線の**漢城大入口**《ハンソンデイプク》（한성대입구）駅から北西に位置し、バスでは5分ほどで街のメインストリートにたどり着く。

　城北洞には**吉祥寺**《キルサンサ》（길상사）という由緒あるお寺があるほか、かつて作家や商人など著名な人物が暮らした旧家や別荘などが多い町でもある。景福宮の裏手にあたる北岳山の東麓にあたり、登山コースの入口となる**臥龍公園**《ワリョンコンウォン》（와룡공원）にはソウル城郭が続いている。城北洞の緩やかな斜面には邸宅ともいえる大きな家が立ち並んでいるのだが、一方で経済的に貧しいといわれるタルトンネといわれる場所が共存している地域でもある。城北洞にはかつての南北代表団の接待の場であり、現在は高級レストランとして一般の人も利用できる**三清閣**《サムチョンガク》（삼청각）①や、**日本大使公邸**②、さらにはシンガポールやアルジェリアの大使館があるほか、大使公邸も数多い場所である。大使館がある以外では、同じ

③

④

ように山の麓に位置する鍾路区の平倉洞とも雰囲気が似ており、ドラマのロケにもよく登場する。

世田谷区に大使館街のような場所はないが、代沢にはアンゴラ大使館、上用賀にはタンザニア大使館があるほか、東急田園都市線の南側から東急東横線沿線にかけては、野沢にはカメルーン、深沢にはルワンダ、目黒区八雲にはケニアなどの大使館が点在している。さらに東急東横線と東急目黒線沿いの間あたりでもより都心に近い目黒区三田にはポーランドやアルジェリア、下目黒にはネパールやパプアニューギニアなどの大使館もある。このように山手線の外側で、郊外に差し掛かるエリアに大使館があるという点からみても、城北区あたりは世田谷区や目黒区の要素がある場所だといえまいか。ピンポイントでここだといえる場所は難しい。これまで挙がった大使館の場所も閑静な住宅街であるが、それ以外の場所でいうならば、城北洞のあたりは丘になっているため、やはり傾斜に家々が立ち並ぶところだろう。中目黒駅と祐天寺駅のあいだあたりにある目黒区上目黒の諏訪山とよばれる場所や、多摩川から少し上った高台に家々が並ぶ世田谷区等々力あたりとしておこう。

城北洞と世田谷区の文化的要素

城北洞《ソンブクドン》（성북동）③④には鍾路区の平倉洞と同じように緩やかな斜面に邸宅が並んでいるが、その風景が美しく、朝鮮時代の後期から別荘が増え始めた。今も文人や商人の旧家や別荘などがこの場所に残されており、その時代の建築を表す貴重な資料となっている。文人たちが暮らした街といえば、ソウルではこの城北洞のほか、景福宮の西にあたる**西村**《ソチョン》（서촌）といわれる場所だ。東京の場合は、明治から大正期にかけての文士村といえば、東京のあちこちにある。世田谷区には23区内では初めてとなる1995年に開業した世田谷文学館があるが、都内で文士村とされているのは田端（北区）、馬込（大田区）、阿佐ヶ谷（杉並区）、大久保（新宿区）であり、このあたりに住んでいた文士や芸術家たちが交流を深めていた。

⑤

⑥

また城北洞はドラマ『コーヒープリンス』や『宮』などの有名ドラマのロケ地にも多く登場することから、日本からはロケ地巡りでやってくる人も多いが、世田谷区にももちろんそういった場所は多い。ただ世田谷区といってイメージされる代表的な作品といえば、漫画はもちろんアニメとしてもお茶の間を和ませた**「サザエさん」**⑤だろう。サザエさんの磯野家が住んでいる場所は世田谷区桜新町とされている。東急田園都市線の桜新町駅前にはサザエさん家族の銅像が置かれているほか、近くには長谷川町子美術館もある。日本の中産階級のモデルともいわれるアニメであるが、周辺は閑静な住宅街であり町並みが整っている印象である。そして小田急線祖師ヶ谷大蔵駅の北口には**ウルトラマンの像**⑥が腰に手を当てて立っているのだが、以前ウルトラマンを制作した円谷プロダクションの事務所がこの町にあったことが理由で、ウルトラマン発祥の地となっている。駅周辺の3つの商店街はウルトラマン商店街という名で、街灯フラッグが取り付けられている。隣の成城学園前駅のあたりにあるショップはショーウィンドーを見ても洒落た印象で高級感が漂ってくる。駅そばの閑静な住宅街には広めの庭がある豪邸も多いのだが、祖師ヶ谷大蔵駅は見た目には庶民的な印象で、個人店も多く、街に溶け込みやすい雰囲気だ。ちなみにこの町にあった円谷プロダクションは、２０１１年に渋谷区桜丘町に移転している。

北漢山に接した3区と、都会のオアシス等々力渓谷

城北区、道峰区、江北区の3区は、ソウルの外四山である北漢山に接する区である。さらに北漢山国立公園内には北漢山のほかに道峰山があり、道峰区の名前の由来にもなっているが、いずれもソウル市民のトレッキングコースで週末には登山客がやってくる。ソウルは手の届くところに山があるような感覚だが、東京に例えるならば、京王線で高尾山のある八王子まで行かずとも世田谷区内で山登りができるようなものである。区の外れの山をレジャースポットとして考えるならば、二子玉川近く

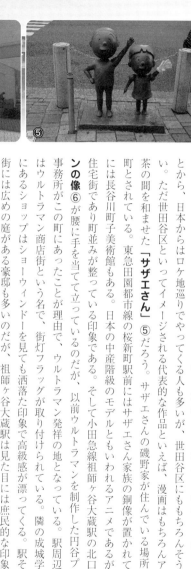

⑦

⑧

の多摩川の河川敷や、武蔵野市と三鷹市にまたがる井の頭公園で遊ぶようなものだろうか。とはいえ、環境面から言えば、東京23区唯一の渓谷である**等々力渓谷**⑦にあたるだろうか。東急大井町線の等々力駅のほど近くに多摩川へと注ぐ谷沢川という川があり、ここには全長約1キロほどは雑木林が生い茂る渓谷となっている。階段を下って崖を降りていくと川べりには遊歩道があり、夏でもひんやりとした空気に包まれ、心地よい川のせせらぎが聞こえてくる。またここには古墳時代末期から奈良時代につくられた横穴式古墳がある。

ソウル市内には渓谷と呼ばれるところはいくつかある。城北区では北漢山から水が流れてくる貞陵川渓谷や、北漢山と道峰山の間から水が流れてくる江北区の**牛耳洞**《ウイドン》（우이동）渓谷といった場所である。牛耳洞渓谷は夏になるとちょっとした避暑地であり、水遊びができるスポットである。

とくに都心に近く訪れやすい場所としては、鍾路区にある**水聲洞渓谷**《スソンドンケゴク》（수성동계곡）⑧だ。お弁当カフェで有名な通仁市場から15分ほど、緩やかな傾斜のある住宅街を歩くとたどり着く。この場所は朝鮮時代の絵画にも登場する風光明媚な渓谷でソウル市の記念物31号に指定されている。この近くにはかつてアパートが建てられていたそうだ。等々力渓谷は階段を降りて谷に入っていくような場所だが、こちらはより開けた地形の渓谷だ。さらにそこから登っていくと、**仁王山**《イヌアンサン》（인왕산）の中腹のお寺には、岩のなかに仏像が安置された**石窟庵**《ソックラム》（석굴암）があり、そこからソウル中心部を一望できる。

市民の憩いの場となる公園が多い

山や渓谷のほかに市民の憩いの場といえる場所は、**北ソウル夢の森**《プッソウルクメスプ》（북서울꿈의숲）⑨であろう。かつてはリフトやジェットコースターのようなアトラクションがある「ドリームランド」という遊園地があったが、そこを公園化して２００９年に再オープンした。所在地は江北区であるが、近隣の６つの区にまたがっている。公園内には展望台や美術館、大きな池がある。展望台へ上がるには傾斜エ

⑩

⑨

レベーターに乗って上がるが、その横に設置された階段はかなり急である。ここからはソウルの北部の山々を一望⑩でき、平地にはとにかく高層アパートがたくさん建っていることがよくわかる。そういった風景は東京23区内では目にすることができない。

公園の総面積は66万㎡でソウルのなかで４番目に大きい公園なのだが、敷地全体ではかつてあったテーマパークであるドリームランドの面積90万㎡の場所に造成されており、その機能としては蘆原区の項では練馬区にあるテーマパーク、としまえんに例えている。面積からすれば東京で３番目となる足立区舎人公園（62万㎡）や４番目の練馬区光が丘公園（60万㎡）よりもひとまわり広いが、90万㎡となるとそれ以上だ。ちなみに世田谷区内では駒沢オリンピック公園が41万㎡（東側は目黒区にもまたがる）、砧公園が39万㎡なので、敷地としてはその二つを合わせたよりも大きいくらいだろうか。それにしてもかなり広大だ。駒沢公園には１９６４年に東京オリンピックが行われた当時のスポーツ施設があり、砧公園は桜の花見のスポットでもあるほか、子供たちが遊べるアスレチック広場、世田谷美術館などがある。

また地下鉄１・７号線の**道峰山**《トボンサン》（도봉산）駅の近くにはソウル菖蒲園がある。約５万１千㎡の敷地に約30万本の花菖蒲が植えられている。菖蒲園といえば、葛飾区の堀切にある堀切菖蒲園が思い浮かぶ。こちらは荒川沿いの住宅街に位置しており、２００種６０００本の菖蒲が約８千７００㎡の敷地に植えられており、その規模は小さいながらも、整えられた都会の庭園という印象を受ける。菖蒲には品目がかかれた札が添えられており、全国各地から集められたものだとわかる。

世田谷区の鉄道と沿線

世田谷区の鉄道を大まかに分けるならば、区内北部を走る京王線、中央を貫くように走る小田急線、そして南の東急線田園都市線である。そして目黒区ではあるが、その南を東急東横線が走っている。

全体的にみると鉄道での南北の移動は不便なのだが、路面電車の東急世田谷線⑪が3つの路線をまたがるように走り、京王井の頭線もまた渋谷駅での接続ではあるが、同様に3路線をつなぐような形になっている。

そして渋谷から吉祥寺までの京王井の頭線は明大前駅で交差する。小田急線は新宿を発車し、狛江市で多摩川を渡って、登戸、川崎、そして小田原方面へと伸びていく。東急田園都市線は東急東横線は渋谷から目黒区の横浜方面へと伸び、二子玉川で区内南部を走る東急大井町線と交差する。

城北区、道峰区、江北区には3区すべてを通る路線が2つある。ひとつはソウル地下鉄4号線、そして2017年に開通した牛耳新設軽電鉄である。牛耳新設軽電鉄は東大門区の新設洞駅から北に延びていく無人電車だ。地下を走るため、車窓からの風景は望めないのだが、車内には北漢山の鳥など自然の風景が描かれている。その4号線と交差するのは城北区の誠信女大入口駅であるが、大学の近くで列車が交差するという点では明大前駅のようなものだといえるだろうか。

城北区と世田谷区は大学が多い区

城北区には大学が6校あるのだが、これはソウル25区のなかで最も多く、西大門区、蘆原区と並ぶ数字だ。ちなみに道峰区には1校、江北区には統計上には含まれていないが、ソウルサイバー大学校の本部がある。韓国ではサイバー大学という名で遠隔授業によるeラーニングが盛んで、多くの大学が展開している。さて世田谷区には9校の大学があり、千代田区や文京区に次いで多い数字だ。もちろんその場所にもよるのだが、若者たちが集まる「学生街」がはっきりとした形で表れているのは、ソウルという都市のひとつの特徴かもしれない。たとえば弘大や新村をみてもわかる。以下ではこの区にある学生街をいくつか見てきたい。

⑫

⑭

⑬

誠信女子大入口は三軒茶屋か明大前

東大門から地下鉄4号線に沿って北上すると、**大学路**《テハンノ》（대학로）を過ぎて鍾路区を抜けたあたりから、**漢城大**《ハンソンデ》（한성대）入口駅、**誠信女大**《ソンシンヨデ》（성신여대）入口駅と、大学名を冠した駅名が続く。線路の上の地上を通り、誠信女大入口駅あたりに近づくと14階建ての大きなビルが見える。これが**UTA（ユタ）モール**と⑫いうファッションのアウトレットモールで、このビルのなかには映画館も入っている。

その裏手には**誠信女大ロデオ通り**⑬があり、若者が集まる飲食店やコスメショップ、衣料品店がひしめきあっている。前述のように誠信女大駅で地下鉄と軽電鉄が交差することから京王線明大前駅と比較して考えてみても、前者が女子大の街であるからか、コスメ店や10～20代をターゲットにした若者向けのショップが多く、街の雰囲気がより若く感じられる。明大前駅は京王線のへそとなる駅でありながら、駅舎の外観はわりと小さめな印象を受ける。近くには明治大学和泉キャンパスがあり、甲州街道にかけられた歩道橋を渡って、学生たちがぞろぞろと歩いていく。２００７年にオープンした駅ビルのフレンテ明大前はわりと現代的な雰囲気を醸し出しているが、さほど目立つ存在ではない。また明大前すずらん通りあたりには、地元で古くから営業している食堂があったりと、レトロな印象が強く感じられる。

ただ、女子大がある町という意味で考えると、昭和女子大学がある三軒茶屋駅のような場所かもしれない。江戸時代は大山阿夫利神社（神奈川県伊勢原市）への大山詣の際に通る場所で、旅人が休むための三軒の茶屋があった、という由緒ある場所であり、駅近くの路地は昔ながらの雰囲気を感じさせる。三軒茶屋駅もまた東急田園都市線と、路面電車・世田谷線の2路線が通り、後者は始発駅でもある。昭和女子大学といえば、創立者である人見東明の名を冠した人見記念講堂があるが、ここはライブやコンサートなども行われるホールで、韓国アーティストのファンミーティングが行われたこともある。さて話を少し前の誠信女大入口前のUTA（ユタ）モールに戻すが、こちらは東大門方面か

らやってきてこの建物を見たとき、渋谷方面から玉川通りを通ったときに見えてくる26階建ての**キャロットタワー**⑭を連想する。形や高さは異なるが、周辺には他に高いビルがなく、街のランドマークのようになっているためである。キャロットタワーの26階は展望室になっていて、ここにFM世田谷のスタジオがあり、公開放送が行われている。

都会に広大なキャンパスをもつ高麗大学校

城北区の地下鉄6号線の**安岩**《アナム》（안암）駅と、高麗大駅の間には、早稲田大学にも例えられる**高麗大学校**《コリョテハッキョ》（고려대학교）⑮があり、同大学とは姉妹校とされている。1946年に設置され「民族高大」というスローガンを掲げており、韓国人が設立した大学として知られている。李明博元大統領や元フィギュアスケート選手の**金妍兒**《キムヨナ》（김연아）の出身校でもあるとともに、日本人留学生も多く在籍している。ソウルキャンパスの面積は大学側の発表では約88万2千㎡だが、インターネット上の地図をもとに約66万㎡と計算しているサイトもある。いずれにせよ、安岩洞を覆うほどの面積をもっていることは事実だ。世田谷区の東京農業大学が約15万㎡、駒澤大学が約5万㎡（※いずれも世田谷区のキャンパスのみ）だというから敷地がいかに広いものかがわかる。町田市の法政大学多摩キャンパスが約82万㎡で、八王子市にある中央大学多摩校舎が約51万㎡なので、東京の郊外にあるキャンパスと同程度だと考えるとわかりやすい。東京都心にある大学は工場等制限法（２００２年廃止）によって、郊外に大学の移転が進んだ。ソウルでは地方にキャンパスを置く大学もあるが、やはり一般的にはソウルの大学こそ優秀というイメージが強い。メインとなるキャンパスはソウル市内のなかでも広大な面積を残したままである。

後述するが、誠信女大入口駅の近くにも**彌阿里**《ミアリ》（미아리）という町（正式には彌阿洞）があり、ソウル城郭の**恵化門**《ヘファムン》（혜화문）を抜けた道に位置する。

⑰

⑱

彌阿里と用賀の地名

地下鉄4号線に**彌阿サゴリ**（미아사고리）⑯という駅がある。サゴリというのは四差路を意味し、いくつかの道路が重なる交通の要衝である。かつては「彌阿サムゴリ（미아삼거리）」であり、交差点は三差路であったが、あとから道が一本増えたことにより、２０１３年に改称されている。交差点すぐそばには、現代百貨店やｅｍａｒｔ、家電量販店のＬＯＴＴＥ ＨＩＭＡＲＴがあるほか、交差点から少し離れた駅のそばにはロッテ百貨店、映画館も入ったＹＱＳＱＵＡＲＥというビルがある。ただし1か所に集中していないため、それほど大きな街には感じない。

このあたりからは用賀や瀬田を思い浮かべた。上用賀には首都高3号線の用賀ＩＣがあり、すぐ近くにある東名高速の起点である東京ＩＣの実質的な出入口のひとつになっている。また道路からは少し離れているが、東急田園都市線の用賀駅がある。用賀駅北口の階段はすり鉢状になっており、そこを舞台として公演が行われてもおかしくないような、他の駅にはない独特なデザインだ。そしてすぐ近くの**瀬田交差点**⑰は国道２４６号と環八通りが交差する交通の要衝である。少し南にいくと玉川高島屋Ｓ・Ｃガーデンアイランド⑱という大型のショッピング施設があり、アウトドアショップが目立つ。このあたりは二子玉川駅からもさほど遠くはない場所だ。いずれも交通の要衝であり、商業施設が一か所にまとまれば大きな街にはみえるが、そうでないのがこのあたりの特徴といえる。

彌阿サゴリの周辺は**彌阿里**《ミアリ》（미아리）と呼ばれてきたが、今では**彌阿洞**《ミアドン》（미아동）と呼ばれることも多くなってきた。そしてここは江北区にあたる。彌阿里にはソウル城郭の東小門である恵化門から議政府方面へと続く道が通っており、その峠にあたる**彌阿里峠**《ミアリコゲ》（미아리고개）、それはまたこのあたりにあった**彌阿寺**《ミアサ》（미아사）という寺に由来する。地名の漢字を見ると仏教に関連しているだろうということは想像できる。彌阿という漢字が含まれた「阿彌陀仏」という言葉はサンスクリット語（異

⑲

⑳

称では梵語とも）に由来する。世田谷区の用賀の地名は、鎌倉時代に**瑜伽**《ユガ》の道場が開設されたことによるという。この「瑜伽」はサンスクリット語でヨガ（ｙｏｇａ）のことだ。ただし当時は体操ではなく、瞑想を中心とするものだったようだ。このように仏教文化に由来する言葉が含まれていることは共通するといえるだろう。

そして彌阿里といって有名なのは、占星街⑲である。誠信女大入口駅から彌阿里峠へと上っていく途中、道の脇に占いのお店が何軒か並んでいる。韓国では命名や結婚などの際に姓名判断や**四柱**《サジュ》（사주）とよばれる四柱推命を重視する傾向にあり、そうしたときに訪れる場所なのだろう。「彌阿」という語感にもふさわしいように感じる。

そしてもうひとつよく知られていることといえば、１９５６年に発表された『断腸のミアリ峠（단장의 미아리고개）』⑳という歌である。この歌は朝鮮戦争の際に、北朝鮮側の勢力に拉致されていく夫を見た妻の心情を歌ったもので、国民的な大衆歌謡曲として知られている。作詞者の**半夜月**《パニャウォル》（반야월・１９１７〜２０１２）は朝鮮戦争で娘を失った。さらに彌阿里というと、「彌阿里テキサス」という名の置屋街が思い浮かぶ。こちらは江北区ではなく、城北区**下月谷洞**《ハウォルゴクドン》（하월곡동）に位置するので正確には彌阿里ではない。彌阿里峠の北側で、彌阿サゴリ駅からはひとつ南に位置する**吉音**《キルム》（길음）駅の近くに位置し、大通り沿いの路地裏にある。薄暗がりのなかにある飾り窓なので、外から見ると、なんとなく怖ささえ感じる場所だ。龍山や清凉里といった駅前にある場所は優先的に撤去されていたように思うが、ここは消滅が進みながらも、現在もまだ一部は営業を続けている。

江北区庁のある水踰は千歳烏山か？

江北区の中心となる駅は**水踰**《スユ》（수유）㉑駅である。地下鉄４号線の彌阿駅から北上していくと二股に分かれる通りがあり、そこから道峰区倉洞駅方面へ進んでいくと、道沿いに映画館や大型書店な

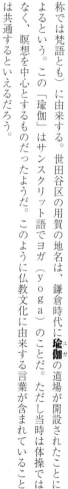

㉑

㉒

どがあり、駅を中心にかなり大きめの繁華街が見えてくる。ここは江北区庁のある街で、大通りから一本入ると区庁を中心にして飲食店がひしめき合うにぎやかな繁華街だ。ただこちらは誠信女子大前のような若者の街といった雰囲気ではなく、バーやカラオケなど近隣のサラリーマンも訪れそうな繁華街である。世田谷区では大きな街がはっきりしないこともあり、例えるのは難しいが、あえて挙げるならば千歳烏山だろうか。江北区庁に対応（？）するように、駅北口には世田谷区の烏山出張所、烏山区民センターがある。この街はかつてオウム真理教の拠点にもなっていたところで、垂れ幕には「オウム追放」と書かれている。駅周辺には商店街があるが、水踰駅周辺や先にも挙げた祖師ヶ谷大蔵駅よりも雑然としており、下町の雰囲気が漂ってくる場所である。

開発途上の倉洞は立川？

世田谷区にも下北沢や明大前、下高井戸や豪徳寺・山下といった列車が交差する駅が多いが、ソウル北東部のエリアも、隣の蘆原区を合わせると数か所見受けられる。地下鉄1号線と4号線が交差する**倉洞**《チャンドン》（창동）駅もそのひとつではないだろうか。中浪川を挟んだ隣の駅である蘆原区の蘆原駅でも同様に4号線と7号線が交差している。蘆原駅は郊外に百貨店があるという点で、二子玉川にも例えられる場所だと後に述べるが、セレブな街という意味では圧倒的に二子玉川に軍配があがるため、大泉学園として例えた。

倉洞駅㉒はソウルの外れである道峰区の中心的な駅であり、駅からすぐのところには、大規模なアパート街㉓がある。とくに駅前は大きく開発されているようには思えず、山にも近づいてくるため、東京であれば23区を外れたような雰囲気が漂う。駅自体は規模的には調布駅（調布市）や高幡不動駅（日野市）のようなところにも感じるが、今もなお開発されている場所という意味では、立川駅あたりに例えるのがふさわしいかもしれない。倉洞駅前には2016年には**プラットフォーム倉洞**

㉔

㉓

61 ㉔というコンテナモールが開業。青、赤、緑、黄といったカラーコンテナが積み上げられた複合文化施設で何かとお洒落な雰囲気が感じられる。このモールはＴＷＩＣＥのＭＶの撮影が行われたことでもファンのあいだではよく知られている場所だ。さらに２０２２年には近隣にロボット科学館、２０２４年にはソウル最初のコンサート専門公演場「ソウルアリーナ（서울아레나）」ができる予定があり、まだまだこれからの開発に期待がかかる場所である。

①

大規模高層アパート団地が立ち並び、タルトンネも残るベッドタウン

蘆原区《ノウォング》＝練馬区

80年代に大規模アパート開発したベッドタウン

蘆原区《ノウォング》（노원구）はソウルの北東に位置する区で、東京であれば足立区や葛飾区のような場所だろうか。蘆原区の北東、京畿道南楊州市との境には**水落山**《スラクサン》（수락산）や、**仏岩山**《プラムサン》（불암산）という山がそびえており、その合間に広がっている場所は「マドゥル（마들）平野」と呼ばれていた。もともとは京畿道楊州郡に属していたこの地域がソウルに編入されたのは1963年のことだ。蘆原区あたりはそうした平野に水田や畑が広がっていたというが、80年代に大規模なアパート開発①が行われ、現在は住みやすい郊外の住宅地といった印象が強い区である。アパート密集率は全国の自治体のなかで最も高い。山々に沿うようにして、区の東側には**上渓洞**《サンゲドン》（상계동）、**中渓洞**《チュンゲドン》（중계동）、**下渓洞**《ハゲドン》（하계동）という地名があり、まさに渓谷を思わせる地名だ。また南東部にも**月渓洞**《ウォルゲドン》（월계동）という街があり、ここには石渓駅があるなど、やはり「渓」という文字が含まれる。そして南西部の**孔陵洞**《コンヌンドン》（공릉동）には、**泰陵**《テヌン》（태릉）、**康陵**《カンヌン》（강릉）という陵墓がある。

そんな蘆原区の人口は約53万人であり、ソウル25区のなかでは4番目に人口が多い区である。犯罪発生率は低く、そして外国人比率も下から数えて1、2を争う0.76%である。

このように農地だった場所を宅地開発したベッドタウンというところからは、練馬区や世田谷区あたりを思い浮かべたが、こうした場所はいずれもソウル北東のエリアに例えられそうだ。場所にもよるのだが、より富裕なイメージであったり高級住宅街が多い印象の世田谷区を、城北洞がある城北区周辺に例えることにより、蘆原区が練馬区に当てはめられそうだと考えたのである。

さて練馬区は東京の北西に位置する区で、江戸期には世田谷や目黒などと同じように江戸に野菜を供給する農村であった。そのなかでも「練馬大根」は、当時から生産されていた江戸東京野菜のひとつとして、作られる量は少ないものの現代にまで受け継がれている。ちなみに練馬区のあたりが東京都に編入されたのは1932年のことであった。当初は板橋区であったが、戦後になって住民からの声が高まったことで、1947年に板橋区から独立する形で練馬区が発足している。練馬区は宅地化されたあとにも農業が残り、現在も23区で最大の農地面積を誇る。ちなみに蘆原区とは外国人比率が少ない区であることは共通する。東京23区で外国人の割合が最も少ないのは世田谷区だが、その次に練馬区、杉並区と続き、この3区は2%～3%台である。また練馬区の人口は約74万4千人であり、世田谷区に次いで都内で2番目に人口が多い区である。

「馬」を連想させる地名は両区の共通点

「蘆原」という地名の漢字が表す通り、このあたりは葦が生い茂った場所であったことが想像できる。区内の北東に位置し、地下鉄4号線の終点・**タンコゲ**（당고개）駅にも近い**上渓洞**《サンゲドン》（상계동）のあたりには朝鮮時代、公文書の伝達や軍事的な指示を取り次ぐための「蘆原駅」があったという。区のホームページなどではそのように説明がされているが、これには異説もある。それはかつての「蘆原駅」が、東大門から4里（朝鮮半島では2キロ弱に相当）の位置であったというものだ。これが正しければ、現在の蘆原駅とはだいぶ異なる場所である。

また「マドゥル平野」の由来であるが、「**馬**《マ》（마）が走り回った**野**《トゥル》（들）」という意味から「マドゥル（마들）」という地名となっている。「馬」といえば「練馬」という地名にも含まれている。この練馬という地名には諸説あるが、ひとつはこの周辺地域の土に由来しているというものだ。土器を作るような赤土の粘土が豊富であることから、「練り場」という言葉が訛ったという説が挙げられる。他

②

③

には馬を訓練する場所だった、という説も存在する。

蘆原区と練馬区を走る鉄道

蘆原区には**月渓洞**《ウォルゲドン》（월계동）②という場所がある。この町の西側を中浪川が流れているため、地図を蘆原区内だけでみるならば、島のようになっている場所だが、地下鉄1号線では一部の列車の終点となる**光云大**《クァンウンデ》（광운대）駅③がある。近くにある光云大学校が駅名の由来であるが、この駅は1938年に京元線（京城と元山を結ぶ路線）が開通したあと城北駅として開業しており、江原道から運ばれたセメントや無煙炭の倉庫があったほか、この駅を中心に市が立っていたという。現在の駅前はそれほど栄えているわけではなく、高台に光云大学校がある以外は、駅周辺に高層アパートが林立しており、郊外の住宅街に建つ駅という印象だ。練馬区を走る西武池袋線は1915年に池袋～飯能間の路線が開通した際、現在の練馬区内では練馬、石神井の2駅であった。一時は西武農業鉄道ともよばれ、都市の糞尿を肥料として運ぶとともに、秩父のセメントを池袋方面へと運搬する役割を果たしていた。石神井公園駅や練馬駅には大学がないが、練馬駅の隣にあたる江古田駅は1922年に旧制武蔵高等学校（現在は武蔵大学、御三家ともよばれる武蔵中・高）の設立に合わせて開業。北口には日本大学芸術学部のキャンパスがあるなど、各駅停車のみが止まる駅に見合ってか、駅周辺はこぢんまりとした学生街になっており、手頃な食堂や格安ワンルームが多い町である。

蘆原区の高層アパートと練馬区内の団地

練馬区の西側では西武池袋線と西武新宿線が並行（もちろん東部でも同様だが、上井草、鷺ノ宮以東はそれぞれ杉並区、中野区である）している。蘆原区でも中浪川を挟む形で地下鉄1号線と地下鉄7号線が並行している。地下鉄7号線の中渓駅、下渓駅の地上を走る通りの両側にはアパートが林立

④

⑤

④しており、その雰囲気だけを見るならば板橋区の高島平団地ともよく似ている。もちろん蘆原区ほどではないのだが、練馬区は城東地域のなかでもわりと団地が多い場所だ。北部の光が丘パークタウン（旧・光が丘団地）のほかにも、西武池袋線の練馬高野台駅周辺には都営石神井アパートや南田中団地といった都営住宅が集まっているほか、西武新宿線の線路の北側で、新青梅街道沿いにある上石神井団地もまた比較的規模が大きい団地だ。上石神井駅は急行が停車する駅なのだが、その割には大きく開発されている雰囲気がなく、商店がひしめき合っており、下町のような雰囲気すら感じられる。上石神井駅の南側は低層のアパートや一軒家が多い住宅街である。さて話を蘆原区に戻すと、下渓洞にはソウル科学技術大学校（旧・ソウル産業大学校）がある。技術系の国立大学という意味では、東京工業大学のようなカラーをもった大学だろうか（前述のコラムではＫＡＩＳＴのような位置づけだと述べている）。ただこちらは目黒区大岡山という立地で、周辺は閑静な住宅街だ。また中渓洞にはソウル最後のタルトンネともいわれる「**ペクサマウル**（ペクサは中渓洞１０４番地の１０４（백사・ペクサ）に由来）」⑤がある。やはり斜面には古びた建物が密集しているのだが、この町のスラム度合いはなかなかのもので、道路から見るとまるで押しつぶされたような家々が何軒もあり、そこで人々が暮らしている。東京都内の木造密集地域でも、ここまでの場所は見られない。ただこうした家々はこの一角だけで、近隣にはごく普通のアパートや家が建ち並んでいる。

4号線の終点、山に手が届きそうなタンコゲ駅

蘆原区は観光客には馴染みの薄い場所ではあるが、ソウルをたびたび訪れる人がよく耳にする蘆原区の地名といえば、タンコゲ（당고개）ではないかと思う。明洞や東大門を通る地下鉄4号線の終着駅だから、この路線を利用する人は聞いたことがあるはずだ。さてそのタンコゲ駅⑥だが明洞駅からは約30分（道のりでは約20キロ）ほど。中心街である蘆原駅を通り、そこから2駅目にあたる。タ

ンコゲの「コゲ（고개）」は峠という意味だ。駅を降りてみると、手の届きそうなところに山がそびえている。駅前は商店、周辺には住宅も多いが、ソウルという都会のイメージとは思えないような場所である。東京の外れともいえる武蔵五日市駅や高尾駅よりはいくらか都会寄りといった印象ではあるのだが、これは練馬区に例えられるよう場所ではないようだ。

蘆原駅＝大泉学園＋ひばりが丘

蘆原区を代表する中心的な駅である蘆原駅は、地下鉄4号線と7号線が交差する駅だが、4号線は高架で、7号線は地下に駅がある。周辺はアパートが立ち並び、まさにベッドタウンといえる街なのだが、駅前は栄えている印象が強い。高架駅である4号線の南側には「文化の通り」という繁華街がある。駅前には大きめのゲートが設置されており、通りの中央にはオブジェが堂々とそびえている。春から秋にかけては通りの中央で、ストリート公演が行われることもある。周辺にはロッテ百貨店もあり、比較的大きな街が形成されていることが特徴だ。観光客は訪れにくい場所ではあるが、駅前についていえば、より都心に位置する東大門区の清凉里駅よりもだいぶ栄えているように思えた。蘆原区庁も駅の周辺に位置する。

さて東京で蘆原駅のような場所はどこだろうか。わりと郊外といえる場所に百貨店がある駅といえば、玉川高島屋S・C・がある世田谷区の二子玉川駅が思い浮かぶ。そのほか所沢や柏、日吉であれば東京から離れてしまう。しかしながら蘆原駅前の「文化の通り」⑦にはマダムたちが集う二子玉川のような、ハイソな印象はない。もし練馬区に例えるならば街の雰囲気としては大泉学園駅を少しばかり発展させたくらいに思えてくる。大泉学園駅近くにはタワーマンションがそびえるが、駅からいくらか離れると一戸建てや小さなアパートの多い住宅街だ。大泉学園がそうであるのと同様に、蘆原駅周辺も駅を少し離れると住宅街である。大泉学園駅には百貨店はなく、2駅隣のひばりヶ丘駅（西

⑧

⑨

東京市）前にあるパルコがもしこちらへ移転してきたりするならば、大泉学園駅⑧がより蘆原駅らしくなるだろうと感じる。ちなみに大泉学園駅には「学園」にあたる学校がないこともまたよく語られる話である。当初の沿線開発では大学を誘致する予定だったが、それが叶わなかったために残った例である。ソウル近郊の安山市にある地下鉄1号線の新吉温泉駅は、かつて近くで温泉が発見されたことからこの名前になったようだが、近くには温泉施設はない。

さて蘆原区には蘆原駅のほかにも**石渓**《ソッケ》（석계）駅で地下鉄1号線と7号線、そこから中浪川を挟んだ**泰陵入口**《テルンイプク》（태릉입구）駅でも6号線と7号線が交差するなど、地図上で見ると地下鉄の路線が四角形のようになっており、交通の便が良い場所であることがわかる。練馬区で鉄道が交わるのは西武池袋線と大江戸線が通る練馬駅や、西武有楽町線と東京メトロ有楽町線が乗り入れをする小竹向原駅である。

としまえんと、北ソウル夢の森

練馬区向山で、１９２６年からの歴史についに幕を閉じたテーマパーク、としまえん⑨はかつての練馬城址にあたる。園内には国内最古のメリーゴーランド「カルーセルエルドラド」があった。１９０７年にドイツで作られ、１９６９年に運搬されてきたもので、これは機械遺産にも認定されたほどの格式のあるメリーゴーランドである。ちなみに韓国のトロット歌手のパク・ヒョンビン（박현빈）が、自身のヒット曲である「シャバンシャバン（샤방샤방）」の日本語版を２０１１年にリリースする際のＰＶの撮影でも使われた。

としまえんにはプールがあったが、夏になると東京の庶民的な行水の場としてメディアに取り上げられてきた。ソウルであれば漢江沿いの各所にある漢江公園の市民プールがそういった場所にあたるのではないかと思う。それらのプールには、としまえんのハイドロポリスのような大型の滑り台はな

⑪

⑩

く、そういったものを求めるならば、郊外にあるウォーターパークに行くだろう。

さて韓国語では「遊園地」のように、乗り物がある遊興施設のことを「**遊び公園**《ノリコンウォン》（놀이공원）」という。遊園地《ユウォンジ》（유원지）というと、レクリエーションを楽しむ場所というニュアンスがあり、都会であればボート池のある公園だったり、渓谷のような場所では川でカヌーなどを楽しむような場所だったりもする。ソウルでは広津区にトゥクソム遊園地駅があるが、目の前にある施設の正式名称はトゥクソム漢江公園である。ただこれはおそらく日本統治時代からの行楽地であることも影響しているだろう。そういった意味で韓国語の「遊園地」に近いのは、練馬区内で過去を含めて例えるならば**石神井公園**⑩のような場所かもしれない。ここの三宝寺池には大正から昭和にかけてはプールがあり、その後は釣り堀になったが現在はない。植物が生い茂る三宝寺池沼沢植物群落は、1935年に国指定の天然記念物となっており、自然も豊かだ。韓国ではそのような池や公園に隣接する形でメリーゴーラウンドなどの器具がある「遊び公園」が設けられているのだが、その規模は場所によってまちまちである。

さて蘆原区に隣接する江北区には、「**北ソウル夢の森**《ブッソウルクメスプ》」（북서울꿈의숲）⑪という公園があるが、これは前項でも触れており、面積としてはいくつかの都立公園にも匹敵するクラスだ。公園内には大きな池があって美術館があり、展望台があり、こうした場所はむしろ韓国語の「遊園地（유원지）」という言葉のイメージにも近い。さらにここには、2008年までジェットコースターやリフトのような乗り物があり、ソウル北東部の住民たちが家族連れで休日を過ごすレジャーランドだった。こちらの「遊び公園」は取り壊されたが、としまえんも2020年8月をもって閉園し、跡地の一部をハリーポッターのテーマパークとするほかは、公園として再整備されることが計画されており、北ソウル夢の森をイメージさせるような場所になるかもしれない。

光が丘とグランドハイツ、そして一山

大規模なアパート街が形成されている蘆原区であるが、それに相当するような練馬区の大規模な団地街といえば光が丘パークタウン⑫（光が丘団地ともいう）である。1980年代に形成されたこともあってか、高度成長期に建てられた5階建ての団地とは異なり、高層の12〜14階建てである。そういった意味では韓国のアパートとも近い存在だ。さてこの光が丘という場所は戦前は日本軍の成増陸軍飛行場であり、ここからは神風特攻隊が出撃したこともあった。現在でも住宅街には当時の名残りである掩体壕《えんたいごう》（敵の攻撃から人員や物資を守る壕）が残っている。戦後はGHQに接収され、アメリカ軍の兵士やその家族の宿舎であるグランドハイツとなった。その後1974年に返還され、その跡地が光が丘公園、そして団地街になったのである。

そうした経緯はさておき、その雰囲気はソウルの郊外の住宅街である京畿道**高陽**《コヤン》（고양）市の**一山**《イルサン》（일산）の街並み⑬を思い起こす。地下鉄3号線の終点・**鼎鉢山**《チョンバルサン》（정발산）駅前は「公園」という名がついた広場になっており、その周囲にはアパート団地、そして商業施設が集まっている。光が丘団地のメインストリートもそうした広場のようになっており、晩秋にはイチョウの木が黄金色に染まり、美しい。そしてその先には光が丘公園があるように、**一山湖水公園**《イルサンホスコンウォン》（일산호수공원）があり、そこにはかなり広々とした池がある。この公園ではドラマのロケが行われるほか、噴水があり、住民たちの憩いの場になっている。光が丘公園に池こそはないのだが、郊外の大規模な団地街としては似たような存在なのかもしれない。

またメインストリートの両側にはショッピングモールが二つあり、そのうちのひとつであるウェスタンドームは、商業施設が4階建てになっているが、店舗が並ぶ通路にドーム状の屋根があって、外の光が入ってくる。そういった雰囲気はコンサートなどにも使われるホールがあるショッピングモール「光が丘ＩＭＡ」にも似ており、その中央にある光の広場は、吹き抜けの下がイベントスペースにもなって

いる。

石神井公園と泰陵・康陵

さて話を蘆原区にもどそう。蘆原区にある史跡として一番に挙げられるのは、泰陵《テルン》・康陵《カンヌン》（태릉・강릉）である。地下鉄7号線の泰陵入口駅からバスで約10分のところに位置する。泰陵には朝鮮11代王の中宗の継妃、康陵には13代王の明宗と王妃が眠っている。もちろんソウルの郊外には朝鮮王陵が点在しているので、王陵自体はとりわけ珍しいというわけではないのだが……。

さて練馬区の史跡は、平安末期から戦国時代まで３００年以上にわたりこの地を支配していた豊島氏に関するものが多い。とくに石神井公園の三宝寺池⑭にある石神井城址の周辺にその史跡が見られる。なかでも最も有名なのは、大田道灌によって石神井城が落城した際に、ときの当主・豊島泰経が三宝寺池に身を沈めると、その後に二女である照姫が父を追って三宝寺池に身を投げたという伝説はこの地で語り継がれている。また公園内には殿塚と姫塚が残されている。その照姫にちなんだ、照姫まつりは石神井公園で毎年開催されている。このような話を聞くと、百済の都であった**扶余**《プヨ》（부여）⑮で、新羅・唐の連合軍の侵攻によって宮女たちが白馬江（錦江）に身を投げた落花岩を思い起こすのだが、戦禍にのまれた最後はみな同じような結末になるのだろうか。

ちなみにとしまえんは豊島氏の支城であった練馬城の跡地であった。また練馬区内には武蔵関駅があり、その周辺は関町と呼ばれているが、石神井城にいた豊島氏がここに関所を置いたという説、また武蔵関公園にある富士見池の堰だったという説がある。このように練馬区には豊島氏に関する史跡やエピソードが残されているのである。

⑯

都市農業の推進

先に述べたように練馬区は江戸東京野菜のひとつである「練馬大根」が有名なのだが、あまり出回らないことから幻の大根ともいわれていた。最近では地域プロモーションの意味合いもあってか、生産量が年々増えている。ちなみに練馬区は23区では最大の農地面積を有している区であり、練馬区は215・6ha（東京区部526・9ha、2017年3月基準）で区部のなかでもその4割を占めるほどだ。こうしたことから2019年12月には世界都市農業サミット⑯を開催し、日本のほかに世界の5都市が参加。そのなかにはソウルも含まれていた。ソウル特別市の耕地面積は353ha（2018年基準、その他のデータも存在する）であり、年々減少し続けている。そんななか、2011年には日本よりも4年早く都市農業に関する法律を制定。ソウル市でも市民農園を造成して、農業への理解を深めようとしている。蘆原区の耕地面積は練馬区に比べると極めて少ないようだが、アパート団地の脇に週末体験農園が作られていたりと、市民に親しまれている。江東区には都市農業公園、環境配慮型農園、鍾路区北部の城郭のあたりには都市再生モデル村として、やはり体験施設が造成されている。またソウル郊外の京畿道に出かけると、ソウル市運営の農園を見かけるが、こうした動きは市内だけにとどまってはいないようだ。

コラム3

ソウル近郊の都市を東京近郊の都市に擬える

本文ではソウル 25 区を東京 23 区に例えているが、韓国の首都圏はソウル特別市に加えて仁川広域市と京畿道の 31 市郡を含んでいる。そうした地域が東京周辺のどの地域に例えられるかを姉妹都市・友好都市を参考にしながら、ここでその一部について触れてみたい。

城南市＝町田市＋相模原市

城南《ソンナム》（성남）市は、計画的に整備された郊外のベッドタウンであり、人口は94万人を超えている。そのなかでも盆唐《ブンダン》（분당）①と呼ばれる地域は、高級アパートが整備されたことにより、ソウル中心部から富裕層が移り住んだ。計画的という意味では、60年代〜70年代にかけて作られた多摩ニュータウンがそれに近いといえるのではないか。多摩ニュータウンは町田市の北部のほか、八王子市や多摩市、稲城市にまたがっている大規模団地だ。そして町田市のなかでの高級住宅地といえば、東急田園都市線沿線のつくし野や成瀬台、小田急小田原線の玉川学園といったところが挙がるだろう。また盆唐区にある板橋《パンギョ》（판교）も計画的に建設された町で、板橋テクノバレーとも呼ばれるが、ここには住居とともにIT研究団地がある。人口で見てみると、町田市は約43万人であり、城南市のそれには及ばない。南隣には政令指定都市である神奈川県相模原市があり、人口が約72万人であるから、この2市を合わせることによって同程度の水準となる。

議政府市＝横須賀市

議政府《ウィジョンブ》（의정부）市②はソウル市の道峰区の北に位置し、ソウル都心部からは40〜50分のところである。議政府という地名の由来は、朝鮮初代王の李成桂が、3代王太宗の権力奪取に立腹してこの地に滞在。大臣たちがこの地に訪れて政務の相談をしたことによる。議政府市には米軍基地があり、地下鉄1号線で行けるという距離感からすると、航空自衛隊の入間基地がある入間市あたりに相当するのかもしれない。しかし議政府市の名物グルメは、日本でもお馴染みの韓国料理「プデチゲ（부대찌개）」である。プデチゲの「プデ（부대）」は「部隊」という意味である。朝鮮戦争期にアメリカからの配給物資に含まれていたスパムやソーセージを、韓国

③

④

の鍋料理であるチゲに入れて食べたことがその由来[illegible]たとされる。発祥となったとされる米軍基地の街、議政府駅の近くには「議政府プデチゲ通り」③があり、名物グルメを口にしようとわざわざ訪れる人もいる。

日本における軍隊にちなんだグルメといえば、何があるだろうか。それは「よこすか海軍カレー」である。明治初期には海軍で脚気が流行し、栄養バランスを整えるひとつの食事として海軍でカレーが取り入れられていた。横須賀では「海軍割烹術参考書」のレシピで作ったカレーを「よこすか海軍カレー」の名称として認定し、カレーで街おこしを行っている。横須賀市は三浦半島に位置しており、横浜駅からJR線でおよそ45分ほどである。都心からの距離としては議政府市よりも離れているのだが、議政府市の人口は46万人ほどで、40万人の横須賀市と同程度だ。

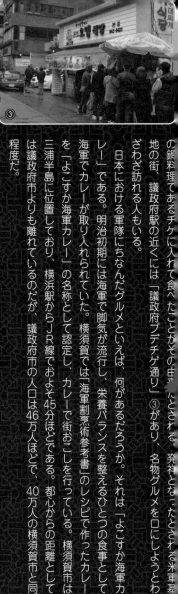

富川市＝川崎市

富川《プチョン》（부천）市④はソウル市と仁川市のあいだに位置し、人口が約82万人の都市である。富川市は映画の街としても知られ、毎年7月には富川国際ファンタスティック映画祭が開催されるほか、映像文化産業団地や韓国漫画博物館があるなど、映像産業の誘致に力を入れている自治体だ。富川市は1996年から川崎市と友好都市提携を結んでいる。川崎市の人口は約153万人で富川市の2倍近くの水準である。川崎市では多文化共生に力を入れているようで、国際交流センターでは様々なイベントが行われている。また2019年には全国に先駆けてヘイトスピーチ禁止条例を可決させた。川崎市は京浜工業地帯に位置している工業都市ということからすると、富川市よりも安山市のほうがそのイメージに近い。安山市は西海岸に面した人口約65万人の都市であり、工業団地があることから、出稼ぎにやってきた外国人が多い都

⑥

⑤

市である。安山駅近くの檀園区元谷洞《ウォンゴクトン》（원곡동）⑤のとある地区には外国人の数が韓国人の住民を上回っており、多文化特区に指定されているほか、多文化飲食文化通りではお店の前で各国の食べ物が販売されている。

水原市＝さいたま市

水原《スウォン》（수원）市⑥はソウル中心部から直線距離で約30キロのところにある都市で、人口は約１２２万人である。東京都心とさいたま市ほどの距離とほぼ同等で、さいたま市の人口は約１３２万人とこちらも似通った水準だ。両市は２０１５年からパートナーシップ都市提携をしているのだが、これらは両市に本拠地があるサッカー球団、大宮アルディージャと水原三星ブルーウィングスの対戦が契機となった。さらにさいたま市は埼玉県、水原市は京畿道の県庁所在地であり、それぞれＮＨＫやＫＢＳの放送局があったりと、北関東や京畿道南部の中核都市であることも共通する。水原市の中心部である旧市街地を取り囲むように、ユネスコ世界遺産にも登録された朝鮮時代の城塞・水原華城があるほか、水原市郊外には光教や霊通といったニュータウンがある。また水原市は北海道旭川市と姉妹都市でもある。

仁川広域市＝横浜市＋千葉の要素あり

仁川広域市《インチョンクァンヨクシ》（인천광역시）は西海岸に面した都市であり、人口は約３０２万人である。ソウルのベッドタウンであり通勤圏内でもあるほか、中心市街地で仁川市庁のある九月洞《クウォルドン》（구월동）のほか、韓国最大級の地下商店街がある富平《プピョン》（부평）といった街がある。やはりソウル・東京に隣接した同じ港町というところでは横浜が例えられるだろう。日米修好通商条約によって横浜が開港されたのは１８５９年のことで、済物浦（仁川港）は日朝修好条規により１８８３年

⑦

⑧

に開港している。日本最初の鉄道が新橋〜横浜間、韓国最初の鉄道は鷺梁津〜仁川間に敷設された歴史にも共通点が感じられる。また開港の歴史とも重なって、仁川、横浜にはともにチャイナタウン⑦がある。実際に仁川広域市は横浜市とパートナー都市である。港町である釜山や神戸と共通点が感じられることも確かだろう。横浜市のパートナー都市には仁川広域市、仁川広域市は神戸市と姉妹都市提携をしている。しかし国際空港があるという点では千葉にも例えられるだろうか。実際に仁川空港が位置する仁川広域市中区は横浜市中区のほか、千葉県成田市との交流がある。

安養市＝埼玉県所沢市

安養《アニャン》（**안양**）市⑧はソウル市冠岳区の南に位置し、冠岳山や修理山といった低山に囲まれた都市である。埼玉県所沢市とは1998年から姉妹都市になっているが、安養市はソウル駅からは地下鉄1号線で約40分、所沢市も東京都心から電車で30〜40分で行けるベッドタウンである点では共通する。駅ビルにはロッテ百貨店があり、駅前には安養一番街という地下街が続いている。所沢駅東口は西武鉄道の本社があるが、西口には駅ビルのグランエミオ所沢という商業施設のほか、西武百貨店やプロペ通りという商店街があり、いずれも都会の繁華街ほどのにぎわいではないが、郊外の中心となる駅という雰囲気が感じられる。また安養市ではアイスホッケーチームの安養ハルラ（**안양 한라**）や、男子プロバスケットボールのKGC人参公社の拠点にもなっている（女子バレーボールは大田広域市）。所沢市もプロスポーツチームがある点で共通しており、埼玉西武ライオンズが本拠地を置いている。人口と面積は安養市が約55万人で約58平方キロメートル、所沢市が約34万人で約72平方キロメートルであり、人口密度としては安養市のほうが高い。

⑨

⑩

100万人を超える高陽市・龍仁市は？

そのほかにも人口が多い市を挙げるならば、高陽《コヤン》（고양）市、龍仁《ヨンイン》（용인）市で、ともに100万人を超えている。高陽市はソウル恩平区や麻浦区、漢江を挟み江西区と隣接している。人口は約108万人であり、ニュータウンとして建設された一山新都市がある。一山⑨の中心となる駅で地下鉄3号線の鼎鉢山（정발산）駅近くには大型ショッピングモール、テレビ局のスタジオがあり、終点となる大化駅近くにはKINTEXという大規模な展示場があったりと、ハード面では東京近郊の地域には例えがたいほど充実している。本文中で鼎鉢山駅周辺の雰囲気が練馬区光が丘のようだと例えたが、強いて例えてみるならば多摩地区では立川市あたりであり、千葉県でいえば千葉ニュータウンの一部があり、市街地には大型商業施設が多い船橋市の要素もあるだろうか（それでも例えるには、少々無理やり感がある）。そして高陽市は函館市と姉妹都市を締結している。

龍仁市もソウル郊外のベッドタウンであり、ソウル中心部からの直線距離は約40キロ、人口は約109万人である。ソウルと釜山を結ぶ京釜高速道路や、韓国の東海岸へ向かう嶺東高速道路が通っており、市内を通る盆唐線、新盆唐線の沿線に乗れば、ソウルの江南方面へのアクセスが容易である。韓国の生活習俗が知れるテーマパークである韓国民俗村⑩や、エバーランドといった遊園地、南東部にはスキーリゾートがある。こうした要素すべてが似ているところは、首都圏ではなかなか見当たらない。埼玉県加須市にあるむさしの村は農業体験ができる遊園地であったり、飯能市には2019年にムーミンバレーパークがオープンしたり、といったテーマパークがあったりするが、イメージとして合う場所がなく、どこかに例えるのは難しい。

以下で触れる地域は韓国の首都圏には属さないが、ソウルから日帰り観光も可能な地方都市であり、日本との姉妹都市交流が盛んである。江原道春川市と忠清北道清州市にも触れておきたい。

江原道春川市＝埼玉県秩父市

江原道・春川市は昭陽湖や衣岩湖といったダムがある湖畔の都市で、北漢江が流れる街だ。この川の中州にはドラマ『冬のソナタ』のロケ地で有名になった**南怡島**《ナミソム》（남이섬）⑪があるほか、ほかの中州にはレゴランドが開業予定だ。ソウル市内から鉄道基準でおよそ80～90キロにあたり、東京都心からは山梨県大月市や埼玉県秩父市ほどの距離にあたる。大月市には岩国の錦帯橋や木曽の桟《かけはし》と並んで日本三奇橋とされる猿橋があるが、観光の要素としては、秩父のほうが目立つように思う。春には羊山公園に芝桜が咲き、冬には秩父夜祭が開かれる。周辺の秩父郡まで目を向けてみると、天然記念物の奇岩である長瀞石畳や、荒川の上流にあたる渓谷を船で下る長瀞ライン下りが有名である。秩父市内にはダムもあり、春川とともに盆地であるところも共通点だ。

とはいえ秩父市は東海岸に面した江原道・**江陵**《カンヌン》（강릉）市と姉妹都市だ。両者の伝統的なお祭りがともにユネスコ世界遺産に登録されていることでも共通する。江陵市には江陵端午祭⑫、秩父市では先にも述べたように秩父夜祭（秩父祭の屋台行事と神楽）があるが、都心から日帰り圏内の観光都市としては、春川は秩父に近いところがあるのではないだろうか。しかし江原道の県庁所在地でもある春川市の人口は約28万人（江陵市は約21万人）で商業・住宅都市でもあり、一方の秩父市は、約6万1千人程度と規模の面では大きな隔たりがある。そういった意味では山梨県の県庁所在地で、甲府盆地に位置する都市で、昇仙峡といった名所がある甲

⑬

府市も思い浮かんだのだが、甲府市は忠清北道清州市と友情都市として交流があり、山梨県が忠清北道と姉妹都市であることからすると、これはそちらに例えるのが妥当ではないかと思えてくる。というわけで次の項で触れてみたい。そして春川市は岐阜県各務原市と姉妹都市提携をしており、ご当地グルメである「各務原キムチ」には地元産のニンジンと、春川市の特産品である松の実が使われている。

忠清北道清州市＝山梨県甲府市

山梨県は忠清北道と1992年から姉妹都市提携をしている。地図で見ても海と接しておらず、山に囲まれた地域であることはそのイメージからも共通するところがある。道内ではぶどうやモモが特産品であるなど、「フルーツ王国」と称される山梨県となにかと似ていると思える。

そのなかでも道庁所在地である**清州**《チョンジュ》（**청주**）市はソウルからの距離は約110キロほどであり、高速バスで約1時間30分のところに位置する都市だ。清州国際空港があり、日本からのチャーター便が発着しており、定期便が就航されている。市内中心部のソンアンキルは百貨店もある繁華街であり、若者たちを中心ににぎわっているが、そのソンアンキル（**성안길**）⑬は直訳すると「城の中の道」という意味であり、かつてあった清州邑城に囲まれた地であることを示している。甲府もまた武田信玄ゆかりの地であり、武田氏滅亡のあとには豊臣秀吉の命で甲府城が築城され、現在は復元された形で甲府駅前にそびえている。山梨県甲府市も新宿から鉄道で約120キロとほぼ同等の位置にあたり、そういった点でも似た要素が感じられる。しかし人口を見ると清州市は約86万人、甲府市は約19万人という点で大きな差があり、清州市街地のほうがより都会らしい場所である。

4章
西北圏

恩平区《ウンピョング》・西大門区《ソデムング》・麻浦区《マポグ》

恩平区
ケミマウル
仁王市場
明知大学校
鞍山(アンサン)チャラッキル
鞍山
西大門刑務所
独立門
韓国漢城華僑中・
高等学校(延禧洞)
延禧洞
奉元寺
霊泉市場
モレネ市場
延世大学校
西大門区
延南洞
京義線森の道
国鉄新村駅
梨花女子大学校
北阿峴洞家具商街
東橋洞
弘大
歩きたい通り
駐車場通り
西橋洞
新村ロータリー
阿峴市場
弘益大学校
合井駅
メント
西江大学校
上水駅
楊花津外国人宣教師墓苑
孔徳市場
切頭山殉教聖地
麻浦区
孔徳駅
麻浦駅

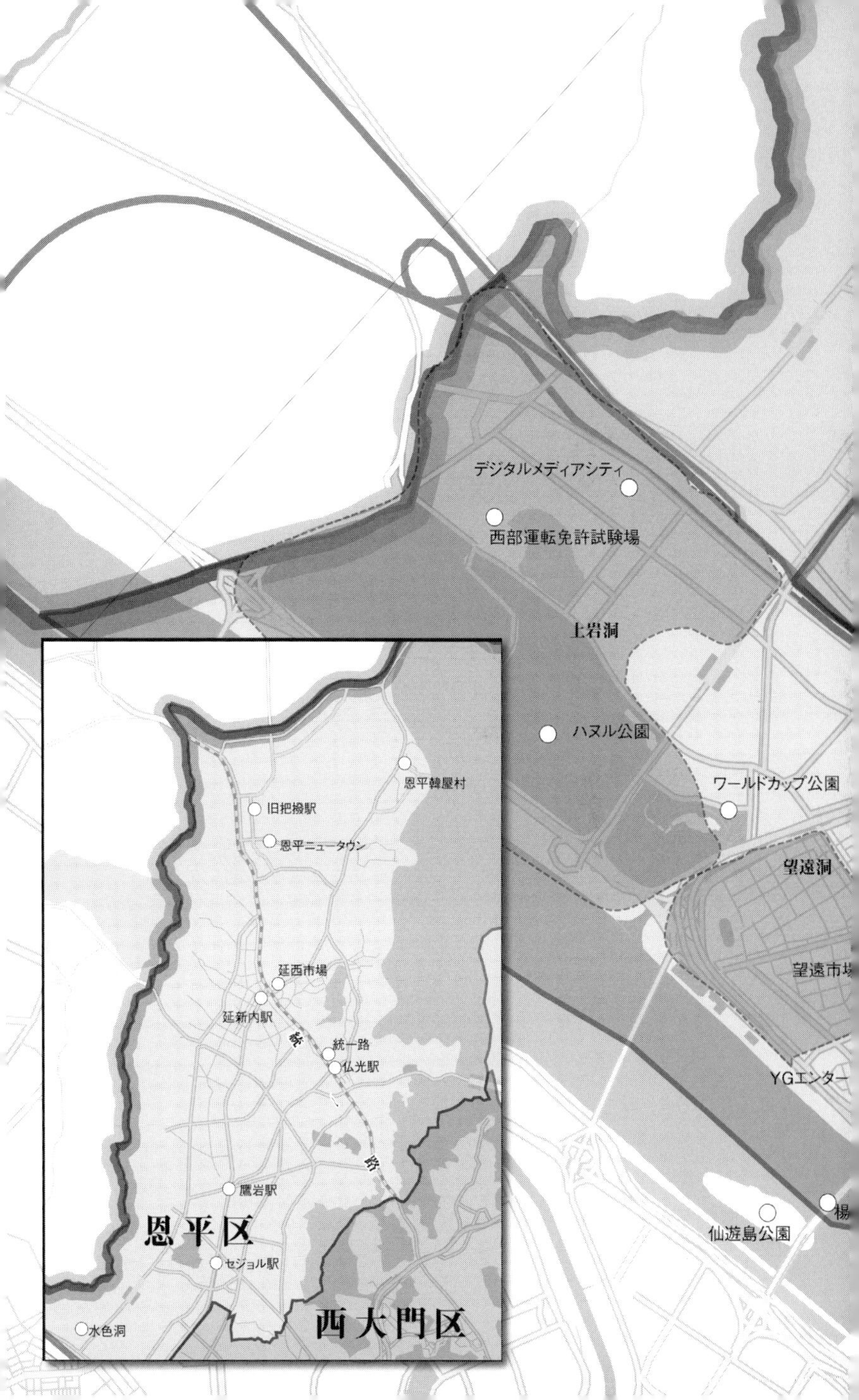
デジタルメディアシティ
西部運転免許試験場
上岩洞
ハヌル公園
ワールドカップ公園
望遠洞
望遠市
YGエンター
仙遊島公園
楊
恩平韓屋村
旧把撥駅
恩平ニュータウン
延西市場
延新内駅
統一路
仏光駅
統
路
鷹岩駅
恩平区
セジョル駅
水色洞
西大門区

ニュータウン開発が進む、北朝鮮や新義州など北方向かう京義線通る

恩平区《ウンピョング》＝板橋区

北へ向かう義州路と、江戸と京都を結ぶ中山道

恩平区《ウンピョング》（은평구）は、ソウルの北部に位置する区なのだが、はじめに北へと向かう古道に着目してみたい。朝鮮時代の都である漢城（한성）、これは現在のソウルのことだが、都と義州を結ぶ「**義州路**《ウイジュロ》（의주로）」という古道があった。この道は西大門（正式には敦義門という）を出て、現在は北朝鮮にある開城、平壌、そして中朝国境の義州を通り、大陸へと続く古道である。現在は中区に「義州路1街、2街」という地名が残っているが、この通りは南北統一を祈願して命名された主要道路「**統一路**《トンイルロ》（통일로）」である。これが恩平区内を通り、その下を地下鉄3号線が通っているのだが、もし南北が統一すれば、北朝鮮や中国大陸へと続く道となるのかもしれない。またソウルと新義州とを結ぶ京義線（2014年からは中央線と接続し、京義・中央線）も恩平区の南西部に位置するデジタルメディアシティ駅や水色駅を通っている。

北へ向かう古道というと奥州道中も考えられるが、その場合は千住宿のある荒川区や足立区が思い浮かぶ。また江戸と京都を内陸で結んだ中山道も高崎あたりまでは北方向に延びており、その最初の宿場町は板橋であることからすると、恩平区は板橋区あたりとも考えられるかもしれない。ちなみに板橋区内の中山道の地下は、志村坂上駅付近まで都営三田線が通っているほか、JR埼京線の線路が北東部を通る。そんなことから考えると、前者は地下鉄3号線であり、JR埼京線の赤羽～大宮間は、厳密にいうと東北本線支線でもあるというから、北へ向かうという意味では京義線のような存在にも思えてくる。ちなみに埼京線の板橋駅や浮間舟渡駅はほぼ境界に位置するが、駅の住所としてはとも

に北区である。

そして板橋区に例えてみようと思う決め手になったのは、かつて東洋一のニュータウンとも呼ばれ、11階〜14階建ての高層団地が林立する**高島平団地**①があり、東京区部の北西に位置するベッドタウンであることだ。一方で恩平区もソウル北部のベッドタウンである。もともと高層アパートは少なく、全体的にみればヴィラや**連立住宅**《ヨンニプジュテク》（연립주택）という低層の集合住宅が多い地域なのだが、2000年代に入って5万人規模のニュータウン②が完成したのである。恩平区と板橋区は都心から離れた住宅地という点でも共通するといえる。

人口密度は同程度。板橋区・恩平区のスペック

恩平区のあたりは、かつては現在も北隣である京畿道**高陽**《コヤン》（고양）市であり、1949年と1973年に一部地域が西大門区に編入されている。その後に西大門区から分区する形で恩平区が誕生したのは1979年のことである。地名の由来としては、朝鮮時代の行政区画である**延恩坊**《ヨヌンバン》（연은방）と**常平坊**《サンピョンバン》（상평방）のあたりに位置していたということから名づけられた。「坊」というのは朝鮮時代の行政区画の単位である。そういった意味では大森区と蒲田区の両方の名前をとった大田区のようである。

その一方で板橋区は、1932年に東京府北豊島郡から東京市に編入されて成立。戦後の1947年には現在の練馬区の区域が独立、という形で分区している。地名の由来としては諸説あり、地形を由来とするものがひとつだが、もうひとつは中山道が石神井川と交差する場所にかけられた橋にちなむ、とされる。ちなみに韓国にも「**板橋**《パンギョ》（판교）」という地名が存在する（台湾にも板橋があるのだが……）。ソウルに近いところでは、京畿道**城南**《ソンナム》（성남）市である。こちらは「板橋テクノバレー」というIT研究開発団地があって、NAVER関連の社屋なども含め有名なIT企業もこの地にやっ

てきた。さらに忠清南道舒川郡にも「板橋」という場所があり、その名を冠した「板橋冷麺」という店は、新大久保にも進出している。いずれの地名も文字通り、板の橋があったことが由来だ。

両区は地名の由来には関連性はあまり見当たらないが、規模としての類似点は見られる。恩平区の人口は48万9千人で面積は29・71平方キロメートル、板橋区の人口は58万3千人で、32・22平方キロメートルと板橋区のほうが若干上回っているのだが、人口密度1平方キロメートルあたりでは1万6～8千人となるため、ほぼ似たり寄ったりの区だといえるだろう。

恩平区はその多くが住宅地を占め、それに付随するように商圏が栄えている。1990年以降には小規模のメーカーが増えた。一方で板橋区はモノづくりが盛んな地域でもあり、戦前からその流れを引き継いでいる。板橋区は隣の北区とともに戦前には軍需工場が多く、戦後はそうしたものが、センサーや警報機といった精密機器の工場へと移り変わっていった。そのなかには有名な企業も多く、タニタや、チノー、理研計器などがあり、そのほかにも荒川沿いの新河岸には三和シャッター工業の本社がある。

そうした板橋区は製造品出荷額でみると、23区内でも毎年1、2位を争っているほどで、工場数も23区内では多いほうである。一方で板橋区にはないが、恩平区にある特徴的なものといえば、東部に山があることで、ここには休日になると登山客が訪れる。

都心部へのアクセスはいずれも良好

前にも少し触れたが、恩平区と板橋区の交通の便について詳しく見てみたい。恩平区から都心に出る場合は、ソウルの南北を走る地下鉄3号線が便利だろう。北はベッドタウン・一山《イルサン》（일산）のある高陽市、南はソウルの中心部ではおへそのような存在である鍾路3街駅のほか、漢江の南では新沙、高速ターミナルといった中心街にもアクセス可能である。とはいえ、3号線は西大門区の独立門駅あた

りまで、幹線道路である統一路を通っているためバスも並行しており、移動手段は地下鉄に限らずである。

　地図を見て特徴的に感じられるのは、地下鉄6号線の**鷹岩**《ウンアム》（은암）駅からはループ区間になっている点である。**延新内**《ヨンシンネ》（연신내）駅と**仏光**《ブルグァン》（불광）駅で3号線と交差するようになっている。さらに6号線デジタルメディアシティ駅では空港鉄道にも乗り換えられるため、金浦空港や仁川空港へのアクセスにも便利な場所だ。

　一方で板橋区は都営三田線が都心部とを結ぶ路線だ。起点の西高島平駅から大手町、日比谷を通り、芝公園や三田、そして線路は西に曲がり、南北線との共用区間である白金高輪、目黒を通る路線である。ソウルの地下鉄3号線が都心を南北に貫通するが、そういった路線は、東京では三田線のほかに南北線があることは、念のため補足しておきたい。

　地下鉄3号線はソウルを抜けて高陽市へと伸びているが、三田線は板橋区内の西高島平駅が終点である。過去には戸田市方面への延伸計画あったようだが、結局立ち消えになっている。また戸田市のホームページを見ても「都営三田線の路線延長の誘致を行うことは難しい状況」と記されており、これ以上の延伸はもう見込めないだろう。

　そして地下鉄6号線に例えられるのは、恩平区内に関してのみ言えることではあるが、東武東上線に例えられるかもしれない。当然ながらループ区間もなく、川越街道に沿って走り、埼玉県北西部の寄居町という郊外まで伸びていることとは全く異なるが、3号線が都心への主要道路を走ることに対する相対的な位置づけである。麻浦区のワールドカップ公園の脇から漢江に流れ込む仏光川③に沿って、区内の住宅街を通る。この仏光川は日ごろから散歩を楽しむ人も多く、春になると川沿いには桜が咲く。セジョル（새절）駅、**繒山**《チュンサン》（증산）駅の上は片側3車線の道路が走っているのだが、ソウルではそれほど広い道路ではなく、駅周辺に目立った町があるわけでもない。大山駅は後にも触れるが、

商店街が栄えており、にぎやかな雰囲気もあるが、その先の中板橋、ときわ台、下赤塚、上板橋、東武練馬、下赤塚といった各駅停車のみ止まる駅のほうが、前述したソウル地下鉄6号線の2つの駅よりも、商店などのお店が多かったりと駅前らしい雰囲気がある。そのなかでも、ときわ台駅の周辺（住所は常盤台）は、戦前の1936年、東武鉄道が高級住宅街として開発した場所である。駅前には商店や飲食店など、どこにもあるような庶民的な街の雰囲気だが、駅の北側には日本家屋や敷地の広い邸宅が目立つなど閑静な住宅街だ。とはいえエレガントさはそれほど感じられず、大きい家が立ち並ぶ住宅街といった雰囲気だ。駅舎は2018年にリニューアルされ、時代を遡ったかのようにモダンなスペイン青瓦の駅舎になり、その横では宅地開発の歴史がパネルとともに展示されている。こうしたレトロ風な駅舎を見て、新村駅ビルの横で保存されている旧駅舎（1920年代に建設）を思い起こしたが、こちらもまた瓦屋根である。ただし新村駅のほうが天井が高い構造になっている。

中心街が少ない両区だが、恩平区のほうが優勢か

恩平区で最も栄えている商圏といえば、6号線ループ区間で3号線と交差する2つの駅のうちの北側にある**延新内駅周辺**④だといえる。東側には北漢山がそびえており、山が手に届きそうな場所である。駅近くにある**延西市場**《ヨンソシジャン》（연서시장）⑤は、地元ローカルな市場といった雰囲気であり、屋根がついていて少し薄暗さが感じられるところが伝統市場らしい。夕方以降になると、市場の屋台街では温かみのある明かりのなかで、主に女性たちが切り盛りするカウンターに腰かけてお酒を飲む人も出てくる。観光客はほとんどおらず、地元ローカルな雰囲気を楽しむのにもってこいの場所である。

そしてループ駅のもうひとつは**仏光駅**⑥である。駅近くにはファッション系のNC百貨店があるほか、そばには飲食店街があり、美味しいという評判の高いお店もいくつかあり、こちらもちょっとした繁華街である。

⑥

⑦

一方で板橋区は繁華街といえる場所のイメージが薄く、これといったところがない。強いていうならば東武東上線の成増駅、また東京メトロの地下鉄成増駅周辺がそれにあたるだろうか。ただしそこまで目立った印象はなく、それなりににぎやかであるものの庶民的な街だ。東上線の大山駅前もなかなか栄えている印象だ。駅西側のアーケード街であるハッピーロード大山商店街は、人の波が感じられるほど賑やかだ。ここには個人が経営する商店や飲食店、居酒屋などこだわりの店が多く、それらを求めて再び訪れたくなる町でもある。

市場や商店街といった印象では延新内駅周辺に相当する場所は大山駅、仏光駅は成増駅といったところだろうか。ただ大山駅は副都心である池袋駅まで2駅と近いが、延新内は都心部からはより離れている印象が強い。

ファミリー向けの恩平ニュータウンと高島平団地

地下鉄3号線の**旧把撥**《クパパル》(구파발)駅⑦。「**把撥**《パパル》(파발)」とは、朝鮮時代に都と地方との緊急な情報を伝達するシステムで、その役割を担った馬のことを**把撥馬**《パパルマ》(파발마)というのだが、この地域はその駅の役割をしていた場所である。恩平区の東部には北漢山があるのだが、週末を中心に旧把撥駅やトクパウィ(독바위)駅を中心に登山客が訪れる。旧把撥駅の前には、ロッテモール恩平店が堂々と建っているほか、高層アパートもあったりと町の風景だけ見ればこれから登山をする場所、という雰囲気はあまりないのだが……。

近くの旧把撥洞と**津寛洞**《チングァンドン》(진관동)という場所では発掘調査を経て、2004年からニュータウンとしての開発が始まったのだが、この調査のなかでは朝鮮時代の墓の遺跡が多数見つかった。これは朝鮮時代に都城から10里(朝鮮の1里は約400メートル)以内への墓の設置が禁止されていたためである。その後ニュータウンは完成し、5万人が住める街となった。ちなみに津寛洞にはニュータウ

⑧

⑨

ンとは別に、2012年から分譲が開始された**恩平韓屋村**《ウンピョンハノンマウル》（은평한옥마을）⑧がある。こちらは韓国の伝統家屋である**韓屋**《ハノク》（한옥）の村を新たに造成したもので、韓屋に住むことを好む人たちが購入して住んでいる。この地区にあるコンビニもチェーン店のカフェもみな、韓屋の趣が感じられる佇まいで、さらには北漢山が手に届きそうなロケーションだ。恩平韓屋歴史博物館があるほか、この韓屋村のそばには**津寛寺**《チングァンサ》（진관사）という高麗時代に創建されたお寺がある。このお寺の奥は渓谷になっており、ちょっとした避暑にも最適な場所である。

恩平ニュータウン⑨の歴史はまだまだ浅いのだが、板橋区のニュータウンである高島平団地は、現在はもうニュータウンとは言い難いほど時が経っている。現在の高島平団地があるあたりは荒川の南側に位置する湿地帯であり、三園、新河岸のあたりとともに、かつては徳丸原と呼ばれる場所であった。高島平という地名は、ここで幕末期に砲術家の高島秋帆により洋式砲術調練が行われたことに由来するもので、高島平団地の建設が始まったあとに名づけられた。1972年に入居が開始になると、当初は東洋最大の団地ともいわれ、マンモス団地としてその名を轟かす。かつては高層団地ゆえに飛び降りる人も多く、自殺の名所としても知られていたが、現在にわたって3階以上には柵がはられている。ただ団地内にはスーパーはもちろんのこと、建物の1階部分を利用した商店街には、野菜や惣菜などのお店、アジア食品の店、喫茶店などがあり、駅近で利便性が高い団地である。高島平団地は少子高齢化により人口が減少し、最盛期は3万人いた居住者も現在は半減した。高島平駅と隣の西台駅も高架駅だが、線路沿いの駅前一等地ともいえるところに現在は10階建ての都営西台アパートが5～8号棟までが残っており、これもなかなか存在感がある。そしてすぐ裏には車両基地がある。このあたりも住所は高島平なので、この町全体では5万人弱の人口を有している。恩平ニュータウンと高島平団地は、形成された時代は異なれど、規模的な面でも共通するところがあるといえるのではないだろうか。

⑩

⑪

水色洞の再開発にみる板橋区の特徴

恩平区と麻浦区にまたがるデジタルメディアシティの北、京義中央線の操車場を挟んだ場所には**水色洞**《スセクドン》（수색동）⑩という町がある。町の西側には京畿道高陽市があり、まさにソウルの外れという場所だ。埼玉県和光市に隣接した成増の外れあたりにあたるだろうか。水色駅の北側にあたる水色洞の狭い路地にはタイムスリップしたかのように古い建物が密集。発展が遅れたような場所ではあったが、近年は再開発が進められており、そうした建物はほとんど取り壊され、他の住宅地と同じようにアパートが建ち始め、過去の姿が消えて行きつつある場所だ。駅向かいの小さな市場⑪だけは古き良き雰囲気を醸し出している。一方で板橋区の場合は板橋宿がかつて中山道の宿場町であり、現在も中山道、川越街道が通っていることもあって、周辺には由緒ある商店の看板が残っていたりと、なにかと風情が感じられる街並みだ。板橋区から独立した隣の練馬区のほうが、街並みを見る限りでは、あとからできた新興住宅街という印象が強い。そして板橋区内で再開発が進められているところはいくつかあるが、上板橋駅南口がそのひとつである。ここは川越街道の上板橋宿に隣接する場所でもあり、南口には庶民的な商店が多い場所だ。しかし再開発前の水色洞のようなディープな印象は見受けられない。東京ではソウルほど見た目での新旧の差（場合によっては貧富の差）というのは、それほど感じにくい。また板橋駅東口も再開発が行われている。こちらの住所は北区滝野川であるが、昔ながらの飲食店が集まっていたりもし、最近にはビルができるなどしている。両区ともに古い町並みが見直され、整備されているというのは共通点だといえよう。

①

②

延世大や梨花女大など名門大学がある一方で地元密着の市場が栄える下町

西大門区《ソデムング》＝台東区

少し豊島区・文京区の要素あり

歴史性と下町感が入り混じる両区

西大門区《ソデムング》（서대문구）はソウルの北西に位置し、ソウル城郭の四大門のひとつである**敦義門《トニムン》**（돈의문）、通称西大門に由来する名前だ。しかし現在はその**敦義門《トニムン》**（돈의문）（通称・西大門）は現存しておらず、区の名前にだけ残っている。さらに西大門があった場所は1975年の時点で鍾路区に編入しており、東大門がない東大門区と同じだ。人口は約32万4千人でソウル25区のなかでは中程度であるが、面積は17・63平方キロメートルで下から数えたほうが早い。

西大門区は漢江の北であり、城郭の外だったとはいえ、都に隣接している地域であり、近代の歴史が詰まっている。西大門区内の人々の生活に密接した市場からは下町らしさが感じられる。そういった意味では浅草のある台東区のほか、西大門区が友好都市としての交流している墨田区あたりが考えられた。また地理的にはソウルの北西に位置するということから豊島区や文京区あたりも思い浮かんだ。詳しくは後述するなかで検討していきたいが、総合的に見れば、西大門区を台東区に例えるのがふさわしいのではないかと思う。

そのひとつとして**新村《シンチョン》**（신촌）駅は、上野駅との共通点が感じられる。本来であれば新村駅は、開城や平壌、さらに中朝国境の新義州とを結ぶ**京義線《キョンウィソン》**（경의선）が通る駅だ。列車が北に向かうことからは、東北の玄関口である上野駅を思い浮かぶ。

先に述べたように西大門は現存しないが、区内にはパリの凱旋門にも似た、**独立門《トンニプムン》**（독립문）①があるのだが、東京で歴史性があり存在感のある門といえば、浅草の雷門あたりが思い浮かぶ。もしく

は港区増上寺にある大門や御成門という声も上がるかもしれないが、西大門区や台東区は下町感がある場所であり、そうしたことも考慮すると台東区に例えてもよいのではないか。ただ台東区の人口は約21万人、面積は１０・１１平方キロメートルであり、西大門区に比べると小さく、人口や面積の規模は新宿区と同程度である。スペック的な面からは台東区と断定はしにくいが、以下の説明からその雰囲気を感じ取っていただければと思う。

新村駅の姿は上野駅のようでもある

西大門区のなかでも主要な町といえるのは、新村である。新村は日本の慶応大学にも例えられる名門・延世大学校の学生街で、住所は麻浦区だが、**西江**《ソガン》（서강）大学校もほど近い。居酒屋や飲食店が密集したカオス感②からは新宿区高田馬場や豊島区池袋のような繁華街を思わせる。ただメインストリート③ともいえる通りは見通しが良く広々としており、ストリートパフォーマンスが行われるなど、学生たちの姿でにぎわっている。新村にはモーテル街があるが、池袋駅北口にラブホテルが多いことも何かと共通する点だと思えてくる。ただ新村には池袋にあるようなエスニックな要素は薄い。

メインストリートの奥には国鉄新村駅が存在する。ここには通称「新村汽車駅」④とも呼ばれる駅ビルが建っているのだが、長らく店舗営業はしていない。新村駅の列車は本数が少ないこともあり、駅はいつも閑散としている印象が強い。新村駅に歴史的な要素が感じられる点は、１９２０年に建設されたソウル最古となる旧駅舎⑤が登録文化財として保存されていることで、現在は観光案内所として使われている。これは千代田区の神田〜御茶ノ水駅間にある旧・万世橋駅⑥のようなものだろうか。こちらは１９１２年に開業した駅で、秋葉原とも目と鼻の先の場所だ。神田川沿いの線路下にあるのだが、駅としては現在使われていない。当時の赤レンガや階段を残しており「マチエキュート万世橋」として生まれ変わり、この場所でショップやレストランが営業している。

⑤

⑥

さて国鉄新村駅を通る京義・中央線は、通勤型車両としては**坡州**《パジュ》（파주）市の**汶山**《ムンサン》（문산）駅で終点となるが、そこから列車に乗り換えてしばらくすると、南北分断の象徴である川、**臨津江**《イムジンガン》（임진강）のすぐ手前の臨津江駅にたどり着く。日本ではザ・フォーク・クルセダーズが1968年に日本語でカバーした名曲「イムジン河」が有名だが、２００５年の井筒和幸監督の映画『パッチギ！』のなかでも演奏された。さて、臨津江駅に到着すると、一度列車を降ろされ、荷物検査を受けたあと、再び列車に乗り込むのだが、そのときに臨津江を渡り、路線で最北となる**都羅山**《トラサン》（도라산）駅まで行くことができる。ここはＤＭＺ（軍事境界線）ツアーの玄関口にもなっている。

本来であれば京義線（２０１４年に中央線と直通運転が始まり、現在は京義・中央線）はソウルと中朝国境の新義州を結ぶのだが、南北分断によって鉄路は塞がれている。とはいえ、南北が統一してＫＴＸのような高速鉄道がソウル・平壌、さらには新義州まで走るようになれば、新村駅はその停車駅になるであろう立派な外観である。こうした駅ビルの存在感や、旧駅舎の歴史性、そして列車が北へ向かうという意味では東北新幹線が通る上野駅を想像してしまう。上野駅広小路口にはかつて集団就職で東北からやってきた若い労働者を描いた「あゝ上野駅」という曲の歌碑があるが、若い軍人たちもこの駅を多く利用していたであろう新村駅の旧駅舎を見ると、哀愁に満ちた姿を重ね合わせてしまう。

地下鉄2号線新村駅の地上に位置する交差点は五差路になっており、通称「**新村ロータリー**」⑦と呼ばれている。２０１０年まで小さな市外バスターミナルがあり、主に仁川郊外の江華島へのバスが出ていたが、現在は近くにバスの停留所があるのみだ。地下鉄、ＫＯＲＡＩＬの列車、江華島へのバスが通る、というすべての要素を合わせれば、路線数は少ないとはいえ、池袋駅や上野駅に匹敵する（？）とも言えなくはないだろう。ただ近年、学生街としての中心的存在は**弘大**《ホンデ》（홍대）にその地位を明け渡したようである。

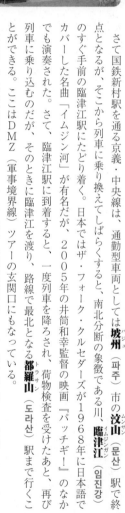

⑦

⑧

ただ、池袋のようなカオス感は、東大門ファッションタウンの裏手にもそういった印象が感じられるが、新村はむしろエスニックな要素は薄く、手頃な価格の焼肉店や居酒屋など韓国の繁華街らしい飲食店が多い。上野アメ横に雰囲気が近いのは、中区の南大門市場だと思う。南大門市場はＫＯＲＡＩＬ京義・中央線で行く場合、新村駅から1駅のソウル駅から近い。ソウル駅の場所はかつて南大門停車場と呼ばれていたほどだ。

ソウルの上野の山はどこ？　蓮の花が咲くところ

台東区の上野恩賜公園は丘陵部にあることから「上野の山」とも呼ばれるが、西大門区には延世大学校の裏手に**鞍山**《アンサン》（안산）という海抜２９５メートルの山があり、鞍山公園として整備されている。ここは美術館や博物館が充実した上野公園ほどの存在感はないとはいえ、近隣住民たちの憩いの場であり、近年「鞍山チャラッキル（안산 자락길）」という散歩コースもできた。また春には桜並木に花見客が訪れる。「上野の山」に相当するのは動物園、水族館、植物園などがある広津区のオリニ大公園のほうがイメージとしては近いだろう。

鞍山の南側の中腹には８８９年に創建された**奉元寺**《ポンウォンサ》（봉원사）⑧というお寺がある。公共交通だと地下鉄新村駅から、日本でいうコミュニティバスのようなマウルバスという近距離を移動するバスに乗ること約10分。坂を登ったところにバスのロータリーがあるのだが、お寺はその奥に位置する。６月には**霊山斎**《ヨンサンジェ》（영산재）という仏教行事が開かれるほか、８月に訪れるとお寺の境内には、たくさんの蓮の花が咲き、美しい風景が見られる。余談だが、ロータリーのすぐそばに韓国式サウナ施設のチムジルバン（찜질방）がある。屋外には薪をくべて炊く本格的な**汗蒸幕**《ハンジュンマク》（한증막）があり、まわりの緑豊かな環境のなかでサウナが楽しめる。奉元寺を訪れるついでに汗を流してもよいだろう。

奉元寺の蓮の花からは上野公園にある不忍池の蓮の花を思い浮かべた。夏になると花が咲く蓮池が

⑨

⑩

あり、夏は蓮の葉が青々として美しく、そこに可憐な花が咲く。面積としてはこの蓮池が最も広いが、3つの池から構成されていて、ボート池やカワウがいる鵜の池がある。さらに上野公園にも寛永寺というお寺がある。寛永寺は、天台宗の別格大本山の寺院で、港区の増上寺とともに徳川霊廟があり、約400年の歴史をもつ由緒ある寺院である。また上野公園の周辺には寛永寺の子院が密集しており、このあたりは寺院が多い場所である。

下町の味のある市場が多い区

西大門区が台東区のようだ、と感じられる要素のうちのひとつは、西大門区の市場は下町らしく、地元に密着した風情ある市場が多いことである。例えば谷中にある谷中銀座商店街には、すぐそばに「夕やけだんだん」という階段があり、ノスタルジックな香りのする商店街だが、西大門区には先述した仁王市場のほか、独立門の近くには**霊泉市場**《ヨンチョンシジャン》（영천시장）⑨がある。近年は市場の環境改善が進み、アーケードが整備されているのだが、ここでは様々な屋台グルメが味わえる。いずれも似たような地元に密着した雰囲気の市場だ。台東区の谷中、文京区の千駄木、根津をあわせて「谷根千」とも呼ばれ、下町の風情を感じさせる場所があるが、忠正路駅の西側にあたる北阿峴洞あたりにもわりと古い建物が多く、そういった場所を連想させる。

地下鉄2号線で梨大駅の隣の**阿峴**《アヒョン》（아현）駅近くにある**阿峴市場**《アヒョンシジャン》（아현시장）⑩もまたレトロな雰囲気だ。数年前までここにトタン屋根のような簡素な造りの屋台がずらりと並ぶ通りがあり、夜になると、ぼわーっとしたオレンジ色の光のもとでお酒を飲む人の姿が見られた。夏になるとテーブルを外に並べて飲む。現在は再開発により消えてしまったが、これは浅草の浅草寺近くで大衆酒場が集まる**ホッピー通り**⑪のようでもあった。ホッピー通りは道の両側にお店が連なるという点では異なるのだが……。

そして加佐駅近くにあるモレネ（모래내）市場は⑫70〜80年代はこのエリアで最も大きい市場だったようだが、再開発により撤退したお店もある。数年後には複合団地に生まれ変わる予定だ。もちろん大まかなイメージであるが、鍾路区の景福宮の西側を含め、西大門区あたりの市場は、ほかの地域と比べるとレトロ感が強く残っているように思える。

そして台東区の商店街を見てみると、浅草の仲見世商店街は、完全に観光化された参道だといえるし、鍾路区の仁寺洞にも近い雰囲気だ。千束通り商店街は吉原遊郭への通い道として栄えた。新御徒町駅の南には日本で2番目に古い（最も古いのは金沢の片町商店街）というアーケード街の佐竹商店街があり、その少し南にあたる鳥越には惣菜店が多いおかず横丁があるなど、それぞれの場所で風情や味のある商店街がにぎわっている。

台東区に多い卸売業は西大門区にあるか？

韓国では住民たちが買い物に訪れる商店街も、卸売業者の集積のような場所も「**市場**《シジャン》（시장）」と呼ばれている。西大門区を歩いたところでは前者のほうが目立つが、地下鉄3号線弘済駅近くの**仁王市場**《イヌァンシジャン》（인왕시장）が区内最大の農水産物の集積地であり、小売、卸売ともに行っている。一方で台東区では皮革、貴金属、職人たちが担う江戸時代から続く伝統工芸といった製造業が古くから盛んであるとともに、その流通の役割を担う卸売業者が多い。ソウルのように同業者が集まっている傾向にあり、例えば蔵前から鳥越、御徒町にかけては袋物といわれる財布やカバン、浅草橋は文具玩具⑬や人形、装飾材、花川戸の履物、東上野の仏神具、そして食器や厨房用品は浅草のかっぱ橋道具街といったところである。このような卸売業が集まっている場所をソウルに当てはめるならば、中区のなかでも東大門区や城東区に隣接する**黄鶴洞**《ファンハクドン》（황학동）⑭の厨房家具通りや、こちらも中区であるが、清渓川沿いに位置し、印刷や装飾用品、包材類を扱う**芳山市場**《パンサンシジャン》（방산시장）⑮などがイメージと

して近い。大まかに見るならば東大門市場の周辺である。もちろん扱う商品によっても異なるのだが、こうした卸売業に関しては東京・ソウルの中心部のなかでも、それぞれ東側に集中しているようだ。西大門区内でみれば阿峴市場の近くには問屋街とはいわないまでも**北阿峴洞**《プグァヒョンドン》（북아현동）⑯家具通りがある。ここは洋風家具や韓式の家具など、ありとあらゆる家具を扱う店が並んでおり、ショールームになったような店はもちろん、商店のような空間に家具が敷き詰められたような店など、スタイルはさまざまである。合羽《かっぱ》橋道具街のなかにいくつか洋家具店があるが、それに当てはめられるだろうか。ただ、東京最大のインテリア通りといえば、目黒区目黒の目黒通り沿いにあるのだが……。

さて少し話を戻そう。台東区は伝統を受け継ぐものづくりの街であるとともに、お祭りの伝統も引き継いでいる。5月の浅草神社の三社祭や、7月に開かれる浅草寺のほおずき市、入谷鬼子母神の入谷朝顔まつりなどがある。ただ西大門区で特色がある行事といえば、後に述べる奉元寺の霊山斎や、8月15日の光復節（日本の終戦記念日）に独立門で開かれる西大門独立民主祝祭あたりだろう。また、7月には新村のメインストリートで新村水鉄砲祭りが開かれたり、新しいスタイルのお祭りも登場している。

西大門区の大学街は、文京区に例えられる

新村は学生街であり、池袋や高田馬場の雰囲気にも似ていると述べたが、新村駅周辺には**延世**《ヨンセ》（연세）大学校、隣の梨大前駅には**梨花女子**《イファヨジャ》（이화여자）⑰大学校といった名門の大学があるほか、梨大のすぐ隣の北阿峴洞には、**秋渓**《チュゲ》（추계）芸術大学校があり、韓国で最も授業料が高い私立大学のひとつである。西大門区にはほかにも京畿道龍仁市に本部を置く私立大学、**明知**《ミョンジ》（명지）大学校のソウルキャンパスがあり、これは区内西部の**南加佐洞**《ナムカジャドン》（남가좌동）に位置している。ただここには特に学生街があるわけではなく、周辺はアパートが立ち並ぶ住宅街である。

⑱

⑲

このように西大門区はとくに南部に大学が多く、新村・梨大周辺には大規模な学生街が形成されている。一方で台東区には上野駅周辺に国立の東京芸術大学があるほか、上野学園大学、第一工業大学があるくらいで、特に学生の町といった雰囲気ではない。そうした意味では西大門区は大学が多いことが区名の由来になっている文京区に近い部分もあるのではないか。台東区と文京区は隣接する区でもある。とはいえ大学のカラーまで見てみると、その一部は豊島区にある大学のようにも思えてくる。それについては以下で説明していきたい。

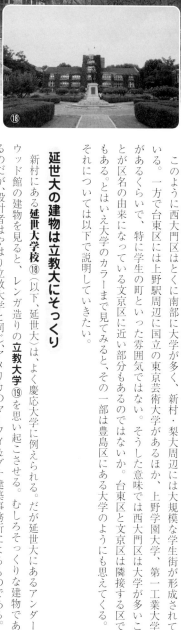

延世大の建物は立教大にそっくり

新村にある**延世大学校**⑱（以下、延世大）は、よく慶応大学に例えられる。だが延世大にあるアンダーウッド館の建物を見ると、レンガ造りの**立教大学**⑲を思い起こさせる。むしろそっくりな建物であるのだが、設計者はやはり立教大学と同じ、アメリカのマーフィ&ダナ建築事務所によるものである。立教大学は池袋駅西口から要町駅寄りに位置するが、その立教大学の前にはリゾートウェディングのリビエラ東京があり、系列のカフェなどとともに立教の洗練された雰囲気と何かと調和する。むしろ結婚式場から思い出すのは、新村の隣の駅にある梨花女子大学校（以下、梨花女大）であり、この梨大の近くにもウェディング用品店の同業者街⑳が形成されているのだ。もちろん憶測だが、そんな立教大学は女子の比率が若干高いこともあり、式場の立地に多少なりとも影響しているのかもしれない。一方で池袋駅の隣、目白駅近くにある学習院大学の前の通り、これは目白通りだが、ここには銀杏並木が連なっており、落ち着いた印象だ。ちなみに梨大駅から梨大へ続く道も、街路樹の木々が連なっているが、こちらは、カフェやコスメショップなども多く、学生街らしい雰囲気だといえる。池袋駅西口には立教大学があり、山手線で隣にあたる目白駅そばに学習院大学があるという点では、地下鉄2号線の新村駅とその隣の梨大駅に梨花女大があり、名門大学が隣接している点でも似ていると

いえる。

独立門は雷門に例えられる

西大門刑務所がある西大門独立公園内には、1897年に建てられた独立門がある。これは西大門区の主要文化財として市章にも描かれている。この「独立」とは日本からの独立を指すのではない。日清戦争後にこれまで中国の朝貢国だった朝鮮が、中国からの影響を排除して独立国家としての道を歩む際に、国号を大韓帝国と改め、独立門をフランスの凱旋門をモデルに建てた門である。

日本でも日清戦争や日露戦争後に勝利を収めた際にはこのような門が東京のあちこちに建てられた。日本では祝賀の際に「緑門」という緑樹に覆われた門を建てる文化だったことから、一時的な意味合いしかなかったようで、どれも現存していない。現在の東京で際立っている門といえば、台東区浅草にある浅草寺の雷門だ。現在の雷門㉑は1960年に再建されたもので、松下電器産業社長の松下幸之助の寄進によるものである。これは1865年の大火で焼失したあとに再建されることはなく、日露戦争後にはこの雷門の跡地に凱旋門が建っていた。そんなことから独立門を例えるならば、浅草の雷門が妥当だといえるだろう。

巣鴨プリズン＝西大門刑務所

西大門独立公園内に西大門刑務所歴史館がある。1908年から「京城監獄」という名で刑務所として使われはじめ、日本統治時代には独立運動家が投獄され、拷問や処刑などが行われた。西大門刑務所を訪れると、周囲は赤レンガの塀に囲まれており、獄舎のなかはそれぞれの房に厚い扉が取り付けられており、重々しさが感じられる場所だ。実際に独立運動家たちに対して行われた拷問の様子が人形とともに再現されているほか、処刑が行われた場所も残っている。1919年の三・一独立運動

㉓

㉒

で投獄され、翌年にこの場所で16歳の若さで獄死した柳寛順《ユグァンスン》（유관순）は、朝鮮のジャンヌ・ダルクとして歴史に名を残している。

この西大門刑務所に相当する場所はといえば、GHQにより戦犯容疑者たちが拘置され、A級戦犯が処刑された巣鴨プリズンではないだろうか。戦前は東京拘置所であったが、敗戦後にGHQ（連合国軍総司令部）に接収された。現在は残されていないが、その跡地は東池袋のサンシャインシティとなっている。当然ながら状況やその性質は全く異なるが、日本が主に朝鮮の独立運動家を、GHQが日本の戦争犯罪人をそれぞれ拘置していたという点では共通点があるといえるのではないだろうか。

中華料理店が集まる延禧洞

延世大学校の裏手にある**延禧洞**《ヨニドン》（연희동）㉒は中華料理店が多い場所として知られるが、これは1960年代に漢城華僑学校が移転してきたことによる。中華料理店はすぐ隣に位置する麻浦区**延南洞**《ヨンナムドン》（연남동）にまで点在している。住宅街でもあるため比較的落ち着いた飲食街という印象が強い。**延禧味の通り**《ヨニマッキル》（연희맛길）㉓には、中華料理店以外にも、オシャレなカフェもちらほら見られ、混沌としたエスニック街とはかなり印象が異なる。それどころかこの延禧洞といえば、韓国の歴代大統領が住む町でもあり、高級住宅街でもある。元大統領の**全斗煥**《チョンドゥファン》（전두환）や、**盧泰愚**《ノテウ》（노태우）もこの町に私邸がある。日本の総理大臣は比較的散らばっているが、渋谷区や世田谷区あたりに多い。また文京区目白台には目白御殿と呼ばれた田中角栄邸があったほか、文京区音羽には鳩山会館がある。このあたりは下町の要素が強い台東区というよりも、むしろ文京区の要素があるといえるだろう。

ただ豊島区でいうならば池袋駅北口のニューカマーの中国人たちが多いエリアで、台東区でいうならば上野駅近くには中華街ではなく、東上野コリアンタウンがある。上野駅の広小路口から5分ほど歩いたところに位置する東上野2丁目だが、焼肉店や冷麺店、そしてキムチ店などがここに店を構え

ていて、古めかしい路地の趣を感じさせる場所になっている。韓国食材を買い求めるのにもよい場所である。

仁王山の西麓にあるアリ村は、ドヤ街の山谷か

西大門区の中央にある鞍山とともに、西部には**仁王山**《イヌァンサン》（인왕산）という山がそびえている。ソウル内四山のひとつで、山の東側は鍾路区の西村と呼ばれる住宅街だが、西麓は**弘済洞**《ホンジェドン》（홍제동）という町である。かつて西大門からは北へ向かう古道の義州路が続いていたが、門の外には**弘済院**《ホンジェウォン》（홍제원）という旅人のための楼閣があった（東大門の外には普済院）。中国から訪れた使節がソウルへ入城する前にここで着替えたのだ。その跡地は地下鉄3号線の弘済駅近くにある。また弘済洞には仁王市場があり、周辺は住宅地でもあるのだが、この街の東側の斜面には**ケミマウル**（개미마을）㉔というタルトンネがある。斜面にはあまり修繕が行き届いていないような家々が立ち並び、ある意味スラム街のような印象が感じられるのだが、ここを小さなバスが登っていく。家々にはアートが施され、それはほかのタルトンネとも同じように「路上美術館」となっている。「ケミ（개미）」というのは「アリ」という意味で、人々が日雇い労働をしながら、アリのように一生懸命に生きていることから名づけられた。やはりタルトンネという貧民街であり、台東区でそのような場所をいうなら、荒川区にもまたがる**山谷**㉕ではないだろうか。こちらは斜面になっているわけではなく、簡易宿泊施設のあるドヤ街で、日雇い労働者たちが多く集まっている。1泊2千数百円で利用できるため、最近では外国人観光客が安宿として利用することもあるようだ。また安価なコインロッカーも設けられている。このあたりは常磐線の南千住駅や三ノ輪橋駅が近い。「あしたのジョー」の舞台にもなった、いろは坂商店街のアーケードは2017年、老朽化により撤去された。山谷の目印ともなる泪橋《なみだばし》交差点の北にはかつて小塚原刑場があり、明治初期まで実際に使われていた。

絶景の漢江の川港、若者の街弘大やテレビ局が集まる近未来的な街も

麻浦区《マポグ》＝品川区

＋原宿・夢の島

川港の街、麻浦と品川

麻浦区《マポグ》①（마포구）の由来は、漢江の川港・**麻浦津**《マポジン》（마포징）②として古くから水上交通の要衝であるとともに、通行人を**汝矣島**《ヨイド》（여의도）へと渡す、**渡し場**《ナル》（나루）でもあった。地方各地から**西海**《ソヘ》（서해：黄海）や、漢江を通して物資が運ばれ、塩や塩辛を載せた船がここに集まってきた。とくに朝鮮後期に水運が活発化していたといい、この麻浦津（固有語では麻浦ナルともいう）あたりは数々の詩文が残るほど絶景だった。現在の麻浦区にはほかにも**西江津**《ソガンジン》（서강진）や**楊花津**《ヤンファジン》（양화진）があったのだが、このように麻浦区の「麻浦」は漢江が川港だったころの名残である。

海とをつなぐ交通の要衝であったことから、韓末期には麻浦付近まで米仏の軍艦が侵入したこともあったといい、防衛上でも重要な場所となった。その後1899年に仁川～鷺梁津間の鉄道が開通すると、その後は漢江に橋がかかり、次第に水運は廃れていくことになる。

品川は中世から港町として栄えており、1601年には品川宿ができ、宿場町となった。五街道のなかで最も人が往来していた東海道の一番目の宿場町で、やはりこちらも交通の要衝であった。品川宿のそばには品川湊があったのだが、江戸の主要となる港は隅田川河口あたりの江戸湊であった。黒船が来航したあとは、江戸に近い品川湊に砲台を設置し、防衛力を高めたのである。

しかし鉄道ができ、高速道路ができた現代では交通手段が多様化した。東海道の宿場町としての品川の重要性は相対的に下がったかもしれないが、現在でも品川駅は東海道新幹線が通る、依然として乗降客数の多い駅のひとつである。ただその品川駅は、当時の品川宿を避けて建てられたといい、住

③

④

所としては港区に位置している。

麻浦も品川も首都である漢陽や江戸に近く、その入口ともいえる場所に位置する港であり、韓末期、幕末期にはともに防衛上、重要な場所になっていたという点では共通するといえよう。現在の**麻浦**《マポ》（마포）といわれる場所は、交通の要衝とはいえないものの、政治経済の中心地である汝矣島とは、麻浦大橋でつながる重要な場所である。麻浦あたりは近年、ビジネス街として開発③が進んだほか、隣接する**孔徳**《コンドク》（공덕）駅には空港鉄道が通り、ロッテホテルや新羅ステイ麻浦が建っている。また品川駅の東側はオフィス街になっており、ソニーやニコンの本社があるほか、日本サムスンもここに本社を置いている。西側には品川プリンスホテルや、グランドプリンスホテル高輪・新高輪が並んでいる。

品川区の面積は22・84平方キロメートル、約41万7千人、そして麻浦区は23・85平方キロメートルで、人口は38万3千人といずれもほぼ同程度だ。外国人比率もともに2％～3％台であり、それほど大きく離れていない。

ユニークな施策を行う教育機関

麻浦区の代表的な大学といえば、芸術系総合大学である**弘益大学校**④や、新村駅の南に位置する**西江大学校**《ソガンテハッキョ》（서강대학교）が挙げられる。西江大学校は、ミッション系の大学であり朴槿恵元大統領の出身校でもあるのだが、学生の出席に関しての規定がかなり厳しいとの評判がある。講義を4度欠席すると単位を落としてしまうというのである。地下鉄2号線新村駅や、梨大駅はともに麻浦区であるが、地下鉄が通る**新村**《シンチョン》（신촌）路がちょうど区境となっており、延世大や梨花女大は西大門区である。とはいえこのように近隣に大学が密集していることから、西江大学校の周辺にあたる**大興洞**《テフンドン》（대흥동）あたりには数多くの外国人留学生が暮らしているという。

一方で品川区には五反田には清泉女子大学、大崎に立正大学がある。そして東急線沿いの旗の台に

は昭和大学、荏原には星薬科大学というように、ほかにもいくつかの大学があり、麻浦区に比べても本部を置く大学が多い。また品川区では義務教育で特色のある施策を行っている。小中学校の連携を密にし「小中一貫教育」として9年間を4―3―2ととらえ、中学1年生を7年生というように、カリキュラムを作るなどしているほか、5〜9年生は英検の受験料を区が負担するなどといったユニークな教育制度がある。

ゴミの埋め立て地だった上岩洞と東京湾の埋め立て地

漢江に面した**上岩洞**《サンアムドン》（상암동）⑤⑥は、住みたい町にもよく挙げられる場所だ。2010年にソウル日本人学校がこの場所に移転し、日本人駐在員も数多く住む町であるのだが、この上岩洞には1993年までゴミ処理場があった。1978年から漢江付近の**蘭芝島**《ナンジド》（난지도）にオープンダンピングといって、ゴミをそのまま積み上げていくゴミ処理場が置かれ、悪臭が漂うなど汚染が深刻であった。ルポライターの柳在順《ユジェスン》（유재순）は、そのゴミ埋め立て地で生活している人々を実際に住んで取材し、『난지도 사람들（ナンジドサラムドゥル：蘭芝島の人々）』という小説を執筆、1985年に出版したのだが、それがベストセラーとなった。

2002年ワールドカップ開催を機に競技場を建設する予定だったのだが、その場所はワールドカップ公園として公園化されたが、その4つのエリアのうち、空の公園を意味する「ハヌル公園（하늘공원）」⑦が埋め立てた丘に当たる場所で、秋になるとススキ野原が美しいデートスポットになっている。

また公園のそばにはワールドカップ競技場⑧があり、そこでサッカーの競技が行われている。そしてワールドカップ公園のそばには西部運転免許試験場があるが、品川区では東大井にある鮫洲運転免許試験場がそれに相当するだろうか。

⑧

⑨

東京でかつてのごみの埋め立て地といえば「夢の島」であった。１９５７年から埋め立てが開始され、その後１９７８年に夢の島公園となっている。夢の島は江東区に位置するが、上岩洞のごみ処理場も漢江の水辺にあったことを考えると、ウォーターフロントという場所としての共通点は感じられる。

とはいえ東京湾が埋め立てられた場所は、夢の島に限らず、品川区のベイエリアにも存在する。勝島や八潮あたりも埋立地であり、陸地と埋立地が混在する東品川も天王洲アイルあたりは古くからの埋め立て地である。京浜急行・立会川駅の西側に位置する勝島は地続きになっており、そこにはナイター競馬が行われる大井競馬場や品川区民公園がある。そこから京浜運河を挟んだ向かいは八潮である。ここには大田区にまたがって位置する大井埠頭中央海浜公園があり、公園の南側にはアマチュア野球で使われる大田スタジアムがあるが、このあたりは大田区東海である。とにかく埋立地あたりは公園であったり、公共の競技場のような施設ができやすい、という点では共通している。埋立地とは異なるが、漢江の中州で**楊花大橋**《ヤンファテギョ》（양화대교）の脇に位置する**仙遊島公園**《ソニュドコンウォン》（선유도공원）⑨は、浄水場として使われた場所を公園化したリサイクル型生態公園だ。浄水場の遺構も残されているのだが、水辺の緑が美しく夕日が映え、子供連れの家族はもちろん、デートスポットとして若者たちの姿も目立つ。この公園は区をまたいだ永登浦区楊花洞にあたり、大田スタジアムへは京浜運河を渡るように、地下鉄９号線の仙遊島駅からは仙遊橋というアーチ形の橋を渡って訪れる。また、公園や競技場以外で見るならば、勝島に企業の倉庫や物流センターが多く、八潮には火力発電所や大井コンテナや貨物ターミナルのほか、ＵＲの八潮パークタウンという団地群があり、１万人以上の住民がここで暮らしている。

⑫ ⑪ ⑩

天王洲アイルとデジタルメディアシティ

上岩洞には放送局などが集まるデジタルメディアシティ（디지털미디어시：DMC）⑩⑪がある。デジタルメディアシティの再開発は2002年頃から始まり、2015年に完工。韓国の大手テレビ局3社や通信社がこの場所に移転してきたほか、オフィスや住宅などのビルが立ち並び、洗練されたビル街からは近未来的な印象を受ける。K-POPアイドルたちが出演する番組の公開放送を観覧しに出かけるファンも多い場所だ。ここには韓国映画博物館がある。

そんなデジタルメディアシティを品川区の街で例えるならば、東京ベイエリアのひとつで、先にも述べた東品川の天王洲アイルではないだろうか。このエリアの放送局は天王洲運河を挟んで位置するテレビ東京のみであるが、水辺にビルが立ち並び、企業のオフィスが集まっている。天王洲アイルは当初は倉庫街だったが、バブル期に開発が始まり、1992年に東京モノレールの天王洲アイル駅が開通し、徐々にビルが増えていき、現在のような姿になった。新たに再開発された地区という意味ではデジタルメディアシティと共通するのではないだろうか。ただもし港区に例えていたならば、日本テレビのある**汐留シオサイト**⑫がこれに近い存在かもしれない。むしろデジタルメディアシティに複数のテレビ局が集まっていることからすると、その二つの集合体とも考えられるだろう。このように漢江に面した上岩洞は品川区のベイエリアに何か似たところがあるという印象を受ける。

弘大にも原宿にも日本、韓国のカルチャーが入り込む

麻浦区の代表的な繁華街といえば、現在は若者たちでにぎわう**弘大**《ホンデ》（홍대）である。とくに芸術学部が有名な総合大学、弘益大学校を中心とする学生街で若者たちを中心ににぎわっている。とくにメインストリートである「**歩きたい通り**《コッコシップンコリ》（걷고싶은거리）」や「**ホントン通り**《ホントンコリ》（홍통거리）」⑬、「**駐車場通り**《チュチャジャンコリ》（주차장거리）」⑭には10代後半から20代前半の若者をターゲットにした飲食店や、ノー

⑬

⑭

ブランドのファッションを売るようなお店が多い。ときにはストリートライブも行われて、たくさん若者たちが行き来しており、30代が歩くと違和感を覚えるほどである。2000年代後半まで学生街としての地位は、お隣の新村・梨大に軍配が上がったが、徐々に弘大に移ってきたようだ。この弘大は品川区のなかで例えるよりも、雰囲気としては渋谷駅周辺や原宿に近いものがあることは誰もが感じるだろう。ただ渋谷センター街は雑居ビルが多い点では、明洞のメインストリートにも近い印象だ。そして渋谷センター街の年齢層は弘大ほど若くはなく、むしろ幅広い世代が集まり、そして外国人が多い。似ている点を挙げるならば、渋谷駅の西側にある道玄坂や、円山町のあたりにはナイトクラブが多く、その点は弘大の路地と共通するだろう（この話は江南区の江南駅周辺でも再び触れたい）。

さて弘大を原宿に例えてみたい。原宿の竹下通りを歩くと女子中高生が多く、プリクラ機専門のお店や、クレープのようなデザートを売るお店が目立つが、やはりこちらも外国人観光客を含めて幅広い世代の人たちが訪れる場所だと感じられる。ただ原宿は中高生の街で、弘大は大学生を中心とする若者の町だという点でも原宿とは異なるだろう。むしろ韓国の中高生の世代はセンター試験にあたる大学修学能力試験、略して「**修能**《スヌン》（수능）」に向けて夜遅くまで勉強しており、遊ぶ時間がより少ないのかもしれない。とはいえ、若者の町として弘大と原宿は共通する場所だといえる。

韓国ドラマやK-POPに続く、第3次韓流ブームの流れのなか、原宿の竹下通りにはSTYLENANDA（スタイルナンダ）の路面店がピンク色の建物で出店。明洞にあるホテル型のコスメショップともそっくりな外観である。韓国コスメブランドのETUDE HOUSE、イニスフリー（innisfree）といったショップが進出。ファッションブランドでは、隣の渋谷周辺も含め、期間限定のポップアップストアが開かれることもある。ソウルのヤングカルチャーが東京の若者の町にもやってきた形だ。

竹下通りから明治通りを渡った裏原宿、通称裏原と呼ばれるあたりは閑静な街であり、こぢんまり

⑮

⑯

とした衣料品店が多い街である。その裏原にもここ数年のあいだの韓国カルチャー人気に乗じてオープンした店が多い。現地でも流行った虹色のレインボーケーキや、ＫＡＫＡＯ ＦＲＩＥＮＤＳのキャラクター・**アピーチのショップ**⑮、韓国で人気のファッションブランドのＮＥＲＤＹ（ノルディ）、韓国式トーストのお店など様々な店がここに入ってきている。さらに２０１９年３月にはサムスン電子が日本初となる常設ショーケース「ＧＡＬＡＸＹ Ｈａｒａｊｕｋｕ」を明治通り沿いにオープンさせたのだが、その外観も異彩を放つ。

この裏原宿のあたりは、弘大の裏通り⑯と雰囲気がよく似ているという声もちらほらと耳にする。弘大にはＳＴＹＬＥＮＡＮＤＡ、ＣＨＵＵといった韓国ファッションブランドのお店のショップのほか、小さな衣料品店やカフェ、飲食店が多い。弘大のメインストリートも含めて日本式居酒屋が多いばかりか、日本語で書かれた看板も目にするほどだ。弘大には日本の要素が、原宿には韓国のヤングカルチャーが入り混じっているのである。

大統領が住んだ西橋洞・東橋洞と、品川の城南五山

弘大《ホンデ》（홍대）が若者の人気の街として浮上して以来、弘大周辺の地価が上がったために、周辺地域にカフェが出店するようになり、上水駅周辺や合井洞、さらには望遠洞あたりにも「ホンデ」が広がっている。上水駅の南側は**唐人洞**《タンインドン》（당인동）と呼ばれる町で、ここには現在も稼働する火力発電所がある。その路地裏にもこぢんまりとしたバーや飲食店が集まっており、ホンデよりも大人の雰囲気が感じられる。若者の街から目と鼻の先ともいえる渋谷や表参道の路地にも、そういった場所があるだろう。

弘大のすぐ隣には**西橋洞**《ソギョドン》（서교동）や**東橋洞**《トンギョドン》（동교동）という町があるが、このあたりもまだ同様である。またこの町は韓国の**崔圭夏**《チェギュハ》（최규하）元大統領や、**金大中**《キムデジュン》（김대중）元大統領の邸宅があることでも知られる。近くの西大門区の延禧洞あたりも邸宅が多いのだが、風水地理学的に良い

⑰

場所だとされていることが理由のようだ。話はそれるが、朝鮮半島ではこの風水地理学を重視し、「**背山臨水**《ベサンイムス》（배산임수）」といって、文字通り背に山があり、目前に水がある場所が好まれる。その最も適した場所を「**明堂**《ミョンダン》（명당）」というのだが、朝鮮初代王の**李成桂**《イソンゲ》（이성계）が漢陽（現・ソウル）に都を開く際も、そういった観点から王宮の場所が選定しているのである。

さて西橋洞には**臥牛山**《ワウサン》（와우산）という海抜79ｍの山があり、そして地名にも表れているように、かつては小川にかかる小さな橋がたくさんあったようだ。とくに金大中大統領は、もともと**東橋洞**《トンキョドン》（동교동）で暮らしており、彼を中心とする会派は東橋洞系と呼ばれていた。一方で金泳三大統領を支持していた会派は上道洞系といった。これはやはり私邸があった銅雀区**上道洞**《サンドドン》（상도동）に由来する。

２００６年には金大中大統領図書館⑰が東橋洞に建てられた。また、このあたりは若者の街である弘大の隣とはいえ、地形的には住むのに適した場所のようだ。こうした場所を品川区で当てはめるのであれば、城南五山と呼ばれる場所ではないだろうか。島津山、池田山、花房山、御殿山、八ツ山（港区高輪３・４丁目あたり）がそれにあたる。それぞれは高台になっており、高級住宅街とされる場所だ。東五反田に位置し、池田山とよばれる場所は、目黒駅と五反田駅のあいだである。かつて内閣法制局長官公邸があり、小泉元首相が仮公邸として使用したことがある。しかし首相官邸より立派だと指摘されたことがあったためか、その後は売却されている。そして北品川に位置し、港区にも隣接する御殿山はソニーの創業の地として知られる場所であるとともに、江戸時代には将軍の鷹狩の休息の地として、明治時代には邸宅が並んでいた。とにかく日本の場合は、こうした高台が高級住宅地となる傾向が強い。

麻浦・孔徳あたりは大崎と大井町

孔徳《コンドク》（공덕）駅には地下鉄５号線と６号線が交差するほか、２０１１年には空港鉄道の駅が開業し

⑱

⑲

ている。仁川空港や金浦空港からもアクセスしやすく、隣の麻浦駅方面へ行き、漢江にかかる麻浦大橋を渡れば、汝矣島へのアクセスも可能な場所だ。孔徳駅にはロッテシティホテル麻浦が直結しているほか、近隣にはオフィスやホテルなどのビルが立ち並んでいる。駅近くには粉末のミックスコーヒーを最初に世に送り出した東西食品や、石油元売大手のＳ－ＯＩＬなどの本社など企業のオフィスが集まっている。交差点あたりを見回しても無機質な都会の風景にも思えるが、すぐそばには孔徳市場⑱という地元の市場があり、チヂミ（韓国では一般的に**プッチムゲ**（부침개）や**煎**《ジョン》（전）と呼ばれている）や**豚足**《チョッパル》（족발）といった庶民的なグルメを味わうこともできる。また周辺には仕事を終えたサラリーマンたちが集まる飲み屋街もある。そういった意味では港区新橋のような場所でもあるだろうか。

そして孔徳駅から漢江寄りに位置する麻浦駅周辺には、**豚カルビ**《テジカルビ》（돼지갈비）店が集まる通りがあることも有名だ。麻浦は路面電車であるソウル市電の終着駅や、船着き場があったことから、このような店が栄えたのだという。

孔徳駅同様に空港への便が良い主要駅といえば、京急線で羽田空港にアクセスできる品川駅、もしくは東京モノレールの始点、浜松町駅だろうか。しかしいずれも港区に位置する。後述するが、汝矣島をお台場として例えた場合、ゆりかもめの通る新橋駅も挙げられるが、やはりこちらも港区だ。するとりんかい線の通る大崎駅が孔徳駅に近い存在といえるだろうか。

大崎駅周辺はかつて工場地帯であったが、１９７０年代ごろから工場が転出し、その跡地にオフィスが入ってきた。その後は東京都により副都心として位置づけられて開発が進んだ。駅北口を出ると屋根付きの立体歩道を経て、複合施設の大崎ニューシティーの店舗棟とつながる。この建物にはショップや飲食店があるが、隣の建物は１～５号館まであり、それらはオフィスビルやホテルである。

孔徳市場とは少々雰囲気が異なるが、それに類する地元ローカルな横丁は、大崎駅からりんかい線

⑳

㉑

㉒

で一駅のJR大井町東口にある東小路飲食店街がそれにあたるだろう。建物の合間に立ち飲み屋や赤ちょうちんの居酒屋のほか、町中華や食堂なども並び、昭和の雰囲気を感じさせるレトロな飲食街である。

地元ローカルな望遠市場と、戸越銀座商店街

ソウル・弘大の隣町に**望遠洞**《マンウォンドン》（**망원동**）という街がある。朝鮮時代に望遠亭という東屋があったことが地名の由来だという。望遠洞は下町を思わせる住宅街である。先述のように弘大のカフェブームはこの町にも波及しているようで、インスタ映えするようなカフェは外国人観光客が訪れるほど人気を集めた。それ以外にも若者に好まれる個人経営の食堂が増えており、龍山区の南山麓にある「経理団ギル」をもじって「**望理団**《マンニダン》**ギル**（**망리당길**）」⑲という異名がつけられ、韓国NAVERの地図にもその名が載るようになった（ギルは道、通りという意味）。また望遠洞に隣接したお隣の**城山洞**《ソンサンドン》（**성산동**）には芸能事務所のWoollimエンターテインメントがあり、この望遠洞は所属アーティストのINFINITEが練習生時代に暮らした町としても知られている。この街には地元ローカルな市場、日本でいう商店街である「**望遠市場**《マンウォンシジャン》（**망원시장**）」⑳㉑があり、アーケード街になっている。ここには地元で暮らす人々のための生鮮や生活用品などが販売されているほか、その場で食べられるような市場のグルメも豊富だ。鶏のから揚げを甘辛く味付けしたタッカンジョンをはじめ、様々な食べ物がここで販売されているのだが、人気グルメ番組「**水曜美食会**《スヨミシクフェ》（**수요미식회**）」で紹介されたことで、より多くの人に知られるようになった。

東京都内には活気ある商店街が多いが、そんな品川区にも地元ローカルな下町の商店街がある。それは**戸越銀座商店街**㉒だ。3つの商店街の連合により形成されているが、ここは日本の「○○銀座」の元祖と言われている。同商店街のホームページによれば、本家の銀座からレンガを譲り受けたこと

㉓

㉔

㉕

や、銀座の賑わいにあやかりたいことから、このように名乗ったという。ちなみに都内では北区にも「○○銀座商店街」が多い。さて戸越銀座商店街は約400軒、総延長は1・6キロメートルにも及び、実際に歩いてみてもかなり長い。荏原二丁目の交差点から歩くと、東急池上線の戸越銀座駅をまたぎ、都営浅草線の戸越駅を過ぎて西品川まで続く。戸越銀座商店街には望遠市場と同様に、食べ歩きできるB級グルメが多数あることで知られ、コロッケや唐揚げのほか、中華グルメなど多種多様である。

再開発された弘大のお隣の合井は？

戸越銀座の東側で、目と鼻の先には**武蔵小山商店街パルム**㉓がある。この商店街はL型のアーケード街が800メートル続く商店街で、単一の商店街のアーケードとしては日本一長い。七夕の時期に訪れると装飾が吊るされている。この商店街には約250店舗がひしめき合っており、焼き鳥やパンなどちょっとした食べ歩きもできる。アーケード街という意味では、前述の望遠市場にも近いところがあるかもしれないが、韓国の市場は直射日光を避けているためか少々薄暗い。

余談だが、武蔵小山は「ムサコ」と略される。東京都小金井市にある武蔵小金井駅、神奈川県川崎市の武蔵小杉駅周辺もまた「ムサコ」と呼ばれているが、武蔵小杉に関しては地元では「コスギ」といわれることが多いようだ。近年これらの地名が注目されているが、略称であるとはいえ少々紛らわしい。別で触れるが、ソウルでは「シンサドン（신사동）」という地名が3か所にある。

さて話を元に戻すと、武蔵小山駅前は近年再開発㉔が進められている。住友、三井のそれぞれ41階建てタワーマンションの建設が行われており、同様に再開発が進んだ川崎市の武蔵小杉駅周辺のようになっているという声もあるようだ。麻浦区のなかで近年開発が進んだエリアといえば、**合井**《ハプチョン》（**합정**）が挙げられるだろう。地下鉄2号線、6号線が通る合井駅に直結し、2012年夏に入居が始まった住商一体の複合施設、**メセナポリスモール**㉕が開業したころから特に注目されるようになった。

㉖

その向かいにも住商一体のビルが建っている。駅近くの川沿いにはBIGBANGらが所属するYGエンターテインメントの社屋があり、韓流ファンたちもここにやってくる。

切頭山殉教記念公園と元和キリシタン遺跡

合井駅から漢江の近くまで歩いていくと、漢江を見渡せる高台には**切頭山**《チョルトゥサン》（절두산）**殉教記念公園**㉖がある。1866年3月に天主教（カトリック）が弾圧されたことによるもので、ここで8000人を超える人々が処刑された。ちなみに江戸の三大刑場としては荒川区の小塚原刑場や、南大井の鈴ヶ森刑場、八王子の大和田刑場があったが、キリスト教という意味でより近いのは港区三田の元和キリシタン遺跡である。徳川家光がキリスト教信者50人を処刑し、ここが殉教遺跡となった。この場所にあった碑は、現在品川駅東側に位置する港区高輪のカトリック高輪教会に移されている。

また合井洞には、**楊花津**《ヤンファジン》（양화진）外国人宣教師墓苑があるのだが、これを例えるならば港区の青山霊園のなかの青山墓地や、横浜の外国人墓地がこれにあたるだろう。

コラム4
東京とソウルの郷土料理

東京23区の郷土料理といえば、何を思い浮かべるだろうか。庶民的な料理では「もんじゃ焼き」がそのひとつだ。小麦粉をだし汁で溶かし、野菜を入れて焼く料理である。お好み焼きよりは水分の量が多い。江戸から明治にかけて、子どもが文字を書くように作って食べたことから「文字焼き」が由来だとされる。昭和では駄菓子屋に置かれた鉄板で子どもたちが食べていたおやつだ。そのもんじゃ焼き屋が最初に登場したのは、中央区・月島であった。

月島には60軒以上のもんじゃ焼き店が集まり「月島もんじゃストリート」が形成されているが、この道の左右にお店が並ぶ光景は釜山のビーチリゾートである**海雲台**《ヘウンデ》（**해운대**）の近くにある海雲台市場となんとなく雰囲気が似ている。

全国区になっているものとしては、佃煮が挙げられるだろう。これは中央区・佃島が発祥である。貝や海藻などを醤油や砂糖で煮つけたものあり、山間地域ではイナゴの佃煮もあったりと全国的にその名が知られているが、これも東京の郷土料理である。起源は諸説あり、漁に出る際の保存食だったとか、非常用の備蓄食だったというものがある。

深川めしは現在の江東区・深川で生まれたもので、刻んだ葱のほかアサリやハマグリなどの貝類を味噌で煮込み、その汁をご飯にかけたり、炊き込んだりしたものである。忙しい漁師たちが手軽に食べられる料理だった。韓国の東海岸にもムルフェ①（**물회・水膾**）という料理があり、刺身に酢コチュジャンを水で溶かした汁をかけて、冷や汁のように食べる。こちらもまた諸説あるのだが、漁のときに手軽に食べられるものだったという。

また江戸前寿司も忘れてはならない。考案したのは華屋与兵衛だとされる（同名の飲食チェーン店がある）が、江戸前で獲れた魚を屋台で寿司として売ったものである。ソウルには海がないが漢江は

②

③

川であり、朝鮮時代には漁業を行なっており、現在の狎鴎亭（江南区）あたりでは、淡水の蟹が獲れ、それが宮中への献上品になっていた（韓国民俗文化大百科事典・江南区の項）。

共通するドジョウ料理の柳川鍋は現在の台東区内にあたる浅草駒形で越後屋が始めたとされるが、韓国にも**鰍魚湯**《チュオタン》（**추어탕**）というどじょう鍋がある。どじょうをすり潰してスープにしたもので味付けは各地によってさまざまだが、ソウルでは唐辛子が入った赤いスープで、本来はどじょうを丸ごと入れる。

ソウルの料理は、朝鮮時代には王朝がある全国から多種多様な食材が集まっており、キムチにも多様な食材が使われていた。そして宮中料理の影響を受け、華やかなものが多いとされる。そのひとつが「**神仙炉**《シンソルロ》（**신선로**）」②だ。肉や魚、野菜などを盛り付けた鮮やかな鍋料理である。

現在でも日常的に食べられているものといえば、先農壇（現・東大門区祭基洞）で祭祀を行うときに食べたという白濁の牛骨スープ「**雪濃湯**《ソルロンタン》（**설농탕**）」である。こちらは鍾路区にある1904年創業の里門ソルロンタン（**이문설농탕**）③という店が、韓国最古の食堂として知られているほか、ソルロンタン専門チェーン店もある。

比較的新しい郷土料理では、かつて東大門にあったバスターミナル近くで生まれた、鶏の水炊き「タッカンマリ（**닭한마리**）」④も挙げられる。直訳すると「鶏一匹」になるのだが、ソウル以外の人のなかにはこの料理を知らない人もいる。食材としては麻浦の小エビの**塩辛**《セウジョッ》（**새우젓**）も有名だ。こちらは漢江に川港があった時代に、水運によって運ばれてきたものである。そして現代ではそれぞれの地域に「モクチャコルモッ（**먹자골목**）」、直訳すると「食べよう横丁」という飲食店が密集している場所があり、特に夕方以降ににぎわう。そのような場所では一つの料理に特化した飲食店が集まるところもあれば、多種多様な食堂が集まっているところもある。ソウルで飲食に特化した通りについては以下で触れてみたい。

④

⑤

ソウルの飲食特化通り

ソウル中心部には飲食に特化した通りがあり、そのなかでも特徴的な通りに触れてみよう。中区にある東大門ファッションタウンの周辺には朝鮮戦争の避難民たちが数多く暮らしていたことから、朝鮮半島北部を由来とする料理を提供するお店が多い。例えば、五壮洞咸興冷麺通りがそのひとつだ。咸興式の冷麺はさつまいもなど穀物のでんぷんで作られており、非常にコシが強く噛み切れないことが特徴だ。エイの刺身がのっており、それらを辛いヤンニョムに絡めていただく。奨忠体育館のそばにはチョッパル（豚足）通りがあるが、この料理もまた北部の人たちが開いた店である。

もうひとつ東大門近くで特徴的なのは、新堂洞トッポッキタウンである。もともと宮中料理のメニューでもあった餅炒めのトッポッキ（**떡볶이**）⑤を間食として編み出した元祖とされるお店がここにある。現在一般的に屋台で売られているものとは異なり、鍋の中にお餅のほか、**唐麺**《タンミョン》（**당면**）や餃子などを入れたりして食べる。

また東大門付近からもほど近い城東区の馬場畜産市場の隣には牛焼肉が味わえる馬場モクチャコルモクがあり、新鮮な韓国牛のほか特殊部位まで味わえる。

鍾路区では朝鮮王朝の宮殿に近い仁寺洞では、韓国の伝統家屋を改造した店でいわば韓国料理のフルコース、韓定食《ハンジョンシク》（**한정식**）を味わえる通りがあり、またすぐ隣の楽園洞には宮中で働いていた人が始めたことに由来する餅屋が多い（楽園洞にはあんこう料理店も集まっていることも特徴で「**楽園餅屋**《ナクウォントクチプ》（**낙원떡집**）」という店が各地にある。鍾路の大通りの路地にはピマッコル（**피맛골**）という飲食店街が発達。今では再開発でビルのなかに入った店や廃業した店も多いが、**清進洞**《チョンジンドン》（**청진동**）といえば酔い冷ましスープのヘジャンクッ（**해장국**）、そして南側の路地には生牡蠣とゆで豚を一緒に味わうクルポッサム（**굴보쌈**）⑥のお店が集まっている。

船着き場があった麻浦にもまた飲食通りがあり、庶民的な豚焼肉のテジカルビ通りは有名だ。すぐ

⑥

⑦

そばの孔徳市場にもチョッパル（족발）やチヂミ（전・ジョン）が味わえたりとこの周辺は庶民的な飲食店が多い。ただ近年は再開発が進み、高層ビルやアパートが多く洗練された印象があり、街の雰囲気は庶民的とはいえなくなっている。

そしてソウルの南東部で、公務員予備校の多い銅雀区の鷺梁津駅周辺には、リーズナブルな価格で食べられる受験生向けのカップ飯の屋台が多いほか、冠岳区にあるスンデタウンでペクスンデ（백순대）⑦という、豚の腸詰めなどを塩などで味付けし、唐麺とともに炒めて食べる飲食店がビルに集まっており、ここもまた庶民的な印象が強い。とにかく労働者や学生などが数多く集まる場所にこうした同業の飲食店が集まって通りが形成されており、近年ではこうした飲食通りが観光振興にも一役買っているようで、自治体ではその通りの入口にゲートを整備したり、案内板を作るといった動きも見られる。

朝鮮族料理と在日コリアンの料理

韓国における外国人コミュニティを語る上で、朝鮮族の存在を抜きにすることはできない。朝鮮族とはかつて満洲国があった中国東北部を出身とする韓国系中国人のことである。日本統治時代や朝鮮戦争の際に半島から逃れ、移り住んだ人たちだ。吉林省のなかには延辺朝鮮族自治州があり、彼らはそこで中国語とともに朝鮮語も使用しており、朝鮮族としての文化を形成している。韓国には出稼ぎにやってきた朝鮮族の人々や、現代では同胞ビザが取得しやすくなり、韓国に留学にやってきたり、企業に勤務する人も多い。韓国国内には約50万人が暮らしており、全外国人の30％以上を占めている。かつて韓国の高度成長を支えた九老公団に近い永登浦区大林洞や九老区加里峰洞には、朝鮮族タウンが形成されている。韓国人たちは朝鮮族を中国同胞としながらも、「ウリ（우리・私たち）」とみなさない傾向にあり、映画ではヤクザや殺人鬼などとして描かれることが多く、現実には差別が存在して

⑧

⑨

いる。
日本ではかつてそういった待遇を受けてきた外国人は在日コリアンの人たちなのかもしれない。この言葉には日本に滞在するニューカマーの人々も含むのだが、狭義では主に「在日（ザイニチ）」と呼ばれる人々を指し、韓国では在日僑胞《チェイルキョッポ》（재일교포）と呼ばれている。これは1945年の太平洋戦争終戦以前に朝鮮半島から日本に渡ってきた人々やその子孫である。日本で中長期的に暮らす韓国・朝鮮籍の人口は約48万人（2019年6月末現在）であるため、現実にはそれよりも少ないが、帰化した人や彼らの子孫でそういったアイデンティティをもつ人まで含むならば、100万人以上いるともいわれる。現在日本で暮らす在日コリアンの多くが韓国の南部出身者だという。実際に筆者が会った在日コリアンの方に故郷を訪ねてみると、慶尚道の出身者であることが多く、なかには全羅道や済州島出身者もいるようだ。当時日本に渡ってきた世代が1世、その子孫とされる人々が2世、3世、そして近年では5世まで誕生しており、韓国・朝鮮語が話せない人も多い。彼らは便宜上から日本国籍を取得する人もいるが、朝鮮籍・韓国籍（朝鮮籍＝北朝鮮籍ではない）のままで暮らす場合は、特別永住権の滞在資格で日本に暮らす。そして民族意識の高い親は、子どもを朝鮮学校や韓国学校に通わせる人もいる。ただ日本国籍を取得する手続きには費用がかかることもあり、帰化するかどうかは必ずしもそうした信条の理由とは限らないようだ。

さてそうした背景はさておき、ここでは料理について触れてみたい。朝鮮族の料理としては羊のラム肉を串刺しにして焼くヤンコチ（**양꼬치**）⑧が最もポピュラーで、韓国では一般的にもよく食べられる料理である。また朝鮮半島の北部地方をルーツとする冷麺のなかでもキャベツやパクチーが入った延吉冷麺（**연길냉면**）⑨もよく見られる。

東京にはいくつかのコリアンタウンがあるが、荒川区の三河島駅周辺、台東区東上野、江東区枝川といった町にはオールドタイマーが多く暮らしている。特に済州島出身者が多い三河島では、モムクッ

（몸국）⑩といった海藻のスープや、ワラビが入った済州島式のユッケジャンが味わえる店もある。東上野コリアンタウンでは焼肉や冷麺であったり、現在の韓国で食べるものとは異なる味付けのクッパや、実際はユッケジャンなのだが、大邱を由来とする「テグタン」と呼ばれる料理など、在日コリアンの人たちが故郷の味をもとに、日本で形成された料理が味わえる。

　在日コリアンは日本語ネイティブ話者であり、見た目では日本人と変わらない。朝鮮族には、幼い頃から朝鮮語を学んでいる人も多く、ネイティブ並みの実力を持つ人もいる。もちろん厳密には異なるものだが、本書的な例え方で言えば、日本における在日コリアンは、韓国における朝鮮族に相当するのではないだろうか。

加里峰洞

東大門タッカンマリ横丁

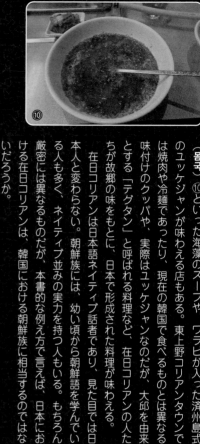

黄鶴洞コプチャン通り

南大門カルグクス通り

建大ヤンコチ通り

乙支路コルベンイ通り

鍾路３街カルメギサル通り

広蔵市場屋台通り

新堂洞トッポッキ通り

城内洞チュクミ通り

区名	名称・通称	韓国語	主な料理
鍾路区	楽園洞アグチム通り	낙원동 아구찜거리	あんこう蒸し
	鍾路３街クルポッサム通り	종로３가 굴보쌈골목	生牡蠣と茹で豚
	鍾路３街屋台通り	종로３가 포장마차거리	屋台料理（酒肴）
	鍾路３街カルメギサル通り	종로３가 갈매기살골목	豚ハラミ焼肉
	広蔵市場屋台通り	광장시장 먹자골목	屋台料理
	広蔵市場ユッケ通り	광장시장 육회골목	ユッケ
	東大門焼魚通り	동대문 생선구이골목	焼魚
	東大門タッカンマリ通り	동대문 닭한마리골목	鶏の水炊き
中区	南大門カルグクス横丁	남대문 칼국수골목	韓国式うどん
	南大門カルチジョリム横丁	남대문 갈치조림골목	太刀魚の煮付け
	新堂洞トッポッキタウン	신당동 떡볶이타운	トッポッキ鍋
	黄鶴洞コプチャン通り	황학동 곱창골목	豚ホルモン焼き
	奨忠洞チョッパル通り	장충동 족발거리	豚足
	五壮洞咸興冷麺通り	오장동 함흥냉면거리	咸興冷麺
	乙支路コルベンイ通り	을지로 골뱅이골목	つぶ貝の和え物
	乙支路ノガリ横丁	을지로 노가리골목	スケソウダラ稚魚の干物（酒肴）
龍山区	三角地テグタン通り	삼각지 대구탕골목	マダラ鍋
	梨泰院世界飲食文化通り	이태원 세계음식문화거리	エスニック料理
城東区	往十里コプチャン通り	왕십리 곱창거리	牛ホルモン焼き
	馬場洞焼肉横丁	마장동 먹자골목	牛焼肉（特殊部位含む）
広津区	建大ヤンコチ通り	건대 양꼬치거리	羊肉串
東大門区	龍頭洞チュクミ通り	용두동 쭈꾸미골목	イイダコ炒め
	回基駅パジョン通り	회기역 파전골목	ネギチヂミ
道峰区	道峰山豆腐通り	도봉산 두부골목	豆腐鍋
恩平区	鷹岩洞カムジャクク通り	응암동 감자국거리	豚の骨付き肉
麻浦区	麻浦テジカルビ通り	마포 돼지갈비골목	豚カルビ
	麻浦カルメギリル通り	마포 갈매기살 골목	豚ハラミ焼肉
銅雀区	中大グルメ横丁（黒石洞テジカルビ通り）	중대먹자골목	豚カルビ
	鷺梁津カップ飯通り	노량진 컵밥거리	カップご飯
冠岳区	新林洞スンデタウン	신림동 순대타운	豚腸詰炒め
	舎堂駅ニラサムギョプサル通り	사당역 부추삼겹살거리	ニラサムギョプサル
瑞草区	教大コプチャン通り	교대 곱창골목	牛ホルモン
江南区	新沙洞アグチム・カンジャンケジャン通り	신사동 아구찜간장게장골목	あんこう蒸し、渡り蟹醤油漬け
江東区	城内洞チュクミ通り	성내동 쭈꾸미골목	イイダコ炒め

5章

西南圏

陽川区《ヨンチャング》・江西区《カンソング》・九老区《クログ》・衿川区《クムチョング》・永登浦区《ヨンドンポング》・銅雀区《トンジャク》・冠岳区《クァナック》

国会議事堂
汝矣西路(輪中路)
汝矣島漢江公園
KBS 韓国放送公社
IFCモール
63ビルディング
S SQUARE
鷺梁津水産市場
永登浦駅
芸術村
鷺梁津駅
ノリャンジンカップ飯通り
登浦区
銅雀区
国立ソウル顕忠院
新吉洞
上道洞
洞
新大方洞
央市場
冠岳区
新林駅
總神大入口(梨水)駅
九老デジタル団地駅
スンデタウン
ソウル大入口駅
シャロスキル
舎堂駅
奉天洞
ソウル大学校
新林洞

麻谷洞
陽川郷校
麻谷ナル駅
ソウル植物園
許浚博物館
加陽駅
江西区
金浦国際空港
禾谷洞
カチ山駅
木洞綜合運動場
ヘンボッカン百貨店
SBS
梧木橋駅
陽川区
木洞アパート
新道林駅
九老駅
高尺スカイドーム
九老区
温水駅
加里峰洞
加里峰市場
加山デジタル団地駅
衿川
秃山駅

韓国一の人口密集地帯、プロ野球場やアイスリンクもある木洞

陽川区《ヤンチョング》＝中野区

陽川区は中野区と面積・世帯数が同程度

ソウル西部に位置する**陽川区**《ヤンチョング》（양천구）は、中野区と姉妹都市関係にある。陽川区の面積は17・4平方キロメートルであるのに対し、中野区の面積は15・59平方キロメートル。世帯数もほぼ同程度である。しかし陽川区の人口は46万人、中野区の人口は34万2千人であり、このような差が生まれているのは、陽川区にはファミリーが多く、中野区は単身世帯が多いためだという。陽川区は漢江よりも西側に位置し、隣は京畿道**富川**《プチョン》（부천）市、北は金浦空港のある江西区であることからすると、ソウルの外れといえる場所である。この地域は京畿道金浦市に所属していたが、ソウル永登浦区に編入されたのは1963年のことだ。その後にこの地域は江西区となり、**木洞**《モクトン》（목동）アパート①という大規模の団地街ができたことで、1988年から陽川区となった。区内で最も古い小学校が1972年開校（江西区にあるソウル陽川初等学校は1900年開校。現在の陽川区に位置する中学校、高校は1900年代初頭からある）ので、区自体がいわゆる「ニュータウン」のような場所だといえる。

一方で中野区は副都心のある新宿区の隣で豊島区、渋谷区とも隣接しており、都心へのアクセスに容易な場所である。江戸時代には現在の中野駅あたりに徳川綱吉による巨大な犬小屋があったほか、青梅街道沿いで現在の中野坂上駅付近には宿場があった。そして1889年に甲武鉄道(現・中央線)が開業して新たな交通手段ができた。こうしたことからもニュータウンである陽川区よりも歴史が古いことが感じられるが、大正期は特に関東大震災以後に急激に宅地化が進み、人口が増えていった。

村山線（現・西武新宿線）が中野区の区間で開業したのは1927（昭和2）年のことである。そして中野には陸軍中野学校があった。現代では、密集した住宅地であり、お隣杉並区の阿佐ヶ谷、高円寺とともにサブカルチャーの町ともいわれる。

面積や世帯数といったスペックが似ている両区だが、芸術文化施設が多い点から見ると中野区は瑞草区に近い要素が感じられる。一方で陽川区は明洞や鍾路、江南といった都心からも離れており、大規模団地があることからベッドタウンとしての様相を呈している。この地域は金浦空港に着陸する飛行機上空から見える場所であることから、1988年のソウルオリンピックを前に、優先的に開発が進められた、という話もあるほどだ。

人口密度が全国最高水準

陽川区の人口密度は1平方キロメートルあたり約2万6千人であり、韓国でも最高の水準だ。一方で日本で一番人口密度が高い場所は豊島区の約2万3千人で、中野区が約2万1千人である。ただ豊島区は定住率が低いことや、若者の単身世帯が多いことから、日本創生会議が2014年に消滅可能性都市として指定していた。その後は住民の満足度を高めるように動いているようだが、大学が多い区であり、さらに人口も増加傾向なので、その心配は杞憂ではないだろうか。さて、陽川区の話に戻そう。陽川区は特に大規模団地群が人口密度を高めているためか、日本におけるその最高値を大きく凌ぐ数値となっているようだ。豊島区や中野区は陽川区ほどではないが、日本のなかでも人口密度が極めて高い水準だということは、やはりそれだけ住宅が密集しているということである。ちなみにソウルで人口密度が2位にあたるのは東大門区だ。こちらは約2万5千人であり、本書では主に豊島区として例えている。

中野区と陽川区の交通

陽川区の交通手段を見てみよう。陽川区にはソウル地下鉄の2号線と5号線が通っているほか、北部の江西区との境界を9号線が走っている。環状線である2号線は永登浦区の**新道林**《シンドリム》（신도림）駅から江西区の**カチ山**《カチサン》（까치산）駅まで線路がそれる形になっている。その点は地下鉄丸ノ内線が中野坂上駅で方南町駅方面へと枝分かれしている構造と似ていなくもない。地下鉄5号線はソウル都心の鍾路、汝矣島を通ったあと区内では木洞駅を経て金浦空港へ続く。陽川区内では団地街を通っていることを例えるならば、これは板橋区の高島平団地のあたりを走る都営三田線のようでもある。とはいえ区内の中心街でもあり木洞アパートにも近い**梧木橋**《オモッキョ》（오목교）駅の姿を見てみると、高島平よりも都会的な機能が多く感じられる。だが、いずれの交通手段を利用しても、鍾路や江南へは地下鉄で30分は要する。中野区の場合は青梅街道の中野坂上交差点②を境に背の高いビルが増えはじめ、新宿副都心の色合いが濃くなってくる。実際に中野駅や鷺ノ宮駅からは5～10分で新宿に出られるという点で、陽川区とは異なっている。余談だが韓国ではユミン（유민）の名義で活動する女優の笛木優子は中学、高校時代は鷺ノ宮に暮らしていた。さて線路の位置を見てみると、中野区では北に西武新宿線が走っている。都立家政、野方、新井薬師前、沼袋はいずれも各駅停車しか止まらない駅なのだが、いくつか駅を降りてみると、野方駅南口のヤッホーロード商店街のアーケード街は昭和の懐かしさが残り、沼袋も赤ちょうちんの飲み屋街があったりと、長く店を営んでいるような個人店がひしめきあっている。

そして区内の南北を二分するように中央線が通っており、さらに南部を二つに分けるように東京メトロ丸の内線が横断する形だ。新中野駅は浅田次郎の小説で映画化された『地下鉄（メトロ）に乗って』の舞台にもなった駅だ。青梅街道沿いにある鍋屋横丁商店街③は「鍋横」の愛称で親しまれているほか、道の両側にアーケード街が形成されており、中野らしいレトロさが感じられる。また西武

⑥

⑦

池袋線の富士見台駅は練馬区だが、駅のすぐ南は中野区上鷺宮であり、地図上では北部が尖った形になっている。いずれも都心に線路が向かっているため、南北にはバスで移動する必要がある。

陽川区と中野区の中心となる駅

地下鉄5号線梧木橋駅あたり④は、陽川区のなかでも比較的富裕な層が住んでいる場所だという。ソウルに暮らす外国人にとってはソウル出入国・外国人庁がある場所として知られており、留学生はもちろん、駐在員などこの場所を訪れた人も多いはずだ（一部地域を管轄するソウル南部出入国・外国人事務所は２０２０年3月に江西区麻谷洞に移転した）。そしてこのあたりが陽川区の中心的な町となっている。駅近くには大手民放の**SBS木洞放送センター**があり、韓国の芸能ニュースでしばしば名前が出てくる。すぐ近くにはCBS基督教放送局があり、それぞれ背の高いビルが建っている。また駅周辺の一角には大手デパートの現代百貨店のほか、専門型のデパートで「幸福な百貨店」という意味の「ヘンボッカン百貨店（행복한백화점）」⑤があり、これらは駅周辺の一角に集まっている。そして詳しくは後述するが、その近くには木洞綜合運動場があり、プロ野球が開催される木洞野球場、国際規格のアイスリンクがある。こうした面から見ると、このあたりは単なるベッドタウンとは言い難いところがある。その梧木橋駅付近に例えて考えられる存在といえば、中野区の中心街である中野駅周辺ではないだろうか。中野駅はJR中央線と東京メトロの駅だが、梧木橋駅よりも1日の乗降客数は4倍ほど多い。中野駅には梧木橋駅のようにテレビ局や野球場こそないものの大型施設が集まっている。駅の北側⑥には長年ランドマーク的存在となっている中野サンプラザ、駅ホームからは緑の芝生を望むオフィスビルでもあり、コンベンションホールや飲食店、大学施設なども集まる中野セントラルパーク、さらに駅前には活気ある中野サンモール商店街⑦や中野ブロードウェイがある。また南口⑧にはスーパーなど生活に密接した店舗が入った中野マルイがあり、梧木橋駅にも劣らな

⑧

⑨

いほどの施設が集まっている。

プロ野球が開催されていた木洞運動場

ソウル都心から少し離れた木洞綜合運動場《モクトンチョンハプウンドンジャン》（목동종합운동장）⑨は、まさに住宅地に隣接した運動場である。神宮球場は都心の森に位置し、大田スタジアムも湾岸エリアにあるというなかで、**木洞野球場**のように住宅街に位置し、常時プロ野球が開催されていたような場所は見当たらない。ロッテジャイアンツの本拠地である釜山・**社稷《サジク》**（사직）野球場も比較的、住宅地に近い場所にある。

木洞野球場は当初アマチュア球場として使われていたが、２００７年から九老区の**高尺《コチョク》**（고척）スカイドームが完成する２０１５年まで、プロ野球のネクセン・ヒーローズ（ウリ・ヒーローズから改称、２０１９年からはキウム・ヒーローズ）が本拠地にしていたことがある。

一方で中野区に哲学堂公園や上高田運動施設にも野球場や庭球場などがあるが、いずれも区民のための施設であり、本格的なプロスポーツの場ではない。東京西部でプロスポーツが行われる施設を挙げるなら、調布市にある味の素スタジアムや、西東京市東伏見にあるダイドードリンコアイスアリーナだろう。もし野球場を挙げるなら１９５０年代にプロ野球開催が検討され、その後すぐ解体されることになった武蔵野市西窪の武蔵野グリーンパーク野球場がこれにあたるだろうか。

木洞団地と中野区の団地

永登浦から西へ進むと、**安養川《アニャンチョン》**（안양천）⑩という川があるのだが、それにかかる橋、**梧木橋《オモッキョ》**（오목교）を渡るとそこは大規模な団地街である**木洞《モクトン》**（목동）団地がある。「木洞アパート」⑪という名前でも知られるこのアパートは木洞から隣の新亭洞《シンジョンドン》（신정동）へと続き、全部で14の団地から構成され、総計2万6千余世帯に及ぶ。世帯数と戸数は厳密には異なるが、板橋区の高島平団地の戸数が1万余だ

⑩

⑪

というので実際はその倍以上の規模だ。ちなみに高島平1丁目〜9丁目までの団地とそれ以外を含めた世帯数が2万8千余である。

このあたりは小高い丘ともいえる山はあるものの川に挟まれた低地であり、かつて安養川が氾濫するとしばしば洪水に見舞われた土地だった。特に1925年の**乙丑年洪水**《ウルチュンニョンホンス》（을축년홍수）は歴史に残る大洪水であり、農地を失われるなどの大きな被害があった。木洞のあたりはかつて牧場であり、地名は「牧洞」であった。それが今や陽川区全体は韓国随一の人口密集区として発展している。また木洞あたりは教育水準が高いともいわれている。板橋区の項でも触れたが、高島平団地の用地も荒川沿いの低湿地で、水田があったというから土地としては似ているのかもしれない。

ちなみに中野区にはこのような大規模団地はないが、ところどころに小規模な団地が点在している。特に中野駅南口のそばには1951年に建てられた中野住宅があった。駅前1・5等地のようなところに建てられていたのは、当時は東京がまだ発展途上にあったことの表れだろうか。そのほかにも西武沿線を中心に江古田住宅や鷺宮西住宅、「スターハウス」でも知られる野方団地といった1950年代後半〜60年代前半に建てられた団地があり、今もなお健在だ。

堀越高校と韓国の芸能高校

中野区には芸能人を多く輩出する高校として有名な堀越高等学校がある。その次に有名なところといえば目黒区の日出高等学校であるが、現在は日本大学の付属校となり、2019年からは目黒日本大学中学校・高等学校と改称されている。こうした学校では学業と共に芸能活動が行えるような配慮がされている。韓国には実質的に芸能人を養成する芸術高校があり、こうした学校では一般の学業とともに演技やダンスなどが授業として行われている。そういった高校は松坡区にある**翰林**《ハンリム》（한림）演芸芸術高等学校や、九老区にあるソウル公演芸術高校、城東区にある韓国芸術高校が挙げられ、いず

れも私立高校である。タレント名鑑を見ると、タレントやK・POPアイドルたちもこれらの学校の卒業生が多いことがわかる。また芸能界デビューの手段としてよく耳にする方法は路上スカウトだ。東京では原宿の竹下通りや渋谷センター街、表参道など若者が集まる場所では芸能スカウトが行われているというが、韓国では「路上キャスティング」という意味の「キルコリキャスティング（길거리캐스팅）」という言葉が存在しており、それによってデビューした芸能人も多い。しかし最近の韓国ではインターネットでのスカウトが主流になっているようだ。またK・POP人気により、日本の若者たちが韓国のアイドルを志望するケースも増えており、日本にある韓国の大手芸能事務所でもオーディションが行われている。

水田も残る低地、金浦空港があり、ファミリー向け再開発が進む街

江西区《カンソグ》＝江戸川区

金浦は歴史ある米どころ、江戸川区にも水田があった？

江西区《カンソグ》（강서구）は漢江の西に位置していることからこの名称となっている。西を仁川広域市や金浦市に隣接しており、まさにソウルの外れにある区である。区内の西部は**金浦《キムポ》**（김포）国際空港が多くの面積を占めている。ちなみにこの「金浦」という地名の「金」は米どころを意味している。金浦平野は歴史のある米の産地だ。その**金浦空港**①のあたりは1961年にソウル市永登浦区に編入。宅地開発が進んで、江西区が成立したのは1977年のことである。空港に近い場所は、飛行機が低空で飛び交うために高い建物が少ないこともひとつの特徴だ。その点は羽田空港付近とも似ているため、空港のある区として考えれば、まずは大田区が思い浮かぶ。しかし大田区は京浜工業地帯の一角にあたる工業地帯である。大田市場という総合市場はあるが、現在は大田区のなかでも農地面積は極めて少なく、1%にも満たない。そうした点では金浦周辺が米どころで、田畑が多い地域であったというイメージとは異なるといえるだろう。

江西区はソウル唯一水田が存在している区であり、都市農業を推進している区のひとつである。実際に金浦空港の西側にあたる**開花洞《ケファドン》**（개화동）、**果海洞《クァヘドン》**（과해동）、**五谷洞《オゴクドン》**（오곡동）あたりには水田があり、オーガニック・エコ農業（韓国では親環境という漢字を当てる）で「**景福宮米《キョンボックンサル》**（경복궁쌀）」の生産を行っており、市民が植える体験農園がある。

しかし東京23区で水田があるのかといえば、近年まで江戸川区篠崎あたりにはあったという。現在では水田は姿を消したらしいが、実際に江戸川区には農地が多く、2016年の農業産出額では23区

②

1位である（面積では練馬区、世田谷区、葛飾区、次に江戸川区となっている）。そして区内の小松川は小松菜の発祥地でもあり、これは葛飾区、足立区あたりでも生産されているが、やはり元祖となる江戸川区で最も作付けされている野菜なのである。詳しくは後述するが、ともに東京・ソウルのなかでは開発が遅かった地域であり、平均海抜も低く、古くから洪水に悩まされてきた地域でもある。そういったことなどからしても江西区と江戸川区には何かと共通点が多いように感じられる。

人口はともに60万人前後、面積も40平方キロメートル台

江西区と江戸川区はともに「江」という文字がついているが、そのスペックもよく似ているようだ。江西区の人口も面積もソウル25区では瑞草区に次いで、2番目にあたる。江西区の人口は約59万人であり、一方の江戸川区は23区で5番目となる約69万2千人。60万人前後というところは共通しているのだ。さらに江西区の面積は41・44平方キロメートルで、江戸川区は49・90平方キロメートルで、ともに40平方キロメートル台だ。大田区や世田谷区に次いで東京23区で3番目に広い。江西区も江戸川区も人口や面積という点ではよく似ているのだ。

さて漢江に面している江西区あたりの平均海抜は17、8メートルほどで、ソウルのなかでも比較的低い水準で、金浦空港の滑走路に関していえば12メートル程度だ。一方で江戸川区も東京で海抜が低い地域のひとつだ。さらに江戸川や荒川に囲まれるように位置している三角州地帯である。ソウルには漢江流域に10メートル以下のところがちらほら見られるが、海から離れているため、東京ほどに海抜が低いところは存在しない。ただし相対的に見て低地であることは、両者が共通する点だといえるだろう。

低地であれば、洪水も起こりやすいといえる。江戸川区の「水害ハザードマップ」を見ると、同区は陸地の7割以上が海抜マイナスやゼロ地帯を占めており、このような場所では平時でも川のほうが

④

③

高いところを流れている。江戸川区も含めて江東5区と呼ばれる墨田区、葛飾区、足立区、江東区も同様で、水害になればこの地域の人口の9割以上、250万人が浸水するという試算がはじきだされている。1947年のキャサリン台風では半月以上にわたって水浸しになった。

ソウルでは漢江の氾濫は古代から記録に残っているが、やはり流域に位置する江西区周辺も洪水が多かったようだ。地下鉄9号線には**陽川郷校**《ヤンチョンヒャンギョ》(**양천향교**)駅がある。この周辺はかつて京畿道**陽川縣**《ヤンチョンヒョン》(**양천현**)という地域の中心地であり、歴史的建造物でもある陽川郷校②という郷校(朝鮮時代の教育機関)が残されている。

この近くにある当時の役所、**陽川縣衙址**《ヤンチョンヒョナジ》(**양천현아지**)には郷土の歴史を描いた6コマ漫画が設置されており、その主人公は陽川に赴任した代官、「**陽川殿様**《ヤンチョンウォンニム》(**양천원님**)」である。代官がこの地を訪れると、土地が小さく洪水が多い場所だと嘆くのだが、実際には漢江の水運により集まる物資が豊富であった。そして食料の収穫も伸びたことで意外にも良い赴任地だったとわかり、離任する際にはこの地との別れを惜しむ。最後のひとコマには「陽川殿様は赴任するときに泣き、離れるときにも泣く」というセリフが書かれていた。余談ではあるが、これを見て日本人駐在員のあいだの「ソウルの二度泣き」という言葉を思い起こした。韓国赴任を命じられた当初は「都落ちだ」と嘆くも、住んでみると韓国の居心地の良さにどっぷりと浸り、帰国の際には再び泣く、というものだ。韓国で生活をしたことがある人ならきっと理解できる感覚であろう。

さてソウル地下鉄で最も西に位置する9号線**開花**《ケファ》(**개화**)駅からバスで15分ほどのところ、住所は金浦市になるが現代プレミアムアウトレット金浦店③がある。そのアウトレットモールのすぐ前には、仁川まで約18キロ続く京仁アラベッキル(**경인아라뱃길**)(旧・京仁運河)④が流れており、そこからは遊覧船にも乗ることができるなど、観光スポットになっている。この運河は洪水対策として漢江の水を海に逃がそうという考えから、陸地に水路を通そうという構想が古くからあり、朝鮮時代

⑤

⑥

にも掘削が行われたことがあるが、その都度頓挫していた。この運河が2012年になって完成。この運河の起点は漢江であり、江西区開花洞《ケファドン》（개화동）にあたる。

年齢が若く、ファミリー向けの区

地下鉄東西線の葛西駅を訪れると1985年に開館した地下鉄博物館があり、館内では東京の地下鉄の歴史、銀座線の車両の展示や運転シミュレーションコーナーがあるなど、子ども連れでにぎわっている。そんな葛西駅から東京湾のある南へと向かう都営バスに乗ると約15分のところに堀江団地、コーシャハイム南葛西⑤といった東京都住宅供給公社（ＪＫＫ）による団地があるほか、旧江戸川が東京湾に注ぎこむあたりには、なぎさニュータウンという分譲住宅がある。ゆったりとした街並みで、東京ベイエリアのなかでもわりと庶民的な住宅街といった印象だ。こうした江戸川区では子育ての環境が整っている。区内各所に「子育てひろば」という施設があり、未就学児が保護者とともに遊べるようになっている。一方で江西区では9号線加陽《カヤン》（가양）駅あたりの漢江沿いにもやはり大規模なアパート街⑥があり、水辺にある住宅街ということではなにかと共通点を感じる。

両区は比較的年齢が若い区であることも共通点だ。江戸川区は東京都のなかでも平均年齢が低いほうで、43・83歳（2020年）、一方で江西区は42・0歳（2019年）であり、ソウルの平均を下回る（ソウル平均は42・4歳、最も低いのが瑞草区で40・9歳、2019年）。ただ江戸川区は子育て環境がよいというイメージがある一方で、単身世帯の割合は40%を超えている。なかでも男性の未婚単身者の比率が高い。江西区は1人世帯が27・0%で、ソウルでは25区中9番目である。南隣の陽川区は20・1%でソウルでは最も単身世帯が少ない区である（ソウル市平均は30・1%、2016年）。ファミリー向けの区というと陽川区だが、江西区も比較的そういう場所だといえるのではないだろうか。また江西区はサラリーマンの所得も高い水準なのだが、航空・空港関

⑦

⑧

連の業務を行っている人が平均を押し上げているともいわれている。

開発が遅れたのは鉄道の便が理由か？

江西区も江戸川区も鉄道の便はあまりよいとはいえず、他の区に比べると開発が遅れた地域であり、江戸川区は「陸の孤島」とも評されてきた（もちろんこれは23区内で相対的なものであり、郊外の武蔵村山市には現在も多摩都市モノレールの駅しかない）。また麻谷洞⑦は１９９０年代まではほとんどが農地であり、ソウル最後の開発地であった。２０１９年夏時点でもソウル植物園の周辺には空き地があり、これから開発が行われるような印象も受けた。この麻谷地区には大企業のオフィスがやってきたり、30代が移り住むなど「麻谷はソウルで最も若く、活力に満ちた地」（朝鮮日報２０１８年５月１９日）とされている。江西区全体では必ずしもそうとはいえないが、遅めに開発が行われた場所であり、居住者の年齢が若めという点では、江戸川区と似ているといえるのではないだろうか。

このように開発が遅れたのは交通面に起因⑧するといえる。江戸川区の鉄道駅はＪＲでは区内の北の外れには小岩駅、少し離れたところには京成電鉄の小岩駅があり、さらに南の海岸近くには葛西臨海公園駅があるのみだ。地下鉄東西線の江戸川区内の駅は１９６９年に開業、さらに都営新宿線の船堀駅以東が開通したのは、１９８０年代に入ってのことである。こうした鉄道や地下鉄は都心に向かう路線のため、南北の移動が不便な点は練馬区、杉並区といった城西地区とも同様だ。例えば小岩駅から一之江駅や船堀駅、さらには葛西方面へと公共交通で移動する場合は主にバスを利用することとなる。

一方で江西区はどうだろうか。金浦空港駅には地下鉄５号線、９号線、そして空港鉄道が乗り入れているが、区内の地下鉄５号線が開通したのは１９９６年、９号線は２００９年のことであり、空港

鉄道が金浦空港駅からソウル駅まで延伸して全線開業したのは２０１０年である。なかでも5号線の麻谷駅は２００８年6月より営業を開始しており、麻谷洞のあたりは駅の開業によって開発が進んだ江西区のなかでも最も新しい町である。

さらに江西区の交通面をみてみよう。現状では地下鉄9号線を利用すれば江南圏にもアクセスしやすくなっており、交通の便は悪くはないようだ。しかし区内の東側は地下鉄路線が離れており、区内最大の繁華街もある**禾谷洞**《ファゴクドン》（화곡동）の江西区庁へは地下鉄ではなく、バスで移動することになる。とにかく江戸川区も、江西区も東京・ソウルの中心部からは離れている地域であって、交通の便がなかなか改善されにくかった場所だということも両区の共通点といえよう。

区内最大の町は小岩と禾谷洞

江戸川区の最大の繁華街はといえば、ＪＲ小岩駅周辺だろうか（新小岩駅は葛飾区である）。駅南口はロータリーになっていて、3方向に道が続くのだが、そのひとつがフラワーロードという名のアーケード街⑨で、１９２７年（昭和2年）に発足した歴史ある商店街だ。古き良き町の香りもする一方で、チェーン店などの新しいお店も入っている。線路脇の地蔵通りには昭和レトロな居酒屋街があるなど、ディープな一面も見られ、新旧が感じられる街である。北口にはイトーヨーカドーがあり、その裏にはワイズマートというスーパー、そして商店街がいくつかある街だが、この小岩ではコリアンタウンとまでは言い難いものの、韓国を感じさせる要素がある。「ＢＩＧ５」という韓国食材スーパー⑩や、セマウル食堂、そして何軒かの韓国スナック⑪がある。このあたりではフィリピン、中国系の店が入り混じるなど、外国人の住民も多い町である。

江西区庁がある**禾谷洞**《ファゴクドン》⑫という町は、70年代に地方から人が集まっており、区内のなかでも割と早くから開発された地域だ。江西区庁周辺には飲食店が密集しており、夜もにぎやかな繁華街⑬で、

⑫

⑬

区内でも中心となる商圏である。ただ江西区自体が半世紀にも満たないため、小岩の町にあるようなノスタルジックさまでは感じられない。地下鉄の駅からも離れている繁華街というのは特徴的なのだが、雰囲気としては永登浦駅周辺のカオスさよりもいくらか垢ぬけた繁華街である。また禾谷洞は全体的には住宅街であり、人口密度がかなり高い水準だ。ちなみに江戸川区役所は新小岩駅（葛飾区）と船堀駅の中間あたりに位置する。住所は江戸川区中央ではあるが、このあたりは行政の中心といった場所であり、病院などの施設はあるものの、中心街といった雰囲気ではない。

葛西臨海公園と江西生態公園

江戸川区の海岸沿いには**葛西臨海公園**⑭がある。駅前の道路を訪れるとヤシの木が並んでおり、南国をイメージしているのかのようだ。JR京葉線葛西臨海公園駅は高架駅になっており、その北側の臨海町二丁目にはロッテ葛西ゴルフがある。実はその敷地には2000年代初頭、東京ロッテワールドが建設される計画があった。アミューズメント施設のほか、ホテルの建設も予定していたが、結局立ち消えになったらしい。葛西臨海公園の隣の駅にあたるのは、ディズニーリゾートのある千葉県の浦安駅である。その目と鼻の先にロッテワールドを建設しようと考えるのは、まさに韓国らしい発想である。成功するお店がひとつ出てくると、その隣近所には似たような店が競うように集まってきて、同業街が形成されていくのを韓国ではよく目にする。

江西区には葛西臨海公園のように水族館や観覧車のある公園はないのだが、漢江沿いに位置する**江西漢江公園**は103万5千㎡で、約81万㎡の葛西臨海公園よりも広い敷地であり、麻浦区とを結ぶ加陽大橋から漢江沿いに8・5キロにも及ぶ（とはいえ、そのうち半分ほどはサイクリングロードのみ）。葛西臨海水族園はガラスドームになっているのだが、江西漢江公園からは少し離れた**麻谷洞**《マゴクトン》（마곡동）に2019年に正式オープンしたソウル植物園⑮もガラスドーム型である。広々とした敷地に建て

⑭

⑮

られた館内には熱帯植物が観覧できる大温室をはじめ、世界各国の植物が生育されている。ウォーターフロントに位置する植物園というと、荒川を挟んで隣の新木場駅にも近い江東区の夢の島熱帯植物館だが、ドーム型の施設としてはこれにも近いといえるだろうか。

さて江西区には開花山（１２５メートル）をはじめとした１００メートル級の山がいくつかあり、そのような場所はトレッキングコースなどが整備された公園となっている。ソウルの外れともいえる地域だけに市民の憩いの場が多い場所だ。江戸川区では前述した葛西臨海公園のほかにも、区内東部には戦時中には飛行場としても利用されたことがあり、江戸川区民祭りの会場にもなっている篠崎公園、その他にも公園が各所に点在しているのだが、実は23区内で最も公園の面積が大きい区であり、一人あたりの公園面積でも千代田区に次いで2位となっている。

インド人が多い西葛西

江戸川区や隣接する江東区にはインド人が多い。その理由としては２０００年前後にＩＴ技術者が来日するようになったからで、大手町や茅場町といったビジネス街へ通える場所に多く住んでいるというものだ。東西線の西葛西駅の周辺にはインド料理店や食材店が点在しており、インド人学校もこの町にある。ただ、特に観光地化されているわけでもないので、とりわけ目立っている様子もない。街に散らばっている程度であり、そういった意味では瑞草区のフランス人街であるソレマウルと似たようなものだといえる。

さてソウルでインド人が多い場所といえば、龍山区にある解放村にソウル市内唯一のヒンドゥー教の寺院がある。それは大きく目立つほどではないが、インド人がこの界隈に集まっているという。隣接する梨泰院にはイスラム寺院があるが、多国籍が進むなかでも、ヒンドゥー教は韓国でもまだあまり馴染みの薄い宗教のようだ。

江西区医療観光

江西区では金浦空港の近くにある江西路、空港大路一帯で医療観光を推進する動きがあり、このあたりを医療観光特区として指定。先端医療を受けられるものとして、国外からの患者を受け入れ、滞在期間に宿泊やショッピングなどの需要を狙ったものである。

こうした医療ツーリズムに関しての動きは羽田空港周辺にもある。滑走路や国際線ターミナル建設に伴い、使われなくなった「跡地」に先端技術の開発拠点、イベントホールや飲食施設などを誘致するもので、そこには先端医療研究センターも含まれている。また大田区に隣接する神奈川県川崎市でもメディカルツーリズムの誘致が進んでいる。これは羽田空港跡地にあたる大田区羽田空港二丁目と川崎市川崎区殿町三丁目をつなぐ連絡橋が２０２０年に完成することも影響しているようで、医療ツーリズムの専用病院を開設するという計画も存在する。

ちなみに**加陽洞**《カヤンドン》（가양동）には朝鮮時代の医学者である**許浚**《ホジュン》（허준：１５３９～１６１５）の名を冠した許浚博物館がある。許浚は朝鮮時代の１６１３年に刊行された医学書でユネスコ世界記録遺産にも登載された『**東医宝鑑**《トンイポグァン》（동의보감）』の著者でもあり、この博物館の屋外には薬草農園がある。その近くは**許浚テーマ通り**《ホジュンテーマコリ》（허준테마거리）⑯が形成されており、パネルなども設置されている。

外国人労働者も多く居住する工場街、国会議事堂のある汝矣島も

永登浦区《ヨンドゥンポグ》・九老区《クログ》・衿川区《クムチョング》＝大田区

汝矣島＝お台場

ソウル・東京を代表する工業地帯のある区

永登浦区《ヨンドゥンポグ》（영등포구）はソウルの南西に位置する区で、漢江に浮かぶパムソム（밤섬）という島と、**麻浦**《マポ》（마포）とを結ぶ渡し場の名に由来する。漢江よりも南に位置するこのあたりは、かつて京畿道始興郡（現在は始興市）に属していた。1899年には鉄道が通り、永登浦駅周辺には工場街ができていった。京城府（つまりソウル市）に編入されたのは日本統治時代の1936年のことである。その後、永登浦区となったのは解放後の1946年のことである。永登浦区のなかでも主要な永登浦駅は現在も地下鉄1号線（京仁線）や、京釜線KTXが通る駅である。

さて永登浦区は大田区との共通点が見られるのだが、以下ではその理由を説明していこう。大田区は、大森区が蒲田区を1947年に編入した際に両区の名前をとって命名された（ちなみに韓国にも**大田**《テジョン》（대전）という都市が存在するが、こちらはハンバッ（한밭）という広々とした畑が由来である）。現在の大田区のあたりは江戸時代は東海道の街道沿いに位置していたため、人々の往来が多かった地域である。現在でも大森や蒲田には東海道本線が通っており、新幹線の駅はないものの交通の要衝といえるという点では、永登浦駅あたりと共通するといえるかもしれない。ちなみに大田区内には高級住宅街としても有名な田園調布、雪谷、久が原などがあるほか、蒲田あたりには町工場も多く下町の香りが漂ってくる。旧大森区は山の手で、旧蒲田区は下町であり、異なる特色が混在している場所だともいわれる。

東京都大田区から川崎、横浜にかけて京浜工業地帯が続いているように、ソウル市内やその周縁部、

そして仁川にかけては京仁《キョンイン》（경인）工業地帯と呼ばれる韓国最大の工業地帯である。京仁の「京」は京城のことであるから、京浜と京仁はなんとなく似ている。これはソウル北隣の議政府市のほか、南側に位置する安養《アニャン》（안양）、城南《ソンナム》（성남）、水原《スウォン》（수원）、さらには仁川の隣の富川《プチョン》（부천）まで含まれているため、後者のほうが広範囲に広がっているといえる。東京でいうならば、埼玉や千葉にまで及ぶといったところであろうか。

なかでもソウル南西部にあたる永登浦区をはじめ、九老区《クログ》（구로구）、衿川区《クムチョング》（금천구）一帯はソウル市を代表する工業地帯だ。そのためこれらの区を一帯として考えたいのだが、もともと永登浦区から分離・独立する形で成立している。1980年に九老区は永登浦区から、1995年には衿川区が九老区から分離する形で発足している。

そのほかこの3区は外国人比率がソウル25区のなかでも最も高い割合にあり、特に永登浦区の大林洞《デリムドン》（대림동）や、九老区の加里峰洞《ガリボンドン》（가리봉동）は、主に中国東北部の朝鮮族をはじめ、そのほか中国系の人々が多く住んでいることも共通している点だ。

ちなみに3区の人口を見てみると、永登浦区は約41万人、九老区の人口は約43・6万人、衿川区は25万人なのに対して、大田区の人口は74万人なので、ソウルの3区が多い規模にはなる。面積で見ると大田区は東京23区のなかで最も広い60・83平方キロメートルである。永登浦区が24・55平方キロメートル、九老区が20・12平方キロメートル、衿川区が13・02平方キロメートルで、ざっと計算しても3区を合わせた数がほぼ同程度となっている。人口密度としては九老区が1平方キロメートルあたり約2万1千7百人と最も高く、これは東京で豊島区の次あたりに高い水準の荒川区や中野区並みである。人口の差こそはあるものの、面積ではほぼ同程度になり、工業が盛んな地域という特性からしても、この3区は大田区に似ている、といえるのではないだろうか。

①

②

九老区・衿川区の地名と川

さて永登浦区以外の2区にも触れておこう。永登浦区の西南に隣接する九老区だが、この「**九老**《クロ》（구로）」という地名の由来は、九人の賢い老人が長生きしたという伝説に由来するといわれるが、他にも沼地や谷など、このあたりの地形を表す古語からきているという説もある。さて大田区にも数字が含まれた地名がある。それは千束《せんぞく》である。東急大井町線には北千束駅があるほか、北千束、南千束という町名が存在する。これは、このあたりの田んぼで千束分の稲が免租されていたことに由来する。また目黒区には「洗足」という地名があり、東急目黒線の駅名にもなっているが、千束と洗足の地名の由来は同じであり、「日蓮が池上に向かう途中、ここの大池で足を洗ったという伝説によるもの（目黒区ホームページ）」とされている。いずれも伝説に由来するという点では共通している。

そして**衿川区**《クムチョング》（금천구）は、ソウルの南西の端に位置しており、中区に次いでソウル25区で2番目に面積が小さい区である。この地域は古くから衿川、衿州、衿陽などと呼ばれてきた地域であった。そして西側には漢江に注がれる**安養川**《アニャンチョン》（안양천）が流れており、九老区を貫通するように進み、永登浦区と江西区のあいだから漢江に注ぐ。大田区では都県境にあたる西から南へと多摩川が流れており、羽田空港の先で東京湾に注がれる。京急蒲田や大森南、東糀谷のあたりには、世田谷区の桜新町あたりを水源とする呑川《のみかわ》という川が流れているが、これをこのあたりで例えるならば、九老区と永登浦区の間を流れる**道林川**《ドリムチョン》（도림천）といったところだろうか。

永登浦駅は、蒲田駅のような場所

永登浦《ヨンドゥンポ》（영등포）区の中心街は、永登浦駅周辺だ。永登浦駅①は１８９９年の京仁線（現地下鉄１号線）の開通とともに開業した歴史ある駅で、１９１２年に朝鮮皮革工場ができて以来、工業化が進展した。１９３６年には永登浦駅が京釜線に編入。そのころには紡績工場を中心にした工場街となり、

永登浦駅周辺では鐘紡や東洋紡績、大日本紡績や、京城紡績といった企業が工場を操業。現在の文来洞（後述）あたりは「糸屋町」と呼ばれていた。紡績工場以外にも機械やレンガ、食品、ビールなど様々な工場があった。産業構造が変わった今では再開発がされ、工場は減ったが、当時の原形を残しつつ２０１３年まで操業していた小麦粉工場、**テソン製粉《テソンチェブン》**（대선제분）の建物が残る。永登浦駅近くの工場街には鉄鋼などの資材が積まれているのを目にするほどで、今でも「漢江の奇跡」と呼ばれる韓国の高度成長を支えた町工場が集まっている。

現在の永登浦駅の駅ビルにはロッテ百貨店があり、駅前は新世界百貨店、そして**ＴＩＭＥＳ ＳＱＵＡＲＥ**（타임스퀘어）②といった大型商業施設があり、さらには地下街が発達している。駅周辺③は居酒屋のような飲食店やカラオケ店などがひしめき合う、垢ぬけない雰囲気も感じられる繁華街だ。駅から少し離れると、野菜を道端に広げて売っている露天商もいるなど、地元感ある市場が集まっているような地域である。

また永登浦駅近くの複合商業施設ＴＩＭＥＳ ＳＱＵＡＲＥ裏には飾り窓の集娼街がある。かつての清涼里や龍山と同様、主要駅近くにあるという意味では、集娼街のパターンとしてはかなり典型的だともいえる。しかし２０２０年秋にはそのほとんどが廃業し、11月中旬時点では一軒だけがピンク色の明かりを灯していたという。

そんな永登浦駅周辺になんとなく雰囲気が似ているのは、京浜工業地帯の一角に位置している蒲田駅④ではないだろうか。ＪＲ蒲田駅前にいるとホームからは発車メロディの「蒲田行進曲」がリズミカルに流れてくる。この駅からは東急多摩川線も発着しており、それぞれ大田区内では乗客数が最も多い駅だ。グランデュオ蒲田や、東急プラザといった百貨店があり、駅の周りには西口、東口ともにアーケードを有する商店街もある。また飲食店街⑤⑥は一説によると、その数は新宿駅一帯に匹敵するほどだと言われているほどだ。永登浦のＴＩＭＥＳ ＳＱＵＡＲＥ裏手には集娼街があるが、

蒲田駅周辺にもちらほら風俗店があることからしても町全体的の雰囲気からすれば、それに近いものを感じる。

ただ東急線のガード下には、昭和レトロなおしゃれ感が漂う。そこは「バーボンロード」⑦という名の飲み屋街になっており、それぞれのお店は個性的である。それと同じ通りには平壌冷麺をルーツとする盛岡冷麺の元祖を引き継ぐ「平壌冷麺食道園」という店がある。日本風のキムチが入った肉ダシのスープのなかに、ジャガイモでん粉で作られた麺が入っており、ほどよい噛み心地の本格冷麺が味わえるのだが、この冷麺もいちどは口にしていただきたい。

工場街にアートの文来洞、大森や糀谷の工場街

永登浦駅の西側に位置する**文来洞**《ムルレドン》（문래동）の町工場街⑧は、近年「文来洞芸術創作村」としてひそかに人気を集めている。韓国の経済成長を支えた鉄鋼業を中心とする工場街に芸術家たちが価値を見出してやってくるようになり、この鉄工所街を歩いてみるとシャッターや工場の壁に絵が描かれていたり、街にはオブジェが置かれていたりと、アーティスティックな要素⑨がちりばめられている。本来は住民や関連業者しか訪れないような場所だったはずだが、近年はカフェやレストランが増えている。

文来洞あたり、なかでもアートが描かれた文来洞3街は、工場街といえるような場所⑩だが、近くには住居や大型スーパ⑪があるなど、住工が混在する場所でもある。これを蒲田周辺でいうならば、京急蒲田駅よりも東側の呑川沿い、大森や糀谷あたりに相当する場所といえるのではないだろうか。見た目では文来洞のほうが工場街らしいのだが、とくに呑川の河口あたりには工場街や倉庫が集まっている。

大田区のなかで工場専用地域といえば、騒音や公害などが懸念され、住居とは共存できないような

⑩

⑪

業種だ。そういった工場は羽田空港周辺の埋め立て地である城南島、昭和島や京浜島あたりに集められている。

「地獄鉄」の新道林駅と山の手の大森駅周辺

地下鉄1号線は東大門、鍾路といったソウルの都心部を抜け、ソウル駅以南は地上にあがり、KORAIL京釜線の線路を走っていく。永登浦駅を過ぎると、次の駅は**新道林**《シンドリム》（신도림）駅になる。永登浦駅を蒲田駅と考えるならば、都心からの順序は逆になるが、大森駅あたりではないだろうか。新道林駅はKORAILの鉄道駅としては意外にも1日の乗降客数が最も多く、1日30万人に達する。とはいえ、地下鉄2号線との乗り換えがほとんどで、通勤ラッシュが起きることから、「**地獄鉄**《チオクチョル》（지옥철）」とも呼ばれているという。

すぐそばを流れる道林川にはかつて生活排水が流れ、付近には悪臭が漂っていた。そういった場所ではあったのだが、近年は遊歩道ができるまでに大きく改善され、近隣のアパート価格が上昇し、江南4区にも匹敵する水準となった。また、駅の周辺にはそういったアパートが立ち並び⑫、駅北側にあるシェラトンソウルDキューブシティホテル、そして現代百貨店はその建物の形からしても現代的でおしゃれな雰囲気がある。南側には放射状に整備された野外舞台のほか、テクノマートという電気商店街のビルがある。

大田区内で蒲田駅に次いで乗降客数が多いのは、隣にあたる大森駅である。ここは京浜東北線のみが停車する駅で、乗換駅の新道林駅とは性質が異なる。しかしJRの単独駅としては1日の乗降客数が最も多い水準の駅であり、2019年基準で1日平均9万8796人である（この年の1位は三鷹市の三鷹駅である）。ただ新道林駅と大森駅の雰囲気はそれほど似ているものではない。前述のように大森は山の手であり、工業地帯という泥臭い雰囲気の場所ではない。大森駅東口を見ると、乗降客

がそれなりに多い駅らしく、駅前がロータリーとして整っており、ここから路線バスが発着する。ボートレース平和島へのバスもここから発着する。駅ビルにはアトレ大森、上階では東横インが営業している。

一方で西口の前は片側1車線の池上通りが通っており、昭和の香りこそする昔ながらのアーケード街に商店が軒を連ねている。駅の向かい側には八景坂という坂があり、その上に八景天祖神社がある。かつてはこの坂の上からは大森海岸や、房総までを望んだという。その裏手は大田区の高級住宅街として知られる山王で、邸宅が建ち並んでいる。

駅から北へ数百メートル歩いたJRの線路際には、考古学者のモースが列車の車窓から発見したという大森貝塚があり、そこには石碑が建っているのだが、この場所の住所は品川区である。

鉄道が分岐する駅と商圏

大田区では大森駅や蒲田駅周辺に商圏がある以外は、小さく分散されている傾向にある。それにはその鉄道網も影響しているだろう。東側は東京モノレール、京浜急行が走り、JRの線路から西側は東急沿線だ。しかも池上線、多摩川線、大井町線、目黒線の線路が区内の北西部を張り巡らせているのだが、核となる駅は見当たらない。

永登浦区内には永登浦駅、隣の新道林駅とわりと大きな駅が続くが、その次の駅が九老駅で、京仁線と京釜線が分岐する駅だ。大田区で鉄道が分岐するとなると、目黒区との境の大岡山駅や多摩川駅、そして京急空港線と分岐する京急蒲田駅が挙げられるが、駅周辺はそれほど目立った存在ではない。さて電車に乗って九老駅に近づくと、駅前にある大きなビルが見えてくる。ここには駅と接続する形で「AKプラザ」という商業施設があり、ソウル西南部の中心的なショッピングの場であった。しかし周辺の駅にデパートや商業施設が増えたことにより、業績が悪化したため、2019年8月に九老

⑬

区での27年の歴史に幕を閉じた。

高尺スカイドームと大田スタジアム

２０１５年には韓国初のドーム球場が九老区内に完成した。その名を「**高尺**《コチョク》（고척）スカイドーム」⑬という。最寄りの**九一**《クイル》（구일）駅のホームから見える位置にある。２０１９年からキウム証券がメインスポンサーとなったキウムヒーローズ（旧・ネクセンヒーローズ）がここを本拠地としている。高尺スカイドームの固定座席数は約1万6千人であり、日本のプロ野球開催球場に比べるとだいぶ少ない。また多目的スタジアムとして、コンサートなども行われるため、K－POPファンのなかには日本から訪れたことがある人も多いだろう。

一方で大田区にある球場といえば、品川区との境に位置する大田スタジアムである。両翼が97・6メートル、収容人数が約３３００人と狭いため、アマチュアの試合がほとんどだが、まれにプロ野球の２軍がゲームを行うことがある。

温水駅はかつて温泉があった？

九老区の**安養川**《アニャンチョン》（안양천）を渡り、京仁線と地下鉄7号線が交差する場所は、**温水**《オンス》（온수）駅である。なにか温泉でもあるような地名で過去には何度か調査が行われたが、結局見つかっていないようだ。より温泉らしい駅名は、京畿道安山市にある地下鉄4号線の新吉温泉駅だ。こちらも温泉の計画があったらしいが、いずれも名前だけが残っている。目黒区の東急東横線の駅である学芸大学駅や都立大学駅近くに同名の大学がないのと同じようなものか。ただこちらは移転する以前には存在したのだが……（その意味では練馬区の大泉学園駅のほうが近いか？）。

さて大田区には温浴施設や銭湯が20軒ほどあり、これは都内でも最大の数を誇る。このあたりから

⑮

⑭

湧き出る25度以下の温泉は太古の海水ともいわれており、黒褐色で「黒湯」と呼ばれている。温泉施設はもちろん、このあたりの銭湯でもそのお湯を楽しむことができる。蒲田駅近くにある昭和4年創業の改正湯《かいせいゆ》は、世界唯一ともいわれる黒湯の炭酸泉であり、壁に取り付けられた水槽には金魚が泳いでいる。また天然温泉平和島は、平和島競艇場の隣に位置する温泉施設で、羽田空港へのシャトルバスが運行されている。区内には他にも特徴的な銭湯があり、ちょっとした銭湯巡りにこのあたりを訪れてもよいだろう。

永登浦区他2区の外国人比率は7%、大田区は？

永登浦区はソウルのなかで最も外国人住民の割合が高い自治体であり、7・5%近くに達する。隣接する九老区や、その南の衿川区もそれぞれ7%前後である。これは永登浦や旧九老公団のような工場街で働く外国人が定住したり、新たな外国人が押し寄せてくることが理由である。永登浦区の**新吉洞**《シンギルドン》（신길동）あたりはそのような外国人が多く暮らす住宅街であるのだが、「外国人の町」として目に見えてわかるのは、永登浦区**大林洞**《デリムドン》（대림동）や、**九老区加里峰洞**《ガリボンドン》（가리봉동）⑭である。前者のなかでも大林2洞には、住民登録人口以上に外国人が暮らしているというデータもあり、後者も町全体で外国人が半数を占めている（大林洞について、詳しくは冠岳区の項でも触れており、足立区竹の塚のようなところも見られると述べる）。この二つの町には朝鮮族や中国人が多く暮らしている。朝鮮族とは日本の支配から逃れたり、朝鮮戦争期に半島から逃れて中国東北部に移り住んだ韓国系中国人だ。

大林洞や加里峰洞を例えるならば、埼玉県のJR西川口駅周辺がそれに近いといえるのではないだろうか（大林洞については冠岳区の項でも改めて触れる）。池袋駅北口のチャイナタウンに例えるのでは、位置的にも都心すぎる。西川口駅周辺には風俗店が多いというイメージが強かったが、石原慎太

⑯

⑰

郎都知事（当時）による歌舞伎町浄化などの流れを受け、２００４年以降に埼玉県警が駅周辺の違法風俗店の摘発を進めたことにより、入れ替わるようにして中華系のお店が入り、チャイナタウン化が進んだ。

ちなみに大田区の外国人比率は３・４％であり、東京都の平均よりは低い水準だ。しかし羽田空港に国際線ターミナルができたことにより、とくに蒲田周辺に外国人の移住が増えているといい、そのなかでもフィリピン人が比較的多いといわれる（最も多いのは足立区の竹の塚）。実際に蒲田駅周辺を歩いてみると、アジア系の飲食店や食材店もちらほらと見られる。外国人比率が低い水準なのは、大田区の町工場街が外国人を受け入れて発展してきたわけではないためだが、最近ではベトナムからの技能実習生を受け入れているところもあるようだ。

九老デジタル団地と加山デジタル団地

九老区あたりの地下鉄の路線図を見てみると、２号線には**九老デジタル団地駅**⑮、わりと近くに１号線の加山デジタル団地駅という名前が目にとまるだろう。とくに九老デジタル団地は当初は「**九老公団**《クロコンダン》（구로공단）」という名前で１９６７年に造成され、ソウル最大の工業団地としてその名を轟かせた。また韓国の発展を支えた、輸出工場街だったのである。そのなかでは低賃金で過酷な労働を余儀なくされた人たちも多かった。駅名も当初は九老公団駅だったが、イメージ上の理由や、ＩＴやファッションへの産業の変化が進んだことなどから、２００４年に九老デジタル団地に改称されている。

一方で加山デジタル団地駅は衿川区に位置する。当初は**加里峰**《ガリボン》（가리봉）駅と呼ばれていたが、こちらも２００５年に加山デジタル団地駅に改称された。駅の西側が大規模な団地街となっている。団地といっても単に住居としてのアパート団地ではなく、比較的新しく洗練されたビルディング⑯で

ある。駅の東側にある大通りで、環状線の南部循環路を渡るとすぐに九老区となり、前述した加里峰洞の市場街⑰を挟むと、そこは九老デジタル団地である。二つの駅がある路線は異なるが、この周辺は工業とともに発展してきた街だといえる。

東急多摩川線の下丸子、矢口といったあたりの多摩川沿いにも工場や倉庫が集まっている。下丸子にはキヤノンの本社があり、一方ニコンの本社は港区港南に位置しているが、これらのメーカーのカメラは韓国で高いシェアを誇っている。また「100人乗っても大丈夫」のCMでおなじみのイナバ物置の会社、稲葉製作所の本社も矢口にある。衿川区の**禿山**《トクサン》（독산）駅から西側に入っていくと、こちらも住宅地に町工場街があり、ここは九老工業団地を支える中小の製造業者のほか、自動車修理業などの事業所が集まっている。その雰囲気は下丸子の工場・倉庫街にも似ていると感じた。そのなかでも古い印刷工場を改造した**衿川芸術工場**《クムチョンイェスルコンジャン》（금천예술공장）⑱は住居兼スタジオになり、作家たちが入居するなどして創作活動が行われている。過去には日本のチームラボ（Ｔｅａｍ Ｌａｂ）がここでイベントを行ったことがある。ここだけに限らず、廃工場や老朽化した工場はこのようにリモデリングされて新たな形で活用されている。大田区の町工場街では、高齢化した経営者の後継が不足しているという問題もあるが、韓国のように建物などのハード面を別のものとして引き継ぐことも考えられるだろう。

汝矣島＝お台場（江東区・港区・品川区）

汝矣島⑲は漢江の中州にある島だ。韓国では面積を表すときに「汝矣島の何個分」という形で表現するので、東京ドーム（０・０４７平方キロメートル）と同じように広さの基準となる場所である。その面積はどのくらいかというと、複数の基準がある。河川や近くのパムソム（밤섬）という中州を含めた汝矣島洞全体では８・４平方キロメートルだ。堤防の内側部分だけであれば２・９平方キロメー

㉑

㉒

トル、堤防外側の漢江公園⑳まで含めると4・5平方キロメートルである。このように複数の基準が存在して曖昧になっていたが、2012年に韓国の国土部が2・9平方キロメートルと定めてこれに統一するとした。

汝矣島にはかつて飛行場があった。建設されたのは1916年のことである。解放後には金浦空港にその機能が移ったが、1971年までは空軍基地として使用されていた。しかしながら、しばしば水害に見舞われていた。飛行場が廃止されてからは1975年には**国会議事堂**㉑、1979年には韓国証券取引所が建設され、汝矣島は政治経済の中心地となる。日本の国会議事堂がある千代田区永田町や、証券会社が多い中央区日本橋茅場町の要素をあわせもっている。

さらに1983年に建設された地上60階、地下3階からなる**63**《ユクサム》**ビルディング**《ビルディング》（육삼빌딩）㉒は249メートルで、一時期は韓国で最も高いビルであった。ちなみに1978年に開業したのが豊島区東池袋サンシャイン60であり、その高さは239・7mで、アジアで最も高いビルであったが、63ビルが開業したことにより、その地位を明け渡した。

そんな汝矣島は韓国の桜の名所㉓でもある。国会議事堂のまわりには桜の木があり、春になるとたくさんの花見客でにぎわうのだが、その道を「**輪中路**《ユンジュンノ》（윤중로）」という（行政上の道路名は「**汝矣西路**《ヨイソロ》（여의서로）」）。桜の開花を知らせるニュースでは必ずこの地名を聞くほど有名だが、これは日本語の「輪中堤《わじゅうてい》」に由来するものだ。漢江の洪水対策として、先にも述べた堤防を作ったことによる。

汝矣島には永田町や茅場町のような主要施設があるとはいえ、雰囲気としてはお台場のようなものかもしれない。「お台場」といわれる場所は港区台場、品川区東八潮、江東区青海のあたりを指す。お台場とはペリー来航のあとに江戸の防衛のために砲台を置いた場所をいい、全部で第6台場まで築かれたが、現在残っているのは第3、第6のみである。お台場には汝矣島のような主要機関は置かれ

㉓

㉔

ておらず、その点は異なるが、共通点といえばテレビ局の存在である。汝矣島には韓国放送公社（KBS）があるが、港区台場はフジテレビの社屋がある。そのほかにはお台場海浜公園や、ダイバーシティ東京、アクアシティお台場などの商業施設があり、パレットタウンには観覧車がある。余暇を過ごす場としては共通するだろうか。しかし、汝矣島にある公園はともかく、近年までビジネス街としての印象が強い場所だった。2012年にソウル国際金融センターのある**IFCモール**㉔が開業してから、週末に訪れる場所という認識が高まったようだ。このIFCモールは汝矣島駅と直結しており、ファストファッションやスポーツブランドなど様々なブランドが入っており、映画館、レストラン街などがあり、週末も多くの買い物客でにぎわっている。

羽田空港＝金浦空港、かつての汝矣島は飛行場

前述のように汝矣島には空港があったが、現在の永登浦区にはない。大田区にある羽田空港と対応する存在といえば、江西区にある金浦国際空港であろう。汝矣島から金浦空港までは地下鉄5号線、9号線で乗り換えずにいけるほか、永登浦区庁駅からは地下鉄5号線で約20分であり、空港に比較的近い場所だ。大田区の場合は京急蒲田駅から羽田空港までは約10分であるのだが……。

さて羽田空港の国際線は2010年までは中国や韓国などの東アジアへの便が中心だったが、新しい国際線ターミナル（第3ターミナル）が開業したあとは、サンフランシスコやハワイのほか、パリやロンドンへの便も就航している。一方金浦空港は、というと国内線と国際線の2つのターミナルがあり、国際線は中国や台湾、日本への路線で占められている。羽田空港も金浦空港もソウル、東京都心部へのアクセスは便利であるため、仁川空港や成田空港から出発するよりも航空券が高い傾向にある点では共通する。

①

②

鷺梁津水産市場があり、公務員予備校もある街、国立ソウル顕忠院も所在

銅雀区《トンジャク》＝墨田区

銅雀津と漢江の中州・ノドゥル島

銅雀《トンジャク》（동작）区は1980年に冠岳区から独立して誕生した区ではあるが、この地域自体は早い段階からソウルに編入された場所で1973年以前は永登浦区に属していた地区が多い。「銅雀」という地名は、漢江の渡し場である「トンジェギナル（동재기나루）」、これを漢字の地名でいうならば「銅雀津《トンジャクジン》（동작진）」である。この渡し場の位置を示す石碑は、世界一長い噴水橋としてギネスブックにも掲載された盤浦大橋（月光レインボー噴水）のある盤浦漢江公園内（瑞草区盤浦洞）に置かれている。水原や果川方面と都を行き来する人たちが、この渡し場を利用したのである。

そして現在の銅雀区内に位置するかつての渡し場は「ノドゥルナル（노들나루）」という。「ノドゥル」の名はシラサギがよく飛んできたことに由来するといい、これは現在、水産市場があることでも有名な「鷺梁津《ノリャンジン》（노량진）」にあたる。また現在もなお漢江大橋①の真ん中には「ノドゥル島《ノドゥルソム》（노들섬）」②という中州があるのだが、ここは日本統治時代に中之島と呼ばれていた場所である。近年再び整備されて公園化し、2019年9月に開場した。漢江大橋の真ん中に建物が建っており、ライブが行われる公演場や、海苔巻きやピザなどの飲食店や、ブックカフェなどもここにあり、汝矣島の63ビルはもちろん、南山やNソウルタワーを見渡せる。ただしこちらの住所は龍山区二村洞にあたる。

川と鉄道の結びつきは？　銅雀区と墨田区

さて鷺梁津駅③は、1899年に韓国最初の鉄道である京仁線のターミナル駅であり、韓国にお

ける「鉄道始発地」である。その後に漢江の北側となる龍山とを結ぶ漢江大橋ができたことでソウルの中心へとつながり、交通の要衝となった。鉄道は京仁線だけでなく、のちに釜山とを結ぶ京釜線も通るようになる。先にも述べたように、渡し場としても漢江との結びつきが強い町である。

漢江の渡し場は川沿いであればいくつもあるが、どこの区に例えるかは鉄道がひとつのキーポイントとなるだろう。京仁線という主要路線にあたる路線はどこだろうか。仁川には中華街があり、横浜にも例えられるが、国際空港があるという意味では千葉だろう。すると総武線や東海道本線、京浜東北線あたりが候補にあがってくる。少し都心部から離れた場所といえるのは、総武線であれば墨田区、江戸川区に駅が2駅あり（台東区、葛飾区には1駅ずつ）、東海道線の場合は港区、京浜東北線の場合は港区、品川区、大田区であろう。ここからは消去法になるのだが、港区、品川区は漢江の北側で当てはめ、工場が多い大田区は、銅雀区のお隣にあたる永登浦区ほか2区とした。江戸川区は江西区としたため、墨田区が残ってくる。

墨田区の西は隅田川が、北から東にかけては荒川が流れており、区自体が三角州になっている。そして総武線は、三鷹や新宿、御茶ノ水を通り千葉方面とを結ぶが、総武本線の当初の起点は隅田川の東岸にあたる墨田区の両国駅だった。当初京仁線の始発駅だった鷺梁津駅も漢江の南岸であり、その後ソウル駅まで延伸された点では共通点が感じられる。

墨田区は下町だがモノづくりが強い街

銅雀区の人口は約40万5千人、面積は16・35平方キロメートル。墨田区の人口は約27万1千人と少ないが、一方で面積は13・77平方キロメートルであり、墨田区のほうが若干小さい。

銅雀区の隣である九老区の工業団地にも近い区内の**新大方洞**《シンデバン》（신대방동）④あたりには工場があるというが、大半は住宅街である。墨田区は城東地区に位置する下町として住宅も多いのだが、「もの

づくりの町」と謳っているほどで、製造業の家族従事者の割合は荒川区や台東区とともに高い。そういった点でのスペックは大きく異なっている。

　さて墨田区の工業の歴史について少し触れておこう。明治期には家内工業からの発展、地主らによる大工場誘致の結果、工場が増えていった。カネボウの当初の社名である鐘淵紡績は、墨田区鐘ヶ淵で創業したことによる（日本統治時代には銅雀区の隣である永登浦にも工場があった）。１９２３年の関東大震災による焼失によって大企業は郊外へ移転が進み、昭和からは中小企業が中心となる。第２次世界大戦期には軍需工業化が進んだこともあってか、１９４５年の東京大空襲では一晩で甚大な被害を受け、６万人を超える死傷者を出した。余談であるが１９８５年に出版された小説でのちにアニメーション映画化された『うしろの正面だあれ』は、作者である海老名香葉子の幼い頃を描いた作品である。彼女は墨田区の本所出身であり、沼津への疎開中に空襲によって家族６人を失ったことで戦災孤児となった。終戦後に焼け跡の本所を訪ねて泣いていたとき、彼女の頭の中には「うしろの正面だあれ」という声が聞こえるのだが、振り向いても誰もおらず、廃墟が広がるばかりである。もちろんそれは本所に限ったことではなく、空襲によって東京の下町は同じように焼け野原になった。戦後も墨田区には工場が増えていったが、都市化が進むにつれて大工場は移転。現在もなお墨田区は中小の製造業が多い町である。

　そういった点に関しては製靴業の町工場が多い城東区、鉄工場が多い永登浦区を連想する（後者は京浜工業地帯のある大田区を当てはめている）。しかし銅雀区が荒川区に例えられるかというと、交通面をみたときにはそうともいえない。城東区は駅ビルにもなっている往十里駅があり、ここには複数の路線が乗り入れる駅があるが、墨田区や銅雀区にはそういった中心となる駅が見当たらない。銅雀区では瑞草区の境目にあたる**總神大入口**《チョンシンディプク》（**梨水**《イス》）（총신대입구／이수）駅⑤や**舎堂**《サダン》（사당）駅に地下鉄が２路線交差するくらいである。

⑥

⑦

銅雀区のそのほかの特徴としては中央大学校、崇実大学校、キリスト教系の総神大学校といった大学がある。しかし墨田区には大学の本部がひとつも置かれていないため、その点では異なっている。

交通面では多様な路線がある区

さて先に少し触れた交通面でももう少し詳しくみていきたい。銅雀区の北部にはKORAIL鷺梁津駅があるほか、漢江沿いに地下鉄9号線が、中央あたりには地下鉄7号線が通っている。また2号線の新大方駅、**舎堂駅**は、南隣の冠岳区との境界線あたりに位置している。地図をみると南北の路線がないことがよくわかる。

一方で墨田区は南にはJR総武線が通っているほか、東武伊勢崎線、東武亀戸線、京成押上線、そして東京メトロ半蔵門線といった路線が通っている。また半蔵門線の押上（スカイツリー前）駅から錦糸町、江東区内を通る。そして中央区の水天宮前までの区間は2003年に開業した区間である。区内北部は東武伊勢崎線が南北を走っているが、半蔵門線の全線開通の際に東武線との乗り入れも開始されたことで南北の移動がしやすくなった。

鷺梁津駅＝新橋駅、ともに水産市場の歴史

銅雀区のなかで外国人客が訪れる有名な場所といえば、**鷺梁津水産市場**《ノリャンジンスサンシジャン》（노량진수산시장）⑥⑦であろう。隣接する鷺梁津駅が、韓国最初の鉄道のターミナル駅だったことからは、日本最初の鉄道が1872年に開通した新橋駅（旧・新橋停車場）を思わせる。ちなみに現在の新橋駅は港区に位置している。当初開業した新橋停車場はターミナル駅としての機能が東京駅に移ったあとに、汐留駅と改称して貨物駅となった。そこから築地市場内にある芝浦駅や東京市場駅へと線路が伸びていたのである。そんな旧・新橋停車場は、鷺梁津駅とともに水産市場が近いという点は共通点である。そして両

⑧

⑨

国最初の鉄道もこの二つの駅から始まっているのである。

中央区の築地市場は2018年に豊洲市場へと移ったが、鷺梁津水産市場も建物の老朽化によって、2016年から隣にできた新たな建物に移転している。しかしながら築地市場と同様に移転反対の動きがあり、一部のお店は旧市場での営業を続けていたが、2019年までに完全に移転が完了した。

鷺梁津水産市場にはそれぞれのお店ごとに青い水槽がずらりと並んでいる。観光客が買う時には水槽から魚を取り出してもらい、その場でさばいてもらって、食堂に持ち込んで刺身やあら鍋を頂くことができるシステムになっている。これまでヒラメやタイなどの白身魚の一点盛りが主流だったが、近年ではサーモンやブリといった刺身も食べるようになり、盛り合わせも目立つようになってきた。築地市場や移転した豊洲市場ではそのようにその場で買った食堂に持ち込むことはできないが、築地場外市場では寿司や海鮮丼はもちろん、魚以外にも多様なグルメを味わうことができ、魚河岸から引き継がれた江戸の情緒が感じられる場所である。

鷺梁津と両国は「予備校」の町で共通

鷺梁津といえば、水産市場とともに、公務員試験の予備校街⑧としても知られており、予備校とともに受験生のための簡易的な住居である**考試院**《コシウォン》（고시원）が多い。駅前近くの歩道には「コップパプ（컵밥）」と呼ばれるカップに入ったご飯を中心に手頃な値段で買える屋台が並んでおり、「**カップ飯通り**（컵밥거리）」⑨と呼ばれている。キムチ炒飯の上に卵やスパムなどをトッピングすることが多く、安くおなかを満たせることから受験生たちに親しまれている。露天商浄化の流れで一度撤去されてリニューアルされたあとは、女性ウケするお菓子のようなものまで登場した。

墨田区に本部があった予備校といえば、両国予備校である。全寮制のスパルタ教育で知られ、80〜90年代に勢力を伸ばしていた。電車の広告や、屋外広告をよく目にしていたし、かつてはテレビCM

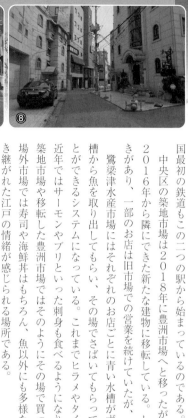

まで流れていたのだが、少子化や他社のあおりを受けて、２００５年に閉校している。

両国国技館はテコンドー開催の国技院

墨田区を代表する観光地といえば、押上にある地上６３４メートルの東京スカイツリーである。この６３４メートルという数字は、東京、埼玉と神奈川の一部が「武蔵国」と呼ばれていたことにちなむ。スカイツリーの下には「東京ソラマチ」という名の商業施設には「新しい下町」というコンセプトのもとで３００店舗以上が入っており、どことなく古風な雰囲気も醸し出されていて、歩いているだけでも楽しい。また国内外でも人気のキャラクターショップが多い。ここには水族館やプラネタリウムもある。またスカイツリータウンにはＷＥＢテレビやラジオの公開放送で使えるスタジオもある。詳しくは松坡区の項目でも触れるが、スカイツリーの高さからすると、５５５メートルのロッテワールドタワーが近い存在である。こちらはタワーというよりもビルなのだが……。

さてもうひとつの観光名所を挙げるなら、両国国技館⑩である。日本の国技である大相撲が行われる施設だが、大相撲がここで行われるのは1月、5月、9月である。１１０９８人を収容する施設であり、大相撲が開催される季節以外は、プロレスやキックボクシングの大会、コンサートなども行われている。Ｋ-ＰＯＰアイドルのライブや、ファンミーティングもこの場所を使用することがあり、過去には２０１０年に2ＰＭ、ＧＯＴ7日本デビューの際にショーケース・ライブを行った。韓国には相撲に相当するシルム（씨름）というものがあり、プロリーグもあるのだが、その規模や人気は大相撲ほどのものではない。むしろ国技といえばテコンドーであり、江南駅近くには国技院がある。

また両国国技館の隣にある江戸東京博物館⑪では江戸時代や近現代以降の東京の歴史がパネルや模型などで展示されており、東京をより知りたい方はぜひ訪れておきたい場所だ。両国駅にある複合施設「-両国-江戸ＮＯＲＥＮ」には中央に原寸大の土俵が置かれており、建物内の店舗は江戸時代

の町屋の雰囲気が感じられる。そして高さ108メートルの地上31階の「アパホテル&リゾート〈両国駅タワー〉」が2020年8月に開業するなど、駅前は再開発が進んでいる。

国立ソウル顕忠院＝千鳥ヶ淵戦没者墓苑

漢江沿いに位置する銅雀駅近くには**国立ソウル顕忠院**（국립서울현충원）⑫があり、ここには独立運動家や朝鮮戦争の犠牲者など国のために命を捧げた殉国烈士たちが眠っており、歴代大統領たちもここに埋葬されている。地図上でみると南山や龍山基地と並んで目に留まるほどで、敷地は約143万㎡（約43万坪）という広大な面積をもつ。ちなみに敷地は皇居の115万㎡や葛飾区水元公園の93㎡よりも大きいどころか、23区内で最も大きい霊園である都立青山霊園でさえ26万㎡であるから、その広さのほどがうかがえる。韓国はかつて土葬が一般的であったため、自然とこのような敷地が必要になったのだろう。敷地内には墓石が並べられ、元大統領らは土まんじゅう型の墓に眠る。中央付近の顕忠塔には約11万人もの位牌が祀られているといい、入り口には門が構えられている。筆者が実際に訪れたときには、兵役としての役務であるだろうか、若い男性二人が門の前で警備にあたっていた。

ちなみに東京の戦没者追悼の墓地といえば、千代田区にあたるが、皇居の西側に位置する千鳥ヶ淵戦没者墓苑であろう。面積は1万6千㎡であり、規模はそれほど大きいものではないが、ここには遺族が見つからず引き渡しができなかった36万人の戦没者の遺骨が安置されている。

墨田区の商業の中心は錦糸町、銅雀区の中心街は

墨田区の商業の中心地といえば、錦糸町駅周辺である。錦糸町駅の北口にはロッテシティーホテルがあり、アルカキット錦糸町などのような商業施設がある。もし錦糸町のような場所を挙げるならば、

⑬

⑭

江東区にも例えた広津区の建大入口駅ではないかと思う。ここにはロッテ百貨店スターシティー店があり、ともにロッテの施設があることも共通する。街の様子は広津区で詳しく触れたが、錦糸町駅はＪＲ総武線と東京メトロ半蔵門線が交差する形になっており、２路線が通る点でも似ている。しかし錦糸町駅南口には、２０１９年に開業したパルコのほか、マルイ錦糸町店⑬があり、そのマルイを挟むように場外馬券場のウインズ錦糸町西館、東館が位置している。周辺には飲み屋や風俗店があり、これが少々ガラの悪さを感じさせる。町の雰囲気は学生街である建大入口駅周辺に比べれば年齢層は高いのだが、百貨店があり、人の多さからすればなんとなく似ている町である。そして錦糸町駅から４００メートルほど南に行くと江東区になる。

また銅雀区はこれといって、核となる目立った商圏がないこともひとつの特徴である。ＫＯＲＡＩＬの駅である鷺梁津駅には商業施設があるわけでもなく、区内には大学も分散されており、やはり中心的な町が見当たらない。強いて言うならば、瑞草区との境界に位置する舎堂駅だろうか。この駅は地下街が発達しているほか、周辺は飲み屋街といった印象もある。駅の南西にあたる大通りから一本入った路地にはニラ（부추、プチュ）と一緒に焼くプチュサムギョプサル（부추삼겹살）のお店が並んでいる⑭。このあたりの住所としては冠岳区**南峴洞**《ナミョンドン》（남현동）にあたる。

舎堂駅すぐそばにはアパート団地も見え、街としてはそれほど大きな規模ではないが、ひと昔前のソウルの繁華街がそのまま残っているかのような雰囲気だ。

錦糸町駅を除けば、墨田区にもこれといった大きな商業地区があるわけでもなく、その点は共通点だといえるかもしれない。押上は東京スカイツリーができて開発が進み、近くの曳舟駅周辺にもそれが波及しているという。銅雀区にもタワー級の大きな見どころができれば、より墨田区に近づくのではないだろうか。

ソウル大学があり、半地下部屋密集、朝鮮族・中国人街、スラム街を形成

冠岳区《クァナック》＝足立区

冠岳山の麓のソウル大とかつてのスラム街

冠岳区《クァナック》（관악구）はソウル南西部に位置している区で、人口は約51万5千人、面積は29・57平方キロメートルである。ソウル市のなかでも松坡区に次いで人口が4番目に多い区だ。この地域がソウルに編入されたのは1963年のことで、当初は永登浦区、その後の1973年から冠岳区となった。冠岳区は区内の南部にある**冠岳山**（629メートル）という山に由来し、この山は隣接する京畿道果川市、安養市にまたがって位置している。冠岳山はソウルの外四山のひとつであり、自然の防壁として機能してきた。また、この麓には韓国最高峰となる国立大学、**ソウル大学校**があることでも知られる。ソウル大学校の周辺の**新林洞**《シンリムドン》（신림동）は若者がひとり暮らしをするワンルームが多いことも特徴だ。また、かつて**奉天洞**《ポンチョンドン》（봉천동）の斜面には、月の町とも訳される「タルトンネ（달동네）」とも呼ばれる、いわゆるスラム街が形成されていた。とくに新林洞には学生が多いこともあって、区を全体で見ると所得水準が低い。さらにこのあたりでは近年、ひとり暮らしの女性を狙った犯罪が多い。また区をまたぐが、新林洞にもほど近い永登浦区大林洞には朝鮮族が多く暮らしており、特に大林2洞は外国人住民の割合が高く、ここもまた犯罪が多い場所として知られている。そういったイメージからすると23区内では足立区が思い浮かぶ。足立区は東京都区内で最も所得額が低く、2017年までは都内犯罪発生率もワースト1であった。地理的には東京の北東部に位置しており、人口は約68万3千人で、上から数えて5番目だ。面積は53・25平方キロメートルであり、冠岳区の2倍近く広い。方角的に見れば、東京の北東、ソウルの南西という対照的な場所に位置しているほか、足立

区は低地であり、ソウル大学校を含めた南部は特に山といえるような場所だが、上述のようなイメージ面では共通項が多いと感じられる。北千住あたりは隅田川と荒川に挟まれた飛び地のようになっているが、最近では駅前の再開発が進み、大学の移転が増えるなどして人口流入が増え、治安が悪いという印象も払拭しつつある。ただしこの駅周辺はソウル市江東区の千戸洞に例えた。

交通面では決して不便ではない両区

所得や治安の面ではあまりイメージがよくない両区だが、交通面では交通面で比較的利便性が高いと感じられる。冠岳区内からは地下鉄2号線を利用すれば、江南駅へ行くにはさほど遠くない。中野駅から中央線に乗ると、5分ほどで新宿に出られるのと同様、新都心である江南へのアクセスが容易である。ちなみにソウル大学校がある**新林洞**《シンリムドン》（신림동）周辺は、この点についていえば都心にも近く、若者の単身世帯が多い中野区にも似ている。一方で足立区の交通はどうだろうか。日暮里舎人ライナーや東武伊勢崎線、つくばエクスプレスがそれぞれ北に延びているほか、さらに北千住駅には東京メトロ日比谷線、千代田線、常磐線が通っている。冠岳区が江南エリアに近い場所というほど、足立区のほうはそこまでの利便性は感じられないが、東武線は日比谷線にも乗り入れているため、銀座方面など都心部へのアクセスもわりと便利だ。また千住大橋駅には京成本線が通っており、鉄道網は比較的発達しているといえる。

道路網を見てみると、足立区内には東西南を囲うように首都高が通っている。東側は川口線、南は中央環状線、そして小菅ＪＣＴでは中央環状線と6号三郷線が合流する形になっている。こうした道路交通の便が非常に良い立地であり、東京の郊外でわりと広々とした敷地がとれることから、区内には物流関係の倉庫が多いことも特徴だ。川口線では入谷、鹿浜、そして6号三郷線では花畑、加平といった地域にそういった倉庫が多いが、わりと中間に位置する舎人公園近くの住宅街①を歩いていても、

②

①

倉庫やその前に停まっている大型トラックを目にするほどだ。また小菅ICと東武伊勢崎線の小菅駅のあいだあたりには東京拘置所があり、俗称「小菅ヒルズ」とも呼ばれていたりする。一方ソウル拘置所は京畿道義王《ウィワン》（의왕）市に位置している。そして小菅より少し北に位置する三郷線の加平ICだが、この「加平」という地名を見ると、京畿道加平《カピョン》（가평）郡のことを思い出してしまう。韓国の加平駅はドラマ『冬のソナタ』のロケ地にもなった江原道春川市の南怡島《ナミソム》（남이섬）の玄関口となる駅である。

冠岳区と足立区の所得水準は低い

冠岳区はソウル大学校があることから、とくに大学周辺の新林洞《シンリムドン》（신림동）②③あたりにはワンルームなどの住居が多く、学生や外国人留学生、新社会人など若年層が多く暮らしている。そのため冠岳区は所得が全体的に低い水準にあり、月平均所得が200万ウォン（約20万円）以下の低所得者層が17・3％（2014年）と、ソウルで最も高い水準だ。そして韓国には「住宅貧困」という言葉がある。これは住宅法による最低住居基準を満たしていない住宅や、半地下の部屋や屋根部屋、受験生が住む考試院《コシウォン》（고시원）で暮らす人の割合である。冠岳区では20〜34歳までの青年1人世帯の住宅貧困率が45・7％（2015年）に達しているのだ。これはどういった場所なのか、簡単に説明しておこう。

半地下の部屋は、ポン・ジュノ（봉준호）監督の映画『パラサイト 半地下の家族』にも登場したが、普段から湿気が多くジメジメしており、豪雨では危険なことさえある。屋根部屋とも訳される屋塔房《オクタッパン》（옥탑방）は屋上のプレハブ小屋のことであり、夏は暑く冬は寒い。また考試院は、もともとは受験生のための部屋で、部屋の広さはおよそ2畳ほど。ベッドが置かれており、勉強するためのスペースがやっととれる、といった簡易宿泊施設のことだ。こういったところに若者たちが暮らすほか、低所得者や老人が暮らすことも多い。家賃は非常に安いが、長く住むには厳しい環境である。

一方で足立区はといえば、2017年のデータでは338万円と、23区内では所得水準が最も低い

区として知られる。これは最も高い港区とは約3倍の差が出ている。しかし全国的に見れば高い水準であり、これをもって貧しいイメージとして考えるのは無理がある。また日本では韓国でいう「住宅貧困」のような部屋が、それほど多いわけではないだろう。公営住宅もわりと充実しており、多少収入が低かったとしてもそれなりの暮らしができる。東京では若者たちを中心にシェアハウスが流行しており、こちらは台所、シャワー、トイレが共同とはいえ、部屋としての機能は整っているが、もし仮に貧困レベルならば、簡易宿泊施設やネットカフェに寝泊まりする、といったところだろう。

とにかくソウルには若者たちが集中する傾向にある。ソウルの市内にある大学こそが、世間的に良い大学とされているためだ。そういったこともあり、自宅から地方の大学に通うのではなく、ソウルに出てきて条件のよくない場所に落ち着く人もいるのだろう。日本のように地方都市に適度に分散されず、ソウルに過度に集中してしまうこともひとつの要因ではないだろうか。

ソウル市の犯罪発生率

所得に続いて町の治安についても触れておきたい。朝鮮日報の記事によれば、ソウル市の区別の犯罪発生率はアパート価格が高い鍾路区、中区といった地域ほど高い傾向にある。一方、冠岳区をはじめ、衿川区、中浪区はアパート価格が低いが、犯罪発生率が高い地域だとされている（朝鮮日報2017年9月5日）。とくに冠岳区の新林洞、大林洞については前後に述べる理由からも、街の印象があまりよくない。やはり東京でも千代田区、新宿区といった都心部が同様に犯罪発生率が高い傾向にあるという点では同じで、人の往来が多いところで犯罪が多いことは理解しやすい。その一方で足立区は23区内でも所得が最も低く、刑法犯認知件数が23区内でも毎年高い傾向にあったことから、治安の悪いイメージで語られることが多かった。それには1988年に発生した**綾瀬**④の女子高生コンクリート詰め殺人事件などが影響していると見られる。とはいえ綾瀬駅前は駅に隣接するかたちで

⑤

⑥

パチンコ店があるものの、高架下に商店街や飲み屋街が栄えており、下町情緒すら感じられる。23区内にしては家賃相場も低めでお手頃だ。話を戻すと、足立区では凶悪犯罪が多いわけではなく、犯罪の多くは自転車盗であり、鍵をかけていない自転車が多かったことが理由だ。しかしこれが改善されたあとには、再び侵入盗が増加したという話もある。もちろん足立区はイメージが悪いだけではない。足立区を思い起こさせる作品といえば、2011年まで32年にわたって続いた学園ドラマの『3年B組金八先生』であろう。ドラマのなかでは桜中学とともに、区内の荒川の土手や東武線沿いの通学路などが映し出された。優等生や不良中学生役など個性ある生徒たちが出演しており、見方によればガラの悪い印象もあったかもしれないが、下町の暖かい青春ドラマであったように思う。

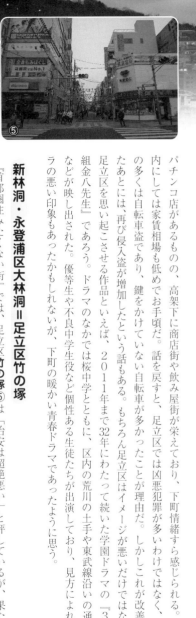

新林洞・永登浦区大林洞＝足立区竹の塚

『首都圏住みたくない街』では、足立区**竹の塚**⑤は「治安は超絶悪い」と評しているが、果たしてどうだろうか。筆者が竹の塚という地名のつく住宅街に足を踏み入れたとたん、後ろからクラクションを鳴らされたが、それは単なる偶然だろうか。かなりラフな服装の女子高生や、ピアスをたくさんつけた若い男性を駅前で目にしたが、そう見えたのは前知識のためかもしれない。駅東口⑥にはフィリピンパブが多く、それが団地と隣接している点はいくらか特殊な要素だといえるが、決して治安が悪いとまでは言い切れない。また西口近くには都営住宅、そして東口駅前にはURの団地が堂々とそびえており、駅近の団地という点では都内屈指の条件だといえる。

ただしそうした評判を含めて考えるならば、竹の塚あたりからは学生の多い新林洞、かつてのタルトンネであった奉天洞、そして永登浦区**大林洞**《デリムドン》（대림동）を思い浮かべる。特に永登浦区大林洞はソウル最大の中国人居住区で、住民の6割以上が中国人や朝鮮族で構成されている。大林駅の北側にはとにかく中国系のお店が多く⑦、圧倒されるほどなのだが、ここは韓国で最も治安の悪い場所とも

⑦

⑧

いわれ、殺人や暴行などの凶悪犯罪が多く発生することでも知られている。最近はそうした犯罪が大きく減少しているようだが、日中に街を歩いていても、もしかすると未成年とも思われる男子数名が輪になってたばこを吸っている様子を見かけるなど、少々ガラの悪さが感じられる。

とはいえ実際に歩いてみると、異国情緒が存分に感じられる街並みで漢字で書かれた看板が目立ち、韓国にいることを忘れてしまうかのようだ。**大林中央市場**《デリムチュンアンシジャン》（**대림중앙시장**）⑧では韓国の店に混じるように中国式の食材や惣菜、おやつが売られている。東京にはここまでの大きな規模で、はっきりとした外国人街は見当たらない。強いて言えば新大久保駅界隈にも相当するだろうが、中国朝鮮族街としてそれ以上に際立っている印象がある。

さらにその近隣にあたる新林洞や奉天洞あたりにも中国人、そのなかでも朝鮮族の人たちが数多く暮らしている。朝鮮族は、日本統治時代や朝鮮戦争期に中国東北部に移り住んだ人たちで、かつて韓国には出稼ぎ労働でやってきた人も多く、そのまま定着した人たちもいる。韓国では朝鮮族への差別があり、そうしたところからも多少イメージが悪くなることは否定できない。

さて2号線新大方駅近くの冠岳新士市場にも中国系の店が数店舗あるほか、奉天駅にも近い場所には中華料理店や食材店が並ぶ通りがある。足立区竹の塚にフィリピン人が多いように、このあたりは中国系の人たちが多いということだ。そして少し離れた新林洞や奉天洞という街も先述のように治安の悪いイメージが拭えないところがある。とはいえ新林駅周辺を見ただけでは、そこまでの治安の悪さが感じられるわけではない。垢ぬけない印象があるとはいえ、飲食店がひしめき合う繁華街で、若者に限らず幅広い年代がやってくる場所だ。そして新林駅近くのとある雑居ビルにはスンデタウン（**순대타운**）と呼ばれる場所がある。フロアのテーブルには鉄板が並べられており、ひと昔前の学生街を彷彿とさせるかのような簡素な飲食店という雰囲気だ。スンデ（**순대**）とは、豚の腸に野菜や春雨などを詰めて蒸したもので、一般的には適度な大きさに切って食べたり、辛炒めにしたりして食べる。

屋台で売っているものをおやつ感覚で食べたりする。スンデタウンには「ペクスンデ（백순대）」という料理があり、ニラやキャベツなどの野菜、そしてチョルミョン（쫄면）いうコシの強い麺が塩味で炒められている。日本でいう塩焼きそばのような感覚で食べられるB級グルメである。

また新林洞と言われる地域が約18平方キロメートル（新宿区の面積に相当）もあるため、必ずしもひとつのイメージで語ることはできない。隣の**奉天洞**《ポンチョンドン》（봉천동）にまたがるようにソウル大学校があり、学生や考試生（各種資格試験や採用試験を受ける受験生）といった単身者が住むワンルームが多い地域だ。そういったこともあり、家賃や物価が安いエリアである。

ソウル大学校の敷地は新林洞と奉天洞にまたがって位置しているほか、ソウル大学校に実際に訪れてみると山のなかにあるように感じるが、実際に地図をみても新林洞や奉天洞の南部は冠岳山の麓にあたり、東京でいえば八王子の山奥に大学のキャンパスがあるようなものだろうか。

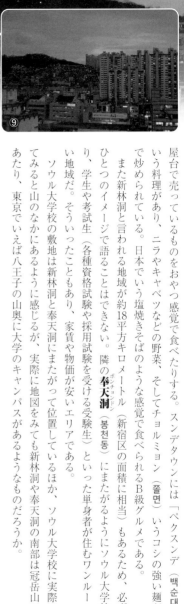

かつてのタルトンネ・奉天洞

新林洞の隣に位置する**奉天洞**《ポンチョンドン》（봉천동）は斜面に家々が建ち、貧民街であるタルトンネ（月の町）⑨であった。現在でもかつてのタルトンネの代表的な場所として語られる。90年代以降に再開発が進んだことから、現在ではその面影はなく、斜面には家々や高層アパートが立ち並んでいるが、登るにも息が上がるほどだ。70年代の奉天洞のタルトンネは、全羅南道・**順天**《スンチョン》（순천）⑩にある順天ドラマセット場で再現されている。斜面に立ち並ぶ家々や、傾斜がある狭い路地で、でこぼことした道などは、まるで本物のタルトンネにやってきたような雰囲気である。

奉天洞とはいっても新林洞ほどではないが、その範囲は広い。面積は8・16平方キロメートル。地下鉄2号線では奉天駅、ソウル大入口駅、落星垈駅の3駅が含まれているほどで、様々な層が住んでいる。しかし「奉天洞」という地名にはかつての貧しい街というイメージが残っているようだ。韓

⑪

⑫

国には一般的な住所として法定洞が使われ、行政サービスが行われる行政洞（日本でいうならば地域センターの管轄範囲といったところ）からは「奉天洞」という名前が避けられている。ただ冠岳区には法定洞が3つしかないため、この場所をすべて竹の塚として例えるのには無理がある。余談にはなるが、韓国では法定洞（不動産登記などに用いられる正式な地名）と行政洞（行政サービス運営のための地名）の名前が重複する場所も数多いため、新たな居住者を混乱させることがある。

ソウル大学＝東京大学

ソウル大学校⑪は、韓国最高峰の国立大学という意味で、日本の東京大学に相当する大学である。キャンパスは冠岳山の麓に位置するという点で、八王子の山奥にキャンパスがあるイメージだ。地下鉄2号線のソウル大入口駅からキャンパスまでは上り坂で徒歩20分ほどかかり、大学の裏山のような場所にトレッキングコースが整備されている。大学の正門にはオブジェが設置されており、それがハングルの「샤《シャ》」の文字に似ている。近年、駅と大学のあいだの路地にこぢんまりしたカフェや日本料理などを含む飲食店が集まる通りが形成され、ひそかな話題となった。その路地の名前は、校門のオブジェの形と江南区の「カロスキル」をもじって、「**シャロスキル**（샤로수길）」⑫と名付けられている。

東京大学は文京区本郷に本部がある点で異なるが、足立区にはいくつかの私立大学があり、それも小中学校が廃校になった場所に移転の誘致を進めてきた。2012年には千葉から東京電機大学が北千住駅前に移転しており、東口駅近くには堂々とキャンパスを構えているほか、向かい側には足立学園中学・高校があり、学生街となっている。そして2021年には花畑団地に文教大学のキャンパスが完成することになっている。これにより区内の大学は6つになり、足立区は学園都市化が進んでいるほか、千住には若者向けのオシャレなカフェも増えている。その点では**シャロスキル**のあるソウル大学校周辺に共通するカラーも出てきたのかもしれない。

①

コラム5　ソウルVS東京

Nソウルタワー VS 東京タワー

ソウルのランドマーク的存在なのは、海抜約262メートルの山頂付近にそびえるNソウルタワー①で「南山タワー」とも呼ばれる。1980年に建設され、タワーの高さは236メートルで、両者を合わせると480メートルほどだ。Nソウルタワーは大気の状況によってライトアップの色が変化し、きれいな順に青・緑・黄・赤となり、近年主にPM2.5による汚染状況がここで示される。一方で東京タワー②は1958年に完成し、地上333メートル。冬は暖色のオレンジ、夏は白基調というように季節によって色が変化する。

②

③

高尺スカイドーム VS東京ドーム

文京区にある東京ドーム③と、九老区にある高尺スカイドーム④は、ともに両国初となる屋根付きのスタジアムである。東京ドームは1988年、高尺スカイドームは2015年に開業した。東京ドームの収容人数は約4万6千人である。2005年からプロ野球開催時には観客数が実数表示されているので満員でもこの程度になるが、かつて巨人戦は連日5万5千人と発表されていた。一方、高尺スカイドームの座席数は約1万8千人だ。完成当時は韓国の複数の新聞で「東京ドームよりも5メートル高い天井」とメディアで伝えられるなど、マスコミでは時々、日本への対抗意識を煽るように報道することがある。

④

⑤

仁川空港VS成田空港

仁川国際空港⑤は仁川広域市中区に位置し、2001年に開港した。ソウル市内にある金浦空港を羽田空港と例えるならば、ソウルのお隣・仁川市にある仁川空港は、千葉県にある成田空港のような存在だといえる。2005年から国際空港評議会（ACI）による空港サービス評価で12年連続で1位を獲得するなど、その評価も高く、2010年代前半にはハブ空港としての地位を築いていった。しかし羽田空港や中国・北京での国際線拡充により、利用者が減少した時期もある。ちなみに仁川空港の利用者数は年間約7000万人、成田空港は約4000万人と大きな開きがある。仁川空港からソウル駅までの所要時間は鉄道で最短約43分、成田空港から日暮里駅までの所要時間は約36分と同程度である。

⑥

63ビルディングVSサンシャイン60

豊島区東池袋にあるサンシャイン60⑥。建設された当時には239・7メートルで、1978年開業当時はアジアで最も高いビルであったが、1985年に永登浦区汝矣島洞の63ビルが開業、高さは地上249メートルであり、その高さを追い抜くことになった。63ビルディングもサンシャイン60同様に地上60階建て、そこに地下3階がプラスされる形でそう名付けられている。サンシャイン60には開業当時からサンシャイン60水族館があり、63ビルにも63シーワールドという水族館があることも共通点だ。さらに最上階に展望台が設けられている点も同じであり、当時は意識して建てられたようにしか思えない。その点では釜山の社稷野球場や広安大橋にもそういったものを感じる。

⑦

⑧

以下では区の枠をこえて比較できる主要な街をVS形式で記してみた。

若者の街　弘大VS渋谷

ソウルの若者の街といえば、弘大である。かつては新村・梨大のほうがにぎわっていたが、2000年代以降は弘大にその中心が移っていった。弘大のメインストリート⑦には若者向けのファッションショップや飲食店が多く、25歳以下の若者で満ちあふれている。渋谷と比較してみても明らかに弘大の街を歩く年齢層は若い。渋谷区道玄坂にはSHIBUYA109⑧があり、そこが若者の聖地ともいえる商業施設であるが、近年は韓国アイドルを起用したポップアップイベントが行われている。MAGNET by SHIBUYA109に名称を改めた旧109MEN'Sでも、防弾少年団（BTS）とコラボしたイベントが開催されたことがある。センター街には若者が多いが、ブランド品が多くゴージャスな印象も受ける東急百貨店本店があるほか、街には大人の香りがするBARなどもあり、若者と大人の要素が混在している。また2019年には渋谷スクランブルスクエアという230メートル、47階建ての高層ビルが建ち、さらに2020年には複合商業施設「RAYARD MIYASHITA PARK」がオープン。このなかにある渋谷横丁では日本の地方各地の料理が味わえるが、そのなかに「韓国食市」が存在し、冷麺やサムギョプサルなどの韓国料理が味わえる。このように渋谷に新しい風が吹き始めている。

学生街　新村VS高田馬場

ソウル屈指の学生街といえば、新村⑨である。周辺には延世大学校や西江大学校などの大学があり、日々若者たちでにぎわっている。街のスペックとしては上野や池袋にも例えられ

⑨

⑩

るが、東京都内で比較すべき学生街といえば高田馬場⑩であろう。高田馬場には早稲田大学をはじめ、専門学校などが集まっている。駅前にはボーリング場やカラオケなどができる複合商業施設BIGBOXがあり、飲食店はもちろん、ゲームセンター、雀荘、パチンコ店などが多く、「学生ローン」と書かれた看板もよく目にする。もちろん学生は多いが、幅広い年代が街を歩いている印象だ。新村は現代百貨店のヤングファッション館であるU-PLEX新村店のビルがあるほか、広々としたメインストリートには韓国の学生街には若者が好むコスメショップやカフェが多く、企業によるプロモーションイベントや、ストリートパフォーマンスが行われたり、活気がある。日本では学生街と言われる町でも、老若男女問わず幅広い年代がいるように思えるが、韓国では若者たちが圧倒的に多く、活気に満ちている。

個性的な街　大学路VS下北沢

ソウルで演劇やアートの街といえば鍾路区の大学路⑪が挙げられる。1975年までソウル大学校の本部があった場所で、現在も医学系のキャンパスのほか、成均館大学校がある街である。1990年代から小劇場が増え始め、日々ミュージカルや演劇の公演が行われているが、そのなかから数多くの名作が生み出されている。ミュージカルでは『地下鉄1号線（지하철 1 호선）』、『サ・ビ・タ～雨が運んだ愛～（사랑을 비를 타고）』は1990年代から長らく愛されてきた作品だ。2000年代に入ってからも『パルレ～洗濯（빨래）』や『キム・ジョンウク探し（김종욱 찾기）』などは長期にわたって公演を続けている。これらの作品は日本での公演が行われたこともある。このように劇場が多い点では小田急線と京王線が交差する世田谷区の下北沢駅周辺⑫ともよく似ている。駅周辺の路地には中小の劇場やライブハ

⑪

⑫

⑬

⑭

ウス、また若者向けのおしゃれな衣料品店があるほか、古着を販売する露店が出ている。学生街の違いとしても述べたように、大学路は若者の要素が強いが、下北沢駅周辺には6つの商店街があり、より多様性が感じられる。毎年節分には下北沢天狗祭りが開かれている。近年では再開発が進められ、2019年11月には下北沢駅直結の複合商業施設「シモキタウエ」が開業、2020年9月お隣世田谷代田駅そばに「由縁別邸 代田」が開業するなど、下北沢周辺は単に若者の街とは言い切れない要素がある。

仁寺洞VS浅草（伝統の街）

仁寺洞⑬は韓国の伝統が感じられる街で、外国からも観光客が訪れる。美術品や骨董品などの店があり、路地には伝統茶屋やギャラリーなどが多い。この町は王宮からほど近く、朝鮮時代には宮中絵師たちが集まる**図画署**《トファソ》（도화서）があった。朝鮮時代末期には困窮した貴族階級の**両班**《ヤンバン》（양반）がここで骨董品などを売り払ったこともあり、現在のような通りが形成された。その点は古書店が多い神田神保町とも似ていると述べた。ただ東京で外国人観光客がよく訪れる街といえば浅草⑭だ。浅草の仲見世通りには伝統のお土産店のほか、人形焼やせんべいといった和風のおやつが売られている。浅草には浅草寺がある

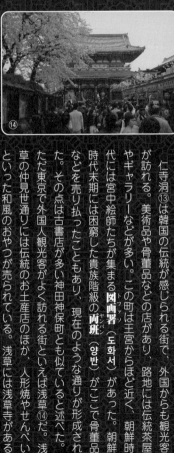

⑮

⑯

が、仁寺洞の近くには曹渓寺《チョゲサ》（**조계사**）という韓国最大の宗派・曹渓宗の総本山がある点でもまた似ているといえるのかもしれない。

比較アラカルト

消防救急は119

韓国の緊急電話は警察は**112**《イルイリ》（**일일이**）、消防・救急⑮は**119**《イルイルグ》（**일일구**）、それ以外の苦情や相談は「民願相談《ミヌォンサンダム》（**민원상담**）」というが、この番号は**110**《イルイルゴン》（**일일공**）である。このうち消防・救急が119なのは日本統治時代の名残だ。ちなみに休戦状態にある韓国にはスパイ申告番号があり、これは「111」である。観光案内電話の1330や、疾病管理本部の1339のほか、ソウル特別市では「120」がタサンコールセンター（綜合電話案内相談センター）であり、嘆願や生活相談にも多言語で対応してくれる。韓国では友人との間でも頻繁に電話で連絡を取り合う傾向があったため、こうしたコールセンターが多様なのではないだろうか。

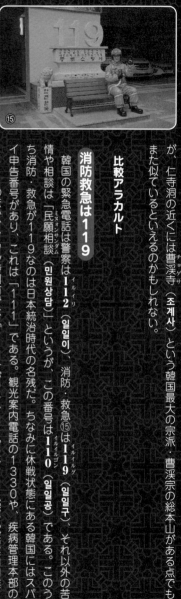

日本統治の名残の食べ物

韓国には日本統治時代の名残で、今でも親しまれている食べ物がある。それはキンパプ⑯（**김밥**）という海苔巻きだ。日本の太巻きを韓国人に合う味付けにしたもので、中身には卵焼きやキュウリ、人参、カニカマなどが入っており、ご飯は酢飯ではなく、海苔にごま油を塗ってある。出かける際に持っていったりするなど、日本のおにぎりに相当するものである。他にも魚の練

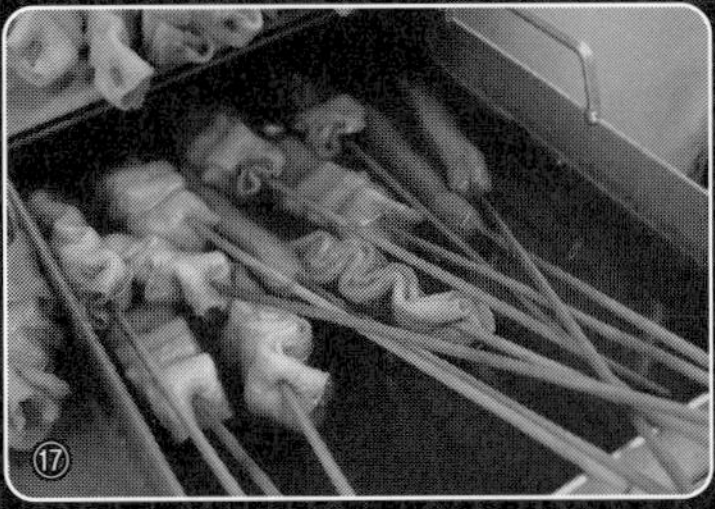
⑰

⑱

り物を総称して「おでん（오뎅）」⑰と呼ぶほか、「うどん（우동）」もまた現代にも定着した料理だ。また屋台フードのなかではたい焼きとほぼ同じで、型に生地を流し込み、中に小豆餡を入れた「プンオパン（붕어빵）」がある。これは直訳すると鮒パンになる。韓国では鯛ではなく鮒なのだ。鯉パンと言う名の「インオパン（잉어빵）」として売られているところもある。

日韓そっくりなお菓子

韓国には日本とそっくりな商品がある。そのひとつは栄養ドリンクのリポビタンD（大正製薬）とバッカスF（박카스에프、東亜製薬製造で後発品にバッカスDも）⑱である。前者は1962年、後者は1963年に発売された商品で、パッケージもよく似ている。内容量は100mlだが、両国のコンビニで売られている価格ではバッカスFはリポビタンDの半額ほどだ。他にもチョコレート菓子のポッキー（江崎グリコ）とペペロ（빼빼로、韓国ロッテ）もよく似ている。前者は1966年、後者は1983年である。韓国では11月11日にペペロデーといい、ペペロをプレゼントするイベントがあるが、これは1993年頃に韓国で発祥されたもので、日本ではポッキー&プリッツの日として平成11年（1999年）11月11日に制定されている。そしてかっぱえびせん（カルビー）にもよく似た商品があり、その名はセウカン（새우깡、農心である。かっぱえびせんが1964年、セウカンは1971年に発売されるなど、これらの商品は韓国が後追いするようにリリースされており、コピー商品ではないかという指摘がある。いずれにせよ、両国民が似たようなものを好むということを表しているのかもしれない。

6章

東南圏

瑞草区《ソチョグ》・江南区《カンナムグ》・松坡区《ソンパグ》・江東区《カンドング》

岩寺先史住居址
岩寺駅
明逸駅
岩寺綜合市場
明逸伝統市場
千戸大橋
千戸駅
千戸市場
千戸洞　ロデオ通り
城内洞チュクミ通り
ソウル風納洞土城
カンプル漫画通り
江東区
夢村土城
新川洞
オリンピック公園
蚕室総合運動場
蚕室セネ駅
蚕室駅
ロッテワールド
ロッテワールドタワー
蚕室総合
運動場野球場
セマウル市場
石村湖水
三田渡碑
ソウル芳夷洞古墳群
松坡区
馬川洞
馬川駅
巨餘駅
Helio City
可楽市場
文井洞ロデオ通り
巨餘洞
長旨洞
大母山

狎鴎亭現代アパート
ギャラリア百貨店名品館
江南観光情報センター
K-Star Road
狎鴎亭ロデオ通り
新沙洞
清潭洞
SM エンターテインメント
コミュニケーションセンター
カロスキル
奉恩寺
論峴洞
盤浦大橋
論峴洞家具通り
COEX
宣靖陵
GOTOMALL
高速ターミナル
テヘラン路
江南駅
KEBハナ銀行
方背ソレ支店
ソリゴル公園
駅三洞
大峙洞
ソレマウル
モンマルトル公園
江南区
方背42ギル
最高裁判所
ペンペンサゴリ
南城四季市場
ソリプル公園
瑞草洞
道谷洞
良才川
瑞草区
芸術の殿堂
良才洞
九龍山
牛眠山
良才市民の森
牛眠山トンネル料金所
良才IC
内谷洞

①

カフェ通りや国立中央図書館、フランス人街など文化の香りが漂う
瑞草区《ソチョグ》＝杉並区
雰囲気は世田谷区、ハード面で中野区の要素あり

副都心であるとともに、江南の閑静な住宅地

瑞草区《ソチョグ》（서초구）はソウルの南部に位置し、1988年に江南区から分離する形で新設された区である。江南区が本格的にソウル市に編入されたのが1963年であることからすれば、それ以前は瑞草区もまた京畿道の一部であった。また南は京畿道の果川市や城南市に隣接しており、都会と郊外を分けるエリアでもある。また区名と同じ名前の**瑞草洞**《ソチョドン》（서초동）①は高級住宅街という認識も強く、ファミリー向けの家が多い場所だ。また不動産業者の間では「江南の**平倉洞**《ピョンチャンドン》（평창동）」と呼ばれているともいう。平倉洞については鍾路区でも述べたが、北岳山の裏手に位置し、大田区田園調布にも例えられるような高級住宅街である。そのほかにも区内にはソリプル（서리풀）公園といった南北を貫く公園があるほか、地方を結ぶ高速ターミナル、最高裁にあたる大法院のような国の主要施設、さらに**芸術の殿堂**《イェスレチョンダン》（예술의 전당）といった文化施設がある。

漢江の南に位置する広義の意味での「**江南**《カンナム》（강남）」に含まれており、文化施設が多く、区域は江南駅にも差し掛かる場所まで及ぶことからすると、都心に隣接する中野区にも例えられるように思えた。ただ中野区は陽川区と姉妹都市、そして人口や面積も同程度であることからすると、陽川区を中野区として考えることにした。中野区は単身世帯が多い一方、杉並区はファミリー向けの閑静な住宅街がイメージされる。杉並区は都心部に近いというよりもむしろ、東京と郊外とを分ける境界のエリアであり、中央高速道路の高井戸ＩＣは地方への玄関口でもある。瑞草区の北部あたりは漢江沿いにアパートが立ち並ぶほか、高速ターミナル周辺は副都心としての要素もあり、南側は閑静な住宅街と

いった場所だ。

瑞草区の面積は46・99平方キロメートルとソウルの区のなかで最も広い面積を誇る。人口は約43万4千人だ。面積が広いわりには人口密度が鍾路区に次いで低い水準である。南部に牛眠山《ウミョンサン》(우면산)という海抜293メートルの山があり、そのあたりに民家が少ないことも影響しているようだ。

一方、杉並区は東京の西部に位置しており、江戸時代は農村地帯であった。東京市に編入されたのは1929年以後である。杉並区の面積は34・06平方キロメートルで、約58万6千人で人口密度は23区内では中程度である。

瑞草の地名はこの地域に茂っていた霜草に由来する。一方で杉並は江戸の初めに青梅街道に植えられた杉並木に由来するというが、その杉並木は現在は存在しないという。両区はともに地名が草木に由来にしているという点でも共通するといえるだろう。区内の地名を見ていても井草や荻窪といった地名も残っており、「草」でいうならば杉並よりもこれらの地名のほうが近いだろうか。とはいえソウル25区のなかには蘆原区、松坡区もそれぞれ蘆や松という自然物の漢字が含まれる地名である。

ソウルの関門・良才洞は高井戸か

瑞草区内南部に位置する**良才洞**《ヤンジェドン》(양재동)は閑静な住宅街だ。良才洞には別名「**マルチュク通り**(말죽거리)」②とも呼ばれる場所があり、ここは1970年代に江南の開発に伴って不動産投資が行われ、2004年の映画『マルチュク青春通り』の舞台にもなった。この名前の由来には諸説あるが「マル(말)」は馬、「チュク(죽)」は粥、「コリ(거리)」は「通り」を意味するのだが、「コリ」は「巨里」という漢字が当てられている資料もある。これは1623年に即位した朝鮮15代王・**仁祖**《インジョ》(인조)がその翌年、李适の乱で南に逃れる際に馬の上に乗りながら小豆粥を食べ、遠くまで行ったことに由来するのだという。他にも漢江を渡り、それとは逆にソウルへ上ってきた人がここで休息をとり、馬

③

④

に粥を与えたという説もある。ともかく漢江の渡し場からも近いこの場所が、旅人たちの一時的な休息の場だったのだろう。ちなみに杉並区の高井戸も甲州街道の最初の宿場町であった。高井戸ＩＣは中央高速道路の起点となっており、都心部へは首都高速４号新宿線へと接続するという地方と首都をつなぐ場所だ。

　この良才洞にも同様に、ソウルと釜山を結ぶ京釜高速道路の起点となるインターチェンジである良才ＩＣがあり、ソウルの関門といえる場所である。地方へ向かう起点となるという意味では、今もマルチュク通りのような役割を果たしているのかもしれない。その意味では良才洞と高井戸には共通点が感じられる。少し補足しておくと、良才ＩＣから漢江近くの漢南大橋分岐点まで、北に道路が続くのだが、これは京釜幹線道路とも呼ばれている。

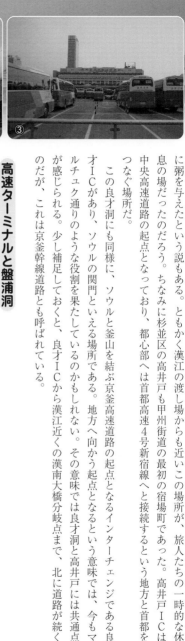

高速ターミナルと盤浦洞

　盤浦洞にはソウルと地方を結ぶ**高速ターミナル**がある。２つの建物があり、大きく分けて釜山方面に行く**京釜線**《キョンブソン》（경부선）と、光州などの全羅道方面へ行く**湖南線**《ホナムソン》（호남선）に分かれている。主に京釜線が乗り入れするソウル高速ターミナル③は70年代からの歴史がある。一方湖南線の建物である**セントラルシティ**④は、新世界百貨店などがある複合ターミナルである。全羅道出身の金大中政権のときに作られた立派な建物は、全羅道をひいきしたという噂もある。高速ターミナルの地下商店街、**ＧＯＴＯＭＡＬＬ**《ゴートゥーモール》⑤はなんと８８０メートルに及び、衣類を中心に６００を超える店舗がひしめきあっている。韓国では「**保税**《ポセ》（보세）」といわれるノーブランドの服で敷き詰められ、日本人観光客にも人気のショッピングモールである。京釜線のターミナルは屋上に登ることができるのだが、この屋上階には焼肉店があって空を見ながら焼肉が愉しめる。この屋上から盤浦洞の街並みを見渡せるのだが、周辺には80年代に建てられたアパート団地⑥が並ぶ。12階建てで一般的な日本の団地より

は高層であり、そういった意味では高島平団地や光が丘団地も同じくらいである。ただそれ以降に建てられた韓国のアパートは30階建てなどより高層のところも多い。日本と異なる点は一軒家よりもアパート志向である点だ。

杉並区には大規模な団地街は少ないが、まとまって建てられているのは京王井の頭線沿いにある高井戸団地がそのひとつだ。当初は昭和30年代に建てられ、老朽化で近年建て替えされ、高級感が感じられる団地となったシャレール荻窪、そしてほぼ同じ時代に建てられ、コモンスペースと呼ばれる緑豊かな共有空間が特徴的だった阿佐ヶ谷住宅はマンションに建て替わった。そのほかは区内に都営アパートが点在している。

方背洞カフェ通り

瑞草区には**方背洞**《バンベドン》（방배동）という街がある。ここは閑静な住宅街であり、大通りを歩いていても比較的落ち着いた雰囲気で、周辺にはアパート団地も多いが、わりと富裕な層が住んでいるのではないかと感じられる場所である。ここには大使館があるわけではないので、代官山から異国的な印象を少し抜いたような雰囲気だ。KEBハナ銀行の方背ソレ支店は銀行⑦でありながら、ライフスタイルを提案するギャラリーになっている。こういったところからは、代官山のT-SITEを思い浮かべた。そこはTSUTAYAを運営するCCC（カルチャル・コンビニエンス・クラブ）の商業施設で、銀行ではなく書店ではあるが、生活提案型の商業施設である。同社のホームページには開発段階で代官山に暮らす人や働く人の意見を取り入れてカフェや書店を作ったというが、生活に余裕が出来た人が豊かな時間を過ごすという欲求に応えているのかもしれない。

ちなみに方背洞には「方背洞42《サイ》ギル」⑧という場所が、2015年頃に話題になった。地下鉄**内方**《ネバン》（내방）駅からは歩いて15分ほどのところに位置するのだが、ここは「第二のカロスキル」と呼

ばれており、カフェやお洒落なショップなどがずらりと並んでいる。立地的にもカロスキルほどの盛り上がりはないが、休日にふらっとカフェを訪れて、落ち着いた時間を過ごしたい人には良い場所だ。前述のフランス人街として知られるソレマウルは盤浦洞だが、方背洞42ギルから徒歩で行ける範囲であり、ここもまたカフェ通りのような場所である。フランス人学校⑨がありフランス国旗が掲げられている以外は、特にそういった雰囲気があるわけでないが、オーガニックな食材店や、上質なカフェがある。東京のフランス街といえば、新宿区の神楽坂であり、「アンスティチュ・フランセ東京」というフランスの文化センターがここにある。周辺にはフランス語学校やフレンチが味わえる店が多い。

方背洞という地名からは、「方」という漢字が共通する方南町を思い浮かべた。方背洞の西側は銅雀区に接しており、地下鉄4号線の總神大入口（梨水）駅や舎堂駅がその境界に位置しているが、方南町もまた地下鉄丸ノ内線の終点の駅で、中野区とも隣接している場所だ。方南町駅そばには昭和レトロな香りもする商店街があり、大通りはアーケード街となっている。

瑞草区と杉並区の高級住宅街

杉並区のなかでもわりとハイソなエリアは中央線の南側で、京王井の頭線沿線との間あたりである。ひと昔前のデータだが京王井の頭線沿線は、最も年間所得が高いとされた（2008年、野村総合研究所調べ）。明大前駅のそばから吉祥寺方面に向かって井の頭通りを通ってみた。永福町駅のあたりの商店街⑩は整った街並みだと感じられる。浜田山駅の北側は一見するとごくありふれた住宅街で都営アパートがあったりするのだが、区画がきれいに整った印象が感じられた。井の頭通り沿いにはBMWやポルシェといった高級外車のディーラー、住宅展示場があり、富裕な印象も感じられる。良才洞のような閑静な住宅街を杉並区に例えるならば、このあたりではないかと思う。そして久我山

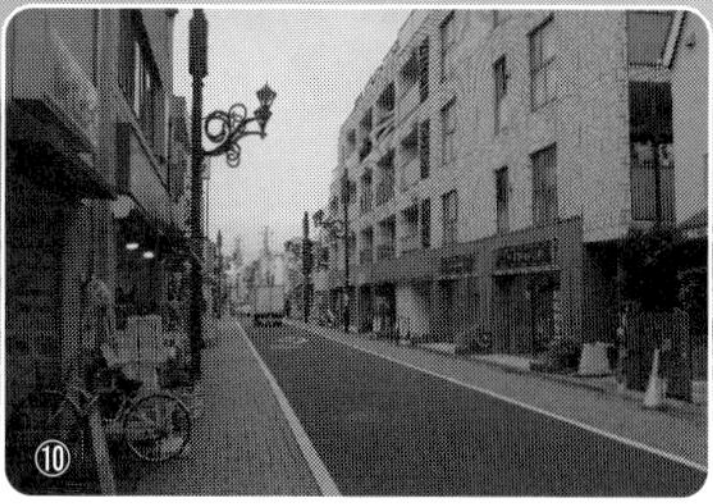

⑩

⑪

もまた大きな家が多い印象だ。ただとびぬけて富裕な印象が感じられるわけではなく、むしろお屋敷のような家は荻窪駅の南側に多いのだが……。

そして高井戸駅は環状八号線が南北を走り、駅は高架橋の上にある。すぐそばには杉並清掃工場があり、首都高や中央自動車道の高井戸ＩＣにも近いこともあって、それほど静かな雰囲気は感じられず、より庶民的な街だ。さらに駅に隣接した線路付近には高井戸団地がある。ともかく高井戸ＩＣは良才ＩＣと対応する存在といえるだろう。

そして良才洞の隣の**内谷洞**《ネゴクドン》（내곡동）は李明博元大統領が私邸を新築する予定だった場所だ。しかし李元大統領は退任前に土地を不正に安く入手したという問題が発覚して白紙になった。また**アンゴル村**（안골마을）は、朴槿恵大統領が退任してから拘束される前に引っ越した町だということもあり、新興の高級住宅街として注目を集めている。ちなみに韓国語では、高級住宅街のことを「**富村**《プチョン》（부촌）」という。ただ内谷洞はソウル中区に匹敵するほどの面積をもっており、すべてがそういった場所ではない。ソウルの外れに位置し、都会の喧騒から離れた場所という雰囲気も感じられる。またソウルでは不動産バブルによって地価が上昇する傾向にあるのだが、これを抑制しようと、ねぐらという意味をもつポグムチャリ（보금자리）住宅という、公的資金で建設した分譲住宅や賃貸アパートが建てられた場所でもある。さらに内谷洞には民家が少なく、瑞草区の人口密度を下げているのはこのあたりだろう。また、この町には軍隊を除隊した人が定期的に訓練を行う「予備軍」の訓練所もある。

元大統領が住むような高級住宅街を杉並区で例えるならば、荻窪あたりがそれにあたるだろうか。荻窪駅の南側はすぐに住宅街で、少し奥に入っていった荻窪二丁目、三丁目あたりは邸宅が並ぶ閑静な住宅街だ。戦前の総理大臣経験者でもある近衛文麿の居宅だった**荻外荘**⑪のほか、かつての角川書店の創業者の邸宅だった杉並区立角川庭園がここにある。荻外荘の庭は公園として整備されており、芝生が美しく、日中には子供たちが遊んでいる。この周辺は高級住宅街ではあるが、すぐ隣には都営

⑫

⑬

住宅があるなど、必ずしもすべてが豪邸だというわけではない。

一方で中野区は高級住宅街のイメージは薄く、若者や単身者が多いというイメージが先行する。繰り返しになるが、瑞草区では良才洞や瑞草洞のほか、そして内谷洞、そして杉並区では荻窪や浜田山といった住宅街が高級感ある街として認識されており、このような住宅街があることは両区の共通点だといえる。あとにも述べるが、両区には住宅地のそばに公園があったりと、市民の憩いの場が比較的充実している。

瑞草区のハード面は中野区にも近い

以下では瑞草区にある施設についてより詳しく検討してみたい。瑞草区の盤浦洞には地方との玄関口となるソウル高速ターミナルがあり、この周辺は副都心のような機能をもっている。一方で瑞草区には住宅地もあり、漢江に面した盤浦洞⑫には高層アパートが立ち並ぶ。またフランス人学校周辺に形成されたフランス人居住区である**ソレマウル**⑬もあるほか、国立中央図書館などがある。ちなみに東京のフランス人学校は北区滝野川、国立国会図書館は千代田区永田町だ。

また瑞草洞あたりも高層アパート街と公共施設が目立つ。最高裁判所にあたる大法院は1995年まで中区から移転してきた。さらに複合文化施設である芸術の殿堂⑭の敷地内には、オペラハウスやコンサートホール、美術館のほか、国立国楽院、韓国芸術高校があり、芸術文化の中心地ともいえる。

さらに高速ターミナルとは別に南部ターミナル⑮がある。もともと貨物ターミナルであったこの場所に、龍山にあった市外バスターミナルが移転してきた。ここからは主に全国各地の地方の中小都市を結ぶバスが発着している。

とはいえこうした住宅街に文化的な施設が多いスペックからすると、杉並区よりも中野区に近い面も見受けられる。その一方で大法院、国立中央図書館の存在から考えると、千代田区にあるような国

の中枢機関まであるということである。
バスターミナルこそは新宿駅前にある**バスタ新宿**⑯のほか、新宿駅周辺にある高速バス乗り場がそれに相当すると思えるが、東京でいえば新宿副都心から比較的近いところに中野駅があり、中野駅近くには中野サンプラザ、中野ZEROホールといった芸術・文化施設があることからすれば、ハード面では中野区にも近い要素があるともいえるのではないか。ただ中野区と陽川区が面積、人口ともにほぼ同程度であることからすると、瑞草区と陽川区で人以外の中身を交換することができれば、いくらか近づきそうな気はする。

市民のオアシスが充実する両区

瑞草区と杉並区の地図を見比べてみると、緑地がちらほら目立つ。盤浦洞の南側にはソリプル公園・ソリゴル公園・モンマルトル公園と3つの公園が連なっており、散策コースとして地元で親しまれている。これらを合わせて「ソリプル近隣公園《ソリプルクンリンコンウォン》（서리풀근린공원）」というのだが、これは瑞草の由来となったソリプル（霜草）の名前を冠している。その中のひとつのモンマルトル公園はパリのモンマルトルの丘がその由来だが、フランス人が居住するソレマウルに近接しており、公園の入口がモンマルトル路と呼ばれていたことから、このように名付けられたそうだ。
また瑞草区の南に位置する**良才洞《ヤンジェドン》**（양재동）には良才市民の森がある。こちらは京畿道果川市の冠岳山を源流とする川と、瑞草区の南にある清渓山を源流とする川が合流する地点にあたる。その後は東へと流れていくのだが、この良才川に沿ったウォーキングコースもある。このあたりはアパート団地を中心とする住宅が多く、オフィス街の合間を流れる清渓川とはまた雰囲気が異なる。良才川には春になると桜が咲き、ソウルの花見スポットとしても知られている。
杉並区では**善福寺川沿い**⑰に公園が多く、緑が豊かな場所だ。善福寺川の水源は善福寺公園内に

⑯

⑰

ある善福寺池で、ここは緑豊かな公園として市民の憩いの場になっている。善福寺池は練馬区の三宝寺池や、武蔵野市の井の頭池とも雰囲気がよく似ているが、この三か所を合わせて武蔵野三大湧水池とも呼ぶ。いずれの池の周辺も邸宅が並ぶ閑静な住宅街だ。善福寺公園の近くには東京女子大学があり、門の正面には白亜の本館が堂々と構えている。

善福寺川の脇には人がすれ違える程度の幅の狭い通路があり、家々がひしめきあうなかを流れ、西荻窪駅と荻窪駅の間で中央線を横切り蛇行しながら進む。中央線の南側にやってくると、川沿いにはシャレール荻窪というUR住宅が見えてくる。かつては公団の荻窪団地だったが、再生事業によって2011年に建て替えられ、集合住宅ながらも、なかなか優雅な雰囲気が感じられるようになった。このあたりは善福寺川沿いの道も整っており、住み心地がよさそうだ。前述の荻外荘からもほど近い場所に位置する。そこからさらに川を下ると、ソウル・盤浦洞の3つの公園が散策路でつながっているように、善福寺川緑地、**和田堀公園**⑱、そして規模は小さいが済美公園が川沿いに連なっており、川を並んで泳ぐカモの姿を写真におさめようと、年配のカメラ愛好家たちが写真を撮りにやってくる。このように川沿いに公園があって、善福寺川緑地にも桜が咲くという点は、良才川にも似ているともいえるが、良才川の周辺のほうがより都会的であり、川も幅広く開けた印象である。さて、善福寺川は中野区の弥生町、富士見町付近で神田川へと流れ込んでいく。

杉並区の西武沿線と韓国でも人気のガンダム

杉並区の北部には西武新宿線が通っており、上井草・井荻・下井草の3駅がある。この地名を見ると、草や荻などが「瑞草」の地名にも合うような気がしてくる。この井草という地名の由来には諸説あるようだが、これは善福寺池や妙正寺池といった池があり、「池の中の草」という意味がひとつの理由とされている。井荻は井草と荻窪のあいだという意味だ。

⑱

⑲

　さて、この3駅は各駅停車しか止まないこともあってか、駅舎はどことなくローカル感が漂う（井荻は少し整った印象があるが……）。そのなかでも上井草駅の発車ベルは「機動戦士ガンダム」の主題歌「翔べ！ガンダム」が使われている。上りはイントロ、下りホームは「燃え上がれ、燃え上がれガンダム～♪」という耳なじみのあるサビが採用されており、優しめの音がホームに鳴り響く。この発車メロディが使われている理由は、近くにアニメ制作会社の「サンライズ」があることが由来で、駅前にはガンダムの像⑲が建てられている。実はこのガンダムは、韓国でも人気が高いキャラクターのひとつだ。ガンダムショップの「ＧＵＭＤＡＭ ＢＡＳＥ」も韓国にあり、当初は２００３年にオープンしたが、その後各地に店舗を増やして２０１９年現在では国内に9店舗ある。そのうち2店舗は瑞草区の隣の江南区にある。ちなみに韓国では日本の「オタク」という言葉もよく知られており、韓国語訛りで「オドック（오덕후）」と言う。ガンダムのファンもその「オタク」に分類されるだろうが、韓国ではオタクに対するネガティブなイメージは日本よりも薄めである。もちろん最近は、日本でもオタクの地位は向上しているのだが……。さて上井草、井荻、下井草の3駅周辺は、練馬区寄りであり、杉並区内でも家賃が手頃だ。各駅停車しか止まらないことが、その価格を下げているようにも思えるが、実は西武新宿駅から20分ほどでアクセスできるお得感のある場所である。この周辺で特徴的なものといえば、井荻トンネルが挙げられるのではないか。環状八号線（環八）にある全長約1・2キロのトンネルだが、これは西武新宿線の踏切渋滞を避ける目的で１９９７年に完成した。地上の道路のど真ん中には通気口の大きなポールが建てられている。

　また瑞草区の南側にも全長約2キロに及ぶ大きなトンネル、牛眠山（우면산）トンネルがある。こちらは民間からの借款による建設で、１９９７年に着工し、２００４年に開通した。山を貫通する道路であり、有料という点でもその性質は異なるものの、都心から離れたところにある大型のトンネルという点では共通する。この道路により、都心からソウル南部の果川市方面へのアクセスに大きな役

割を果たしている。

レトロなサブカルの発信地・杉並三駅はどこに例えられる？

さて各駅停車しか止まらない西武線の駅をあげたが、南を走る中央線にも土日祝日に快速列車が止まらない、俗に「杉並三駅」と呼ばれる高円寺、阿佐ヶ谷、西荻の三駅がある。いずれもそこそこ活気がありながらも昭和レトロな香りもする駅であるが、特に高円寺あたりは若手芸人や芸術家が暮らしていると言われ、若者向けのバーや居酒屋、古着屋も多い。阿佐ヶ谷駅や、高円寺駅周辺の路地にはいくつもの小さな商店街が集まっている。阿佐ヶ谷駅南口にはパールセンター商店街という長いアーケード商店街があり、南阿佐ヶ谷駅の近くまで続いている。また高円寺駅南口には名前の似た**高円寺パル商店街⑳**があり、こちらも長いアーケード街に１００店舗以上がひしめき合っている。その南側には小さなファッション店も多い。そして高円寺駅北口にある**高円寺純情商店街㉑**は、ねじめ正一の直木賞作品の名前にちなんで名づけられたもので、それ以前は高円寺銀座商店街と呼ばれていた。『高円寺純情商店街』の一節である「六月の蝿取り紙」は中学校の国語教科書にも採用されているが、乾物店を営み俳句を趣味とする彼の父親が「ちくわの穴に蝿とまる」という句を作り、俳句の会で発表したことを家族から責められるシーンは印象深いものである。ところで韓国の市場で蝿取り紙がぶら下がっているのを見たことはないが、食品や生鮮を直に並べるところも多く、電動で動く蝿避けの棒がくるくると回っている光景は時々目にする。

さて瑞草区内には高円寺や阿佐ヶ谷、西荻窪のように純喫茶があって、ふらっと立ち寄れる酒場があり、そして個性あるお店が息づく昭和レトロな商店街（韓国では在来市場・伝統市場という）のような場所はあまり見当たらない。むしろ瑞草や江南のような70年代以降に発展したところに例えるよりも、雰囲気だけ見るならば、それよりも古いエリアに例えるほうが合っているように思う。漢江の

㉒

北側であったり、瑞草区の東側にあたる永登浦区寄りの場所に例えるのがふさわしいかもしれない。ただ杉並三駅あたりをレトロなサブカルチャーの発信地とするならば、小劇場やカフェが集まる鍾路区の大学路あたりがイメージとして近いだろうか。しかし大学路は現在もにぎやかな学生街であり、新しい雰囲気も兼ね備えている点では高円寺というよりも世田谷区下北沢寄りの場所ではないかと思う。むしろ瑞草区と近い場所で例えるならば、銅雀区との区境に位置する地下鉄4号線の總神大入口駅（梨水）や舎堂駅付近であろうか。方背洞から銅雀大路という大通りを一本挟むと、高級住宅地という雰囲気からは抜け、南城四季市場㉒といった地元に密着した活気のある市場があったり、また舎堂駅周辺の街並みも路地にお店の看板がひしめき合う点などは、ひと昔前の韓国のような、どことなく懐かしい雰囲気が感じられる。

①

②

PSYの世界的ヒット曲でも有名なソウル随一の流行発信地

江南区《カンナムグ》＝渋谷区＋目黒区と港区の一部

流行の発信地であり、ソウル屈指の富裕な区

江南区《カンナムグ》（강남구）という名称は、漢江の南にあることによる。反対に北の地域は**江北**《カンブク》（강북）ともいう。「江南」という地名は、2012年のPSY《サイ》（싸이）の「江南スタイル」が世界的にヒットしたことにより、一躍有名になった。江南という言葉は漢江の南側という意味をもつため、江南区と同義ではない。そのなかでも江南区、瑞草区、松坡区を江南3区といい、それに江東区を加えて江南4区という言い方もする。

その江南区は**狎鷗亭**《アプクジョン》（압구정）、そして2000年代後半からは**カロスキル**（가로수길）といった場所が流行の発信地となっている。今では麻浦区の弘大あたりが10代後半から20代前半の若者カルチャーの発信地となっているとはいえ、1980～90年代を含めて考えるとするならば、流行の発信地としての渋谷区に共通するところがある。漢江の北で最も大きな繁華街は明洞だが、南の中心となる場所は**江南駅周辺**①②だ。明洞は銀座のように最も地価や賃料が高い場所だが、江南駅周辺はそれに次ぐ水準である。地価に限らずだが、銀座に次ぐ繁華街となれば、新宿駅や渋谷駅の名が挙がってくるだろう。

江南区の中心となる江南駅周辺は商業地域が多い一方で、漢江沿いには高級アパートが立ち並ぶほか、地下鉄2号線の南側にあたる**道谷洞**《トゴクドン》（도곡동）③や**大峙洞**《テチドン》（대치동）にも高級アパートが多く、韓国のなかでも特に住宅価格が高い場所である。その南に行けば、江南区を東西に横切る良才川の周辺やその南側にもアパートが林立している。一方、渋谷区も渋谷駅の西側にあたる松濤、南平台のほ

か、恵比寿駅寄りの広尾といった場所もまた高級住宅街である。そして渋谷駅からもさほど遠くない場所にある代官山、区をまたぐことになるが、隣接する目黒区青葉台、中目黒といった場所は目黒川沿いにある高級住宅街だ。さらに渋谷区から目黒区にまたがる場所には恵比寿ガーデンプレイスがあったりと、ハイソなイメージも強い。江南区では**良才川**《ヤンジェチョン》（양재천）沿いに超高層のアパート④があったり、それ以外にも価格が高めのアパートが多く、富裕なエリアだということからすれば、このあたりが共通する点だといえるのではないだろうか。次に人口を見てみよう。江南区の人口は約54万４千人だが、渋谷区は約23万６千人しかおらず、隣接する目黒区との約28万８千人と合わせることで、ようやく江南区の人口に匹敵する。面積も同様で江南区が３９・５平方キロメートル、渋谷区が１５・１平方キロメートル、目黒区が１４・６７平方キロメートルで、両方を足しても江南区のそれに少し満たないくらいの水準である。といったことから江南区は、渋谷区と目黒区だとして例えてみたい。また城北区の一部でも目黒区の要素が感じられる。

３区ともにあとからソウル・東京に編入

現在の江南区のあたりは、朝鮮時代は農村であり、漢江で漁業も行われていた。その後も典型的な農村であったという。京畿道に属していたこの地域がソウルに編入されたのは１９６３年のことであり、当初は城東区とされた。現在の江南と呼ばれるあたりは永登浦の東側という意味から「**永東**《ヨンドン》（영동）」と呼ばれており、永東出張所が置かれていた。朝鮮戦争後には江北の人口が急速に増えていき、住宅などの整備が追い付かない状況になっていった。そこから「江南開発」という名で１９７０年頃から開発が進められ、現在のように発展していったのである。とくに江南区は地図で見ると大通りを中心にした区画が比較的整理され、碁盤の目のように見えるが、これは計画的に作られた町だからだ。東京では皇居が円形ということもあってか、四角い区画の場所ははっきりとは見当たらない。関東大

震災や戦後の復興時に計画的に開発された場所はあるようだが……。そして現在のように「江南区」という名称となったのは1975年のことだ。その後、一部地域は江東区や瑞草区へと分離していった。現在でも広義に「江南」と呼ばれる場所は、全体的に住居価格が高い傾向にあるが、北からの侵攻があった場合、漢江が防波堤になるという理由がある。

さて渋谷区と目黒区はどうだろうか？　両区が誕生して当時の東京市に編入されたのは、1932年のことで、渋谷区は豊玉郡の3つの村が合併、目黒区は荏原郡の2つの村が合併する形で誕生した。それまで東京市は15区であったが、このときに新たに20区を置き、35区となった。それぞれの区は都市の発展にともなって後からソウル、東京に編入された場所であることは共通する。もう少し両区について説明しておこう。渋谷駅の周辺を歩いていてもわかるが、宮益坂や道玄坂といった坂があったりと、起伏のある土地柄だ。渋谷駅西口を起点とするコミュニティバスには松濤や富ヶ谷、代々木上原駅を結ぶ「丘を越えてルート」があるのだが、そういった高台が現在は高級住宅街になっていたり、広尾あたりには大使館がある。西新宿方面から山手通りを南下していくと、初台あたりは丘になっていて、代々木八幡あたりでは一旦下がり、富ヶ谷や松濤へと緩やかな丘を再び上がっていく。江戸時代には現在の渋谷区の丘には武家屋敷が並んでおり、逆に低い土地は水田だったという。また渋谷に隣接する目黒区周辺はほとんどが農村地帯であり、目黒不動（瀧泉寺）の門前町あたりはにぎわっていたそうだ。

明治神宮＝宣靖陵や区内南部の山々

さて渋谷や目黒区には山はないが、航空写真を眺めたときに、これらの山に相当するような大きな緑地といえば、**明治神宮**⑤や代々木公園だ。代々木という地名は明治神宮の参道にあるモミの大木に由来し、現在は木の前にそれを示す立て札が設置されている。明治神宮の木々は全国から寄せられた

⑤

⑥

木々が植えられた人工林だ。明治神宮はかつては武家屋敷だったのだが、明治に入ってから政府が買い上げた場所である。明治天皇が崩御したあとは、京都で埋葬されたが、市民の声により明治神宮が創建された。ちなみに日本統治時代にソウルの南山に建てられた朝鮮神宮の祭神は、天照大神と明治天皇であった。

さて明治神宮の面積は70万平方メートル、代々木公園は54万平方メートルである（北ソウル夢の森が66万平方メートル）。明治神宮や代々木公園は都会のど真ん中であるのとは異なるが、どちらも都会に大きな緑地が存在するというわけだ。

天皇陛下が祀られているところを江南区内で例えるならば、**宣靖陵**《ソンジョンヌン》（선정릉）がそれにあたるだろう。ここには朝鮮9代王の**成宗**《ソンジョン》（성종）と貞顕王后、朝鮮11代王の**中宗**《チュンジョン》（중종）らが埋葬されている陵墓である。公園としても整備されており、都会のオアシス的な存在となっている。ただ明治神宮のような広大な面積の場所を例えるとするならば、区内の南にある**九龍山**《クリョンサン》（구룡산）、**大母山**《テモサン》（대모산）といった２００〜３００メートルほどの低山が連なっている場所だろうか。むしろ明治神宮や代々木公園より広いと思われる。これらの山には登山コースもあり、山の頂からは江南の街並みを望むことができるようだが、九龍山の麓にはバラックが立ち並ぶタルトンネがある。いかにも都会的なイメージの江南区にそのような場所があるというのは意外なことだ。鍾路区の梨花洞や、西大門区にあるケミマウルでは壁にアートを施すなどして環境改善が進んだが、この地域は家というよりもより簡素な造りになっており、もはやテントが並んでいるといっても過言ではないスラム街である。

テヘラン路と渋谷駅周辺の「シリコンバレー」

テヘラン路（테헤란로）⑥は、江南駅からＣＯＥＸモールのある三成駅近くまで東西に延びる３・７キロの通りである。１９７７年にイランのテヘラン市長がソウルを訪れた際に、同市と交換するよ

⑦

⑧

うに名づけられた。このテヘラン路沿いは90年代～２０００年代にかけてＩＴ企業が集まる場所であり、シリコンバレーにもじって「テヘランバレー」とも呼ばれた。その後は郊外やデジタル団地への移転が進んだ。その場所とは京畿道城南市**盆唐**《ブンダン》（분당）にある**板橋**《パンギョ》（판교）テクノバレー、デジタル団地は、衿川区の加山デジタル団地、九老区の九老デジタル団地がある。現在のテヘラン路は金融機関が多い場所としても知られ、銀行や保険会社、国民保険公団などがここに集まっている。また江南区と松坡区を分ける**炭川**《タンチョン》（탄천）沿いには２０１４年まで韓国電力公社の本社があった。これも首都機能を分散する目的で、約３００キロ離れた全羅南道羅州市に移転している。

東京のＩＴ集積地といえば、90年代末から２０００年代初めにかけて起業家たちが集まった渋谷区だ。サイバーエージェントやＤｅＮＡといった、今や日本を代表するＩＴ企業の本社も渋谷に本社を構えている。近年は渋谷の賃料が高くなったことから、ベンチャー企業が品川区の五反田に増えている。またコロナ禍によるテレワークの増加で、渋谷など都内のオフィスを離れる企業が出てきたことは確かではある。ちなみに五反田にはかつてソニーの本社があった。江南区にはサムスンの本社をはじめ、韓国を代表する企業の本社が多いことを考えると、渋谷区という要素もある一方で、大企業の本社が多い港区あたりの要素もあるように思えてくる。港区に例えた龍山区は江南区と漢江を挟んだ位置にあり、漢南大橋を渡った向かいに位置する。

目黒川の桜並木・良才川の桜並木

都心を流れる川という点では、目黒川にも似ているところがある。杉並区で良才川を善福寺川に例えたが、特に江南区を流れる場所に関しては目黒川と考えてもよさそうだ。ソウルにも桜が咲く川は他にもあり、東大門区と中浪区を分ける中浪川、恩平区を流れる仏光川でも桜の花見が楽しめる。

さて目黒川沿いの桜並木⑦には、毎年３月下旬から４月にかけて約３・８キロのところに８００本

⑨

⑩

の桜が咲き誇る。この時期に目黒川桜祭りが開かれるのだが、韓国の芸能人たちが東京へやってくると、この目黒川を訪れて写真を撮っていく。ここにぶら下がる提灯⑧には協賛する会社や商店の名前が書かれているが、なかには熱烈なファンから韓流アイドルに向けられたメッセージもちらほらと見られる。特に東方神起（ＪＹＪ）のメンバーの名前が書かれたものが多い。また目黒川では『冬のソナタ』に出演したパク・ヨンハ（박용하）も２００４年に週刊誌『女性自身』の撮影でこの場所を訪れている。彼が２０１１年に死去した際は、新大久保に献花台が設けられ、連日ファンが訪問するほどであった。

江南駅前は新宿や銀座の要素

漢江の南、**江南**《カンナム》（강남）の中心地である江南駅。地下鉄２号線・新盆唐線の駅でもあり、南北には江南大路、東西にはテヘラン路が伸びており、江南駅の地上で交差する。住所としては江南区**駅三洞**《ヨクサムドン》（역삼동）と、瑞草区瑞草洞にまたがっている。

江南駅から少し北に行くと、新論峴駅あたりまではビル街が続いている。この通りの左右にはビルが立ち並んでいる。この片側６車線もある幅の広い大通りは東京では例えにくいのだが、左右に中層ビルが立ち並ぶという意味では、新宿の大ガードを前にした歌舞伎町の靖国通りのようでもあり、中央区の銀座通りのようでもある。しかし歌舞伎町ほどの乱雑さもなく、銀座ほどの伝統やハイソさも感じられない。江南駅の大通りにはファストファッションのブランドや、コスメショップの旗艦店があることからすると、いずれの街よりも若さが感じられる。この江南大路沿いは**Ｕ・Ｓｔｒｅｅｔ**と呼ばれるＩＴを活用した通りであり、道の両側には液晶パネルがついた**メディアポール**が設置されている⑨。もちろん当時は韓国でも先進的な取り組みであったが、韓国ではこうした電子掲示板が２０００年代後半にはすでに設置されていたのである。

⑪

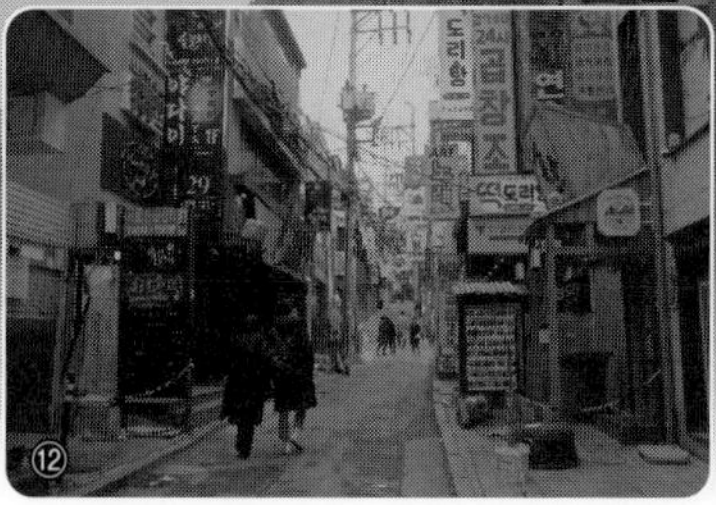
⑫

また江南駅の地下には**江南駅地下ショッピングセンター**⑩があり、衣料品やアクセサリを販売するショップを中心に、それぞれの店舗がひしめき合っている。平日でも夕方になると学生や会社員の女性たちが増え、セールが行われている。渋谷駅のスクランブル交差点の地下にも、しぶちかショッピングロードがあるが、江南駅もそれと同じだといえるだろう。そして江南駅周辺はソウルの南に隣接する郊外へのバスが集まる場所にもなっており、そのために人通りが多い場所である。

サムスンｄ’ｌｉｇｈｔとサムスン本社

江南駅近くには**サムスンの本社**がある。サムスンは１９３８年に「三星商会」として設立された会社で、言わずもがな韓国を代表する財閥企業である。江南駅近くには本社ビルがあり、この建物の１階にはサムスンｄ’ｌｉｇｈｔという広報館があり、サムスンの製品のほかテクノロジーなど様々な体験ができる。ただし住所は瑞草区にあたる。自社製品の広報という意味であれば、竹下通り近くの渋谷区神宮前に２０１９年にオープンしたＧａｌａｘｙ　Ｈａｒａｊｕｋｕと似たようなものだろうか（原宿のあたりは麻浦区の弘大にも例えている）。そういった意味では渋谷区と共通しているといえる。ただサムスン・ジャパンの本社は飯田橋駅近くの千代田区富士見にある。以前はサムスンと三井不動産が出資したビルで、六本木一丁目駅近くの六本木ティーキューブ（住所は港区六本木三丁目）にあった。サムスンの日本事業は２０１２年に改組が行われており、日本サムスンの一部の事業をサムスン・ジャパンが引き継いでおり、日本サムスンの本社は品川駅のすぐそばの港区港南、ＳＯＮＹと目と鼻の先にある。そして江南駅の隣にあたる**駅三洞**《ヨクサムドン》⑪⑫にはＬＧアートセンターという、家電大手のＬＧが設立した財団の公演場がある。

⑬

⑭

円山町と論峴洞は花町

渋谷区の円山町にはラブホテル街がある。円山町会公式ページによれば、円山は江戸時代からの宿場町であったが、１８８５年の渋谷駅が開業したのちに芸者屋をはじめた人がいて、それから料亭や芸妓置屋などが集まる花町となっていった。現在ではその多くは姿を消したが、いくつかの料亭は今でも残っている。そして花町で暮らしていた人は妾が多く、彼女たちが与えられた部屋を時間貸ししたことがラブホテルの始まりである。

現在の江南駅の近くの**駅三洞**《ヨクサムドン》のあたりには、居酒屋や焼肉店のような飲食店がひしめき合っているのだが、そういった場所に広義の風俗店であるナイトクラブや、ルームサロンがある。このような風俗店全般を総称して「**遊興業所**《ユフンオプソ》（유흥업소）」と呼ぶ。ルームサロンは、女性が接待するクラブやスナックである。日本でいうキャバクラよりは高級で、店によっては売春が行われることもある。韓国にも「**花柳界**《ファリュゲ》（화류계）」という言葉が存在するのだが、駅三洞の北隣にあたる**論峴洞**《ノニョンドン》（논현동）⑬は江南で働く女性たちが住む場所でもあるらしい。実際に美容室やネイルサロンが多いことからもそうした街であることがわかる。ただ論峴洞のなかでも**鶴洞路**《ハクドンロ》（학동로）を挟んだの北側には豪邸が立ち並ぶ⑭ほか、高級アパートも見られる。ヨン様ことペ・ヨンジュンが立ち上げた芸能事務所のキーイーストの本社がある場所もこの町だ。ここには李明博元大統領の私邸のほか、芸能人も住んでいる。歓楽街の隣にあるという意味では、新宿区の歌舞伎町と、その裏町である新大久保界隈にも例えられそうだが、街の猥雑さという点では江南駅周辺のほうが圧倒的に薄く、歌舞伎町を歩くような妙な怖さも感じられない。とすれば、駅三洞は渋谷駅周辺の円山町、宇田川町といったところだろうか。そして論峴洞の北側エリアの高級住宅街は松濤や富ヶ谷あたりに相当するのではないだろうか。

⑯

⑮

論峴洞家具通り＝目黒通りのインテリア通り

論峴洞《ノニョンドン》（논현동）の中央には**鶴洞路**《ハクドンロ》（학동로）⑮という通りがある。ここは家具・インテリアの販売店が集まっている場所なのだが、その建物からも高級感が感じられ、西大門区阿峴洞のそれとは異なる雰囲気だ。海外からの輸入品やヴィンテージなど、江南区という場所だけに高級感のある家具が集まっている。目黒区の目黒通り沿いにもそうしたインテリア通りがある。目黒駅方面から目黒川を渡ったあたりから家具・インテリア販売店が増えはじめ、住所としては目黒、下目黒のあたりを中心に学芸大学駅寄りの鷹番あたりまで続く。もともとここは外車通りであり、そのような車を買う客層の人たちが購入するインテリアのお店が増えていったという。このあたりの富裕な雰囲気は共通するといえるだろう。

ユニークな名前の交差点や通り

江南駅の少し南、**良才駅**方面へ歩いていくと、「**ベンベンサゴリ**（뱅뱅사거리）」⑯なる交差点がある。その音からしても曰くつきな地名だが、周りを見渡してみるとその理由がすぐに分かった。交差点の角には「ＢＡＮＧ ＢＡＮＧ」と書かれた衣料品店があった。人気アイドルグループ・ＢＩＧＢＡＮＧを「빅뱅（ビッベン）」と表記するのと同じである。この「ＢＡＮＧ ＢＡＮＧ」というのはファッションブランドでこの地で40年以上も営業しているようだ。それにしてもこのように都心部で一企業のブランドがそのまま交差点名になり、表示がされているのは珍しいのではないか。韓国では日本統治時代からの地番住所を、西洋風にストリート基準に住所を改めて以来、行政がユニークな通りの名称を付けてきたが、交差点名ではそれほど多くはないはずだ。

さて渋谷区にはそういったユニークな名前で呼ばれる通りが多い。いずれも俗称ではあるが、センター街のほか、東急ハンズのあるハンズ通り、音楽関係の店が多いオルガン坂、そして南欧の店が多

⑰

⑱

いスペイン坂には2016年までTOKYO FMのスタジオがあった。

カロスキル＝代官山と自由が丘

カロスキル⑰は、江南区新沙洞の南北に約900メートル続く、イチョウ並木の通りである。カロスとは漢字で「街路樹（가로수）」である。ちなみにキル（길）は「道」という意味で直訳すると街路樹通りである。そのカロスキルの通りの左右や路地にはショップやカフェがひしめき合っているが⑱、お洒落というだけでなく、上品さも感じられる街である。その雰囲気は渋谷区**代官山**にも似ていると感じる人は少なくないだろう。代官山は渋谷駅と恵比寿駅の中間あたりに位置している。代官山駅から東急東横線沿いに延びる代官山通りは、細めの路地にお洒落なお店があり、道の雰囲気からすると鍾路区の三清洞通りにも似ている。カロスキルの通りはその広さからすると八幡通りの雰囲気が最も近い印象を受ける。旧山手通りは蔦屋書店の複合商業施設である代官山T・SITEに代表されるように、広々と余裕のある様子で建物が並んでいる点は、小さなお店が連なるカロスキルとは少し異なるところであろう。ただ、街全体のエレガントさではカロスキルと代官山は似ている、といえるのではないだろうか。おしゃれな店が多いという意味でいえば自由が丘、景観的には表参道ともいえなくはない（表参道については後で述べる）。代官山に関しては大使館のような立派ながらも異国風の建物が多いという点では、龍山区の漢南洞の雰囲気も感じられる。ちなみに代官山にあるエジプト大使館は漢南洞にあり、リビア大使館はその隣の梨泰院にある経理団通り、デンマーク大使館は中区のソウル駅近くにある。

実はソウルに3つある新沙洞

江南区の新沙洞は観光客にも有名だが、ソウル市内には同じ音の場所が3か所ある。恩平区には「新

⑲

⑳

寺洞」、冠岳区には「新士洞」があり、どれも同じ「シンサドン（신사동）」である。ただし観光客が恩平区や冠岳区に行くことは少ないので、タクシーの乗車時にトラブルが起こることは考えにくい。

東京では同音で間違いやすいところはあまり見当たらないが、同形異音の地名は存在する。大田区には新宿《しんじゅく》、葛飾区には新宿《にいじゅく》、埼玉県川越市には新宿《あらじゅく》という地名があるが、こちらは音が違うため、間違うことは少ないはずだ。また埼玉県川越市には霞ヶ関もあり、千代田区の官庁街である霞が関と間違いやすい。しかも千代田区の地下鉄の駅は霞ケ関駅であり、埼玉県のそれとは「ケ」の大きさが異なる。

狎鴎亭・清潭洞＝表参道と港区の一部

地下鉄３号線の狎鴎亭《アプクジョン》（압구정）駅の東側にあたる漢江沿いには、**狎鴎亭現代アパート**⑲が立ち並ぶ。このアパートは１９７０年代から建てられはじめ、西欧風の新しい生活スタイルを望む人たちに人気が高まった。アパートは日本の団地のような存在ともいえるが、そのなかでも狎鴎亭の現代アパートは、一般的なアパートよりも広いこともあり、富裕層が多く暮らす場所だ。そうした背景のなか１９９０年代にはそうした親の経済力をバックにその子どもたちが高級車を乗り回し、ブランド品を身につけて異性をナンパするという「**オレンジ族**《オレンジジョク》（오렌지족）」という言葉も生まれた。この狎鴎亭にはアパートと隣接するようにして高級ブランドを扱う**ギャラリア百貨店名品館**⑳㉑があるほか、隣の**清潭洞**《チョンダムドン》（청담동）㉒もまた海外のブランドショップが林立する場所でもある。韓国ではハイブランドのことを「**名品**《ミョンプン》（명품）」と呼ぶ。ちなみにこのあたりには大手芸能事務所が多い。そのため、近くの**狎鴎亭ロデオ通り**㉓には芸能人がよく出没することでも知られている。ギャラリア百貨店の前にはK-STAR ROADといって、K-POPアイドルたちのアートトイがずらりと並んでおり、韓流アイドルファンたちのひとつの名所となっている。

㉑

㉒

このように高級感が感じられ、ブランド品店が多く集まる雰囲気は、渋谷区神宮前から港区北青山、南青山へと続く表参道にも共通するところがある。表参道は明治神宮の参道のひとつだが、ここには表参道ヒルズに代表される商業施設のほか、海外のハイブランドも集まっている。春から夏にかけては青々しいケヤキ並木も美しく、冬になるとイルミネーションも美しい。そういったことからも狎鴎亭洞や清潭洞周辺を例えるなら表参道がふさわしいと言えまいか。ただ清潭洞は高級ブランドのショップばかりが並んでおり、表参道より遊び場が少ないといえる。

狎鴎亭ロデオ通り（以下、ロデオ通り）は前述のように90年代は流行の発信地だったというが、現在はカロスキルのほうがお洒落ストリートとして人気が高い街である。ただ清潭洞よりもセレブ度は弱まるために、一般の人にも敷居が低い街である。数年前までロデオ通りの入口にユニクロがあったこともそう感じさせた一因だったかもしれない（ただ韓国では手頃な衣料品が多いため、ユニクロが特に安いというイメージは薄い）。グルメ店はもちろん、若者に人気の店が多く、SMエンターテインメントなどの芸能事務所が近くにあることから、アイドルたちが訪れる店も多い場所だ。原宿の竹下通りよりもずっと上品な感じがする。2000年代には流行の発信地にもなっていたのだが、現在は弘大が若者の街であり、区内ではカロスキルのほうがにぎわっている。

美容観光にも力を入れる江南区

狎鴎亭駅のすぐ南の通りには美容整形外科が並んでいる通り㉔がある。住所としては新沙洞にあたる場所なのだが、ビルに取り付けられた看板には、これでもかというほど「성형외과（ソンヒョンウェックァ・成形外科）」という文字が並んでいる。そして狎鴎亭駅6番出口そばには江南観光情報センターがあり、ここにやってくると、芸能事務所の多い江南区では韓流観光に力を入れていることがよくわかる。そしてもうひとつが美容系の医療観光だ。ここを訪れると病院選びのための情報を教

㉔

㉓

えてもらえる。それは顔の整形手術に限らず、美容皮膚科や抜け毛などの治療も含めてのことである。東京では整形外科が集中している場所が特にあるわけではないが、エステやネイルサロンのような業種は銀座、新宿、池袋、そして渋谷などの人が集まる場所に多い。

COEX＝サンシャインシティ＆東京ビッグサイト

三成洞《サムソンドン》（삼성동）にある**COEX**（コエックス）㉕㉖は、展示会場やコンベンションセンター、ショッピングモール、映画館やアクアリウムが一体となった巨大な複合施設である。展示場は1979年に設立され、その展示場ではデザインやアニメ、観光、企業による合同展示会など、多種多様な展示会や博覧会などが開催される。その意味では江東区有明の東京ビックサイトや、千葉県の幕張メッセのようなものであろう。ただソウル近郊にはもう一つ大きな展示場があり、ソウルの北隣にある京畿道高陽市の**一山**《イルサン》（일산）にあるKINTEXがそれに相当する。COEXがソウル市内にあるという意味では東京ビックサイト（江東区）に例えるのが妥当だろうか。またCOEXには空港都心ターミナルがあり、ここでチェックインや荷物を預けて、リムジンバスで空港へ向かうこともできる。

COEXの地下にある大型商業施設、スターフィールドCOEXモール（以下、COEXモール）は3万6千坪の広さを誇り、2000年の開業当初は東洋最大級のショッピングモールと謳われた。実際に非常に広いモールで、ここには国内外の数々のブランドが入店するほか、飲食店も数多くある。雰囲気としては豊島区東池袋のサンシャインシティをとにかく大きくしたようなショッピングモールである。埼玉県越谷市のレイクタウンは日本一巨大なショッピングモールといわれるが、このCOEXモールもなかなか広い。とはいえ、近年はショッピングモールが増えているため、特別感は薄い。2017年には吹き抜けにピョルマダン（별마당）図書館がオープンし、高さ13メートルの巨大な本棚が目を引く。

㉕

㉖

江南左派と世田谷自然左翼

住民の所得がソウルのなかで高い水準にある江南3区（江南・瑞草・松坡）と龍山区では大統領選挙の傾向を見ると、右派的な傾向が読み取れる。そのため2017年5月の大統領選挙で革新派として出馬した文在寅候補（現大統領）の得票率が、これらの区で最も低い水準（江南、瑞草、龍山の3区が30%台、他の区はすべて40%台）だった。その前の2012年の大統領選挙ではこれらの地域で主に保守派の朴槿恵候補が当時の文在寅候補（いずれも当時）に勝利している。

このように右派的な傾向が強い江南だが、2005年頃から「**江南左派**《カンナムジャパ》（강남좌파）」という言葉が使われている。自らは高所得者として江南で暮らしていながらも、親北的で社会主義的な言説を主張することを揶揄する言葉で、2019年に不正の疑惑が次々と噴出し「玉ねぎ男」とも呼ばれ話題となった**曹国**《チョグク》（조국）元法務部長官がこの江南左派の代表的な存在とされる。

こうした江南左派について経済評論家の上念司氏は、江南を「世田谷」に置きかえ、自然派食品や化粧品を販売する通販会社の「世田谷自然食品」の語感を取り入れ「世田谷自然左翼」と例えている（同社とは全く無関係）。つまり富裕な人が暮らす江南というイメージに合う東京の町を世田谷としているが、江南にもそうした要素があるという意味では的確な例えといえるだろう。本書では総合的かつ相対的な要素から江南区の高級住宅街の要素を目黒区に例えてきたが、これもまた江南区やこの地域の富裕なイメージを反映したものである。

①

②

蚕室綜合運動場やロッテワールド、オリンピック公園等テーマパーク揃い

松坡区《ソンパグ》＝文京区

ニュータウンは江東区・江戸川区

区北部はロッテワールド・野球場、南部はニュータウン

松坡区《ソンパグ》（송파구）は漢江の南で、ソウルの南東に位置している区だ。松坡の由来は高麗時代以前から自生していたという「松の木が多い丘」を意味する。朝鮮時代、松坡と呼ばれていた場所は京畿道**広州**《クァンジュ》（광주）郡に、そして**蚕室**《チャムシル》（잠실）という場所は京畿道楊州郡に属していた。蚕室周辺は1945年に、松坡は1963年にソウル市に編入されたのだが、隣接する江南区と同様、当時は城東区となった。その後は1979年に江東区として分離され、1988年に松坡区として発足しているので、比較的新しい区である。

松坡区のランドマークとしては蚕室綜合運動場に野球場があり、プロ野球の試合が開催されるほか、韓国を代表するテーマパークのロッテワールドがある。そんなことからは文京区の後楽園周辺を思い浮かべた。都会のなかに数々のアトラクションがある東京ドームシティーアトラクションズ（旧・後楽園ゆうえんち）や、読売ジャイアンツの本拠地でコンサートやイベントも開催される**東京ドーム**①がある。

そして詳しくは後述するが、時代は異なれど、史跡が多いところも文京区に例えられるのではないか。文京区は近現代の史跡が多いが、松坡区には三国時代のひとつの国である百済の古墳②が点在している。ただし「ソウル」という都市としての近現代の歴史が多い場所は漢江の北であるため、その点では性質が違ったものだといえる。そのため、文京区のほか台東区にもまたがっている「谷根千《やねせん》」という下町情緒が感じられるエリアは松坡区とは考えにくく、むしろ蚕室のあたりは広義

④

③

の意味での「**江南**《カンナム》（강남）」であり、1960年代以降に開発されたソウルの中でも比較的新しいエリアである。そのため谷根千のような場所は、西大門区あたりで考えるのが適当ではないかと思う。また都内で古墳が多い場所といえば、多摩川流域の世田谷区や大田区あたりだ。

このような区の性質やカラーがあるが数値的な面はどうだろうか。文京区の人口は23万6千人で、面積は11・29平方キロメートルだ。一方で松坡区は人口が67万7千人で、面積は33・87平方キロメートルと、いずれも松坡区のほうが3倍ほど多く、その点は大きく異なってくる。

そしてもう少し区内を細かく見てみよう。先に述べたようにスポーツ施設や遊園地、古墳がある場所は区内北部である。観光要素としてはこのようなところが最初に目にとまるだろう。しかし区内の東部や南部は、アパートや団地も多く郊外の要素を感じられる場所だ。区内東部に位置し、地下鉄5号線の終点にあたる**馬川洞**《マチョンドン》（마천동）③、そして**巨餘洞**《コヨドン》（거여동）にはニュータウンが再整備されている。またアウトレットとして衣料品店が集まる**文井洞**《ムンジョンドン》（문정동）④や、その隣の**長旨洞**《チャンジドン》（장지동）といった街もまたアパートが多く、ベッドタウンだといえる。そのため、これらの地域は大学などの教育施設が多い文京区として例えるのは少々難しいと思う。こうした場所はソウルの東南という位置から、江東区の大島・北砂団地や江戸川区の葛西地区にあるニュータウンが思い浮かぶ。

ロッテワールド＝東京ドームシティーアトラクションズ

松坡区であり蚕室エリアのランドマークといえば、**ロッテワールド**（롯데월드）⑤の名前が挙がる。ここは1987年に開業したテーマパークだ。地下鉄2・8号線の蚕室駅と地下通路が直結していることもあってか、その入口はサンシャインシティにあるナンジャタウンを思わせる。ナンジャタウンはビルのなかに入口があるからだ。

園内は大きく分けて屋外と室内の二つに分けられるが、屋外エリアのマジックアイランドにはラン

ドマーク的存在の象徴的なお城があり、その姿はディズニーランドのシンデレラ城にも似ている。屋外エリアは漢江の水を取り入れて造成された人口湖の石村湖に囲まれており、その敷地内には所狭しとアトラクションが密集しており、その点では都会の遊園地である東京ドームシティーアトラクションズのようでもある。室内施設のアドベンチャーワールドは、室内にアトラクションがある点では世界最大であり、ギネスブックにも登録されている（その後1990年には東京都多摩市に日本発の屋内テーマパーク、サンリオピューロランドが開業した）。メリーゴーランドやバイキング、お化け屋敷なども室内にあり、雨が降っても楽しめることは魅力的だ。園内ではロッテワールドのキャラクターによるパレードが行われるなど、韓国におけるディズニーランドのような存在である。とはいえ東京ドームシティーアトラクションズで行われるような、戦隊モノのショーは行われないようだ。ちなみに東京ディズニーランドの面積は約15万坪だが、ロッテワールドの敷地は約4万坪。ドーム球場や遊園地などをすべて含めた東京ドームシティー全体では約4万坪で、ほぼ同じ広さであることは奇遇だ。なお後楽園ゆうえんちの開業はロッテワールドよりも30年以上前の1955年であり、年代は異なっている。仮にロッテワールドをとり囲む石村湖の水を何かに例えるならば、東京ドームの隣に位置する小石川後楽園の庭園の水だろうか。これは神田川の水系の水を、今は現存しない神田上水から引き入れていたものだ。

百済の遺跡があるオリンピック公園

オリンピック公園（올림픽공원）⑥は、1988年のソウルオリンピックを前にして作られた公園だ。五輪マークが描かれた世界平和の門が入口付近に堂々とそびえており、その前では聖火が燃えている。ソウルのオリンピック公園は、**夢村土城**《モンチョントソン》（몽촌토성）という遺跡がある場所だ。同区内にある**風納土城**《プンナプトソン》（풍납토성）とともに、朝鮮三国時代の百済前期の都城、**河南慰礼城**《ハナムウィレソン》（하남위례성）と推定

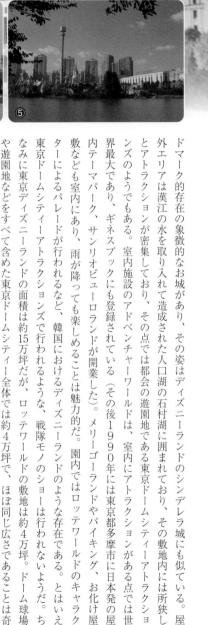

⑦

⑧

されている。公園内には水濠があって、その内側は丘のように盛り上がっており、2・7キロの土塁を歩いて散策することもできる。また公園内には**漢城百済博物館**《ハンソンペクチェパンムルグァン》（한성백제박물관）があり、館内では都城の模型や、当時の様子を再現した展示が行われている。

この百済の土城の規模に匹敵するとはいえないが、文京区には史学上大きな意味をもつ場所が弥生町二丁目にある。これは弥生時代の発見のもとになった土器が発見された場所で、向ヶ丘貝塚と呼ばれている。この遺跡は1884年に発見されたが、その正確な位置は不明で「弥生式土器ゆかりの地」という碑が建っているのみだ。

オリンピック公園の入口からは、オリンピックに関連するようなものは世界平和の門しか見えないが、土塁を歩いてみると体操競技場やハンドボール競技場が見えてきて、スポーツの場所だと感じさせてくれる。公園のすぐ隣には国立大学である韓国体育大学がある。

むしろ東京でオリンピックの名を冠すところというならば、世田谷区駒沢公園にある駒沢オリンピック公園ではないだろうか。こちらにもシンボルとなる管制塔（オリンピック記念塔）が建っている。同公園内には陸上競技場や体育館があり、現在も使用されている。ちなみに公園近くの世田谷区深沢には日本体育大学の世田谷キャンパスがあり、公園の近くに体育大学があるという意味では共通するところだ。松坡区のなかでも北部にあたる蚕室洞、**新川洞**《シンチョンドン》（신천동）、**石村洞**《ソクチョンドン》（석촌동）、**芳荑洞**《パンイドン》⑦（방이동）といった場所には古墳があった。東京では前述のように、世田谷区から大田区にかけての多摩川沿いにかけて多い。世田谷区の等々力渓谷には横穴式石室があるほか、その近くには上野毛古墳群や、**野毛大塚古墳**⑧がある。漢江と多摩川をそのまま同等に考えるのは難しいが、やはり川の近くに大きな集落ができ、有力者の墓である古墳が作られたということは容易に結びつく。

⑨

⑩

松坡区北部は文京区、南・東部は江東区や江戸川区

文京区には弥生時代の遺跡のほかにも、江戸時代の初期に作られた小石川後楽園、六義園《りくぎえん》といった日本庭園があり、やはり歴史的な要素が感じられる。そして江戸時代に武家屋敷が置かれ、護国寺や根津神社などの寺社、昌平坂学問所といった近現代の旧跡も多い。本郷の雑貨店である「かねやす」までが江戸、という言葉もあるが、松坡区はかつては京畿道であったこととは異なっている。先にも述べたが、この点が西大門区あたりに相当するのではないかということだ。そのため両区は一概に比較はできない。近現代の歴史で大きく目立つものといえば朝鮮王朝が養蚕を奨励し、現在の蚕室の由来となった「**蚕室都會**《チャムシルドフェ》（잠실도회）」が置かれていた場所だということだろうか。時代は異なるものの、歴史性がある区というだけで共通点とするのは無理やり感もあるが、ここではそのようにしておきたい。繰り返しにはなるが、松坡区北部は遊園地や競技場、遺跡といった観点から文京区の要素が強く、南部や東部はニュータウンの要素が強い。そして区内の南寄りにある**可楽洞**《カラクドン》（가락동）には通称・可楽市場と呼ばれる韓国最大の農水産物総合卸売市場⑨があるのだが、それに匹敵する市場は大田区にある大田市場ではないかと思えてくる。その市場のすぐ北に位置する可楽1洞には市営アパートを改築した**Helio City**（헬리오시티・ヘリオシティ）⑩という大規模高層アパートが完成し、リゾートのような団地として注目を集めている。そして松坡区の東側あたりは郊外の住宅地といった印象で、馬川洞あたりはこれから再開発が行われようとしている。

東大と御茶ノ水女子大、湯島天満宮

文京区は1947年に小石川区と本郷区が合併してできた区だ。教育機関などが多く、文教地区ということから「文の都」として、当時の区の職員からの公募により「文京区」という名前が決まった。東京大学やお茶の水女子大学もこの文京区に位置する。ソウル大学校は**冠岳区**《カナック》（관악구）にあり、韓

⑪

⑫

国には国立の女子大はないのだが、韓国を代表する女子大である梨花女子大学校は西大門区にある。ただ松坡区の大学といえば韓国体育大学校くらいであり、文の都というには、ふさわしい場所とは言い難い。学問の場という意味では名門大学の多い西大門区または東大門区にそういった要素があるだろう。そして文京区には学問の神様として、受験生が合格祈願に訪れる湯島天満宮（湯島天神ともいう）がある。日本よりも受験戦争が厳しい韓国だが、センター試験にあたる大学修学能力検定試験（修能が行われる11月頃に、受験生の父母が寺院で祈祷する。韓国では湯島天満宮のように特に学問に特化した場所があるわけではないようだが、松坡区に隣接した場所では隣の江南区にある**奉恩寺**《ポンウンサ》（봉은사）⑪あたりがそれにあたるだろう。韓国のお寺での祈祷はひざまづいて行うなど、日本人から見ると敬虔な祈りにみえる。

ロッテワールドタワーと東京スカイツリー

ロッテワールドタワー（롯데월드타워）⑫は、ロッテワールドの向かい側である第2ロッテワールドに建設された高層ビルで、地上５５５メートルで、１２３階建ての高層ビルである。南山の山頂付近に建っているＮソウルタワーは山の標高とあわせて、約４８０メートルなのでそれよりも高い。ロッテワールドタワーは２０１４年にプレオープンしたあと、２０１７年4月に正式オープンした。１～１２階まではショッピングモールや免税店があり、上階には展望台ＳＥＯＵＬ ＳＫＹがあるほか、建物内にはオフィスやホテル、そして住居まで入っている。

東京で最も高いビルは、港区にある虎ノ門ヒルズの２５５・５メートルであるから、ロッテワールドタワーが圧倒的な高さだということがわかる。近い時期に建てられたのは、墨田区にある東京スカイツリーであり、こちらはタワーであるが、「武蔵」という旧国名にちなんだ６３４メートルだ。墨田区の項目で詳しく触れているが、スカイツリーの下にはソラマチという商業施設がある。

蚕室綜合運動場、野球場は2球団が本拠地を置く

蚕室綜合運動場《ソウルジョンハプウンドンジャン》（서울종합운동장）⑬は1984年9月に完工した競技場で、オリンピック主競技場、補助競技場、室内体育館、野球場、体操館、水泳場などがあるスポーツの総合競技場だ。1986年のアジア大会、1988年のソウル五輪にも使われた施設であり、現在プロ野球が2チーム（後述）のほか、プロサッカーのKリーグ「ソウルE・LAND FC」、プロバスケットボールの「ソウル三星サンダース」が本拠地を置いている。そしてK-POPのコンサートなどにも使われている施設である。位置としてはCOEXのある江南区三成洞から三成橋を渡って、松坡区に入ったところで、地下鉄2号線、9号線の綜合運動場駅からすぐの場所にある。敷地内には駐車場はあるが、試合やイベント開催日にはスタジアムの脇で飲食物や物販などが行われており、にぎやかな雰囲気だ。プロも使用する総合的な運動場という点では、駒沢オリンピック公園総合運動場陸上競技場や、明治神宮外苑のような場所だといえるだろう。ただ野球場だけに着目すれば東京ドームのような存在でもある。蚕室野球場⑭では「斗山ベアーズ」と「LGツインズ」が本拠地を置いており、これは以前、後楽園球場や東京ドームが読売ジャイアンツと日本ハムファイターズが相互にフランチャイズ球場として利用していたのとよく似ている。

蚕室野球場は両翼が100メートルなのは東京ドームと同じだが、中堅が125メートルもあり（東京ドームは122メートル）、メジャー級の広さであることから、ホームランが出にくい球場だとされる。その一方で東京ドームは中堅から両翼までがわりと直線的で膨らみがなく、ホームランが出やすいのだ。これは余談だが、韓国のプロ野球の試合では、ボールが打ち上がると日本以上に歓声が沸き上がる。そして外野応援が中心の日本とは異なり、内野応援が基本だ。チアリーダーが応援の音頭を取るなど、球場の盛り上がりぶりもなかなか面白い。

⑮

⑯

紛らわしい新川駅は蚕室セネ駅に改称

地下鉄2号線綜合運動場駅の隣の駅である蚕室セネ（잠실새내）駅。これは2016年まで「**新川**《シンチョン》（신천）」という名の駅であった。その地上は2号線に沿ってオリンピック路が通っており、これはロッテワールドの前を通っていく。駅の南側には数百メートルの通りには繁華街が形成されている⑮が、雑居ビルにはそれぞれの店の看板が競うようにかかっており、夜になると、ネオンがギラギラと光るところは韓国の典型的な繁華街といった雰囲気だが、道幅が比較的広くすっきりしている印象だ。そのすぐ近くには**セマウル市場**《セマウルシジャン》（새마을시장）という地元の在来市場がある。このセマウル市場には生鮮、食品などの店がある点ではどこの市場とも変わらないが、江北にある市場のような古めかしさはあまり感じられない。この市場には「タッカンジョン（닭강정）」という甘辛鶏唐揚げの店が多い。

「新川」という駅名が「蚕室セネ」に変更された理由について触れておこう。セネ（새내）は「新しい小川」を意味する言葉であり、「蚕室新川」ということで意味としては特に変わりはない。変更されたひとつの理由としては、新川駅⑯の住所は蚕室洞であり、そもそも新川と関係がなかったことが挙げられる。一方で2駅隣の蚕室ナル駅、この「ナル」は渡し場という意味があり、漢江の蚕室鉄橋に近い駅だが、この駅が本来、新川洞に位置する。ただこれは品川駅が港区、目黒駅は品川区にあるようなものであり、日常生活を送るうえでは特に不便を感じないことはお分かりだろう。それよりもうひとつの理由が興味深い。「新川」の発音が、同じ地下鉄2号線の「**新村**《シンチョン》（신촌）」駅と紛らわしいことによる。ちなみに「新川」の「川」はハングルで書くと「천（チョン）」、新村の「村」は「촌（チョン）」であり、文字を見ると異なっていることがわかるが、これは「어（口を縦に開くように発するオ）」「오（口をすぼめて発するオ）」というように母音が異なる。この母音は電話など聞き取りにくい場面では、韓国語ネイティブ話者でも紛らわしく感じることがあるらしく、名前や地名などを電話越しで話すときに、聞き返しているのをしばしば耳にするほどだ。特に外国人にとってはより紛らわしい

ものであり、タクシー運転手に「新村」と伝えたのに、この松坡区の「新川」に来てしまった、という失敗談は有名な話である。筆者もかつて空港からリムジンバスの乗車券を買うときに、カウンターで聞き返された覚えがある。そういった問題に決着をつけるべく、ついに改称されたのである。

文京区の話ではないが、東京にも紛らわしい駅名がある。それはJR青梅線の青梅駅（青梅市）とゆりかもめの青海駅（江東区）だ。青海駅にはパレットタウンや東京ビッグサイトが隣接しており、イベント関連で間違う人が多いようだ。青梅駅は奥多摩の玄関口となる駅で、実際に訪れるとそういったイベント会場は全くなく、山に近い雰囲気が感じられる場所だ。

今なお飾り窓の集娼街が残る千戸洞、いにしえ香る岩寺洞

江東区《カンドング》＝葛飾区

足立区北千住の要素も

繁華街や市場もあるソウル外れのベッドタウン

江東区《カンドング》（강동구）は、ソウルの南東部に位置し、この「江東」は文字通り漢江の東にある地域を指している。東京にも同名の江東区があり、これもまた同様に隅田川の東に位置することが理由である（江戸時代にも江東という言葉があり、当時や深川地区や城東という意味があった）。ソウルの江東区はロッテワールドなどの松坡区の北側に位置しているほか、北は京畿道**九里**《クリ》（구리）市、西は**河南**《ハナム》（하남）市に隣接しており、まさにソウルの外れにある区だ。

ソウルの南東という位置からすると江戸川区あたりを思い浮かべたが、千葉県に隣接するという意味では足立区や葛飾区も候補になるだろう。そのなかで人口が近いのは葛飾区であった。江東区の人口は約46万2千人で、一方の葛飾区は45万4千人とほぼ同程度である。面積は江東区が２４・５９平方キロメートル、葛飾区が３４・８０平方キロメートルとなっており、広さでは葛飾区のほうが上回っている。

江東区は主にベッドタウンといえる場所だが、最もにぎわう街といえる場所は百貨店やロデオ通りという繁華街がある**千戸洞**《チョノドン》（천호동）①である。それ以外はとくに目立った商圏があるわけではないが、地下鉄8号線の終点がある**岩寺洞**《アムサドン》（암사동）や、地下鉄5号線の**明逸**《ミョンイル》（명일）駅周辺には伝統市場があるほか、江東駅前には２０１７年に建てられた地上36階、地下6階のイーストセントラルタワーという大きなオフィスビルがそびえるなど、地下鉄駅近くは栄えている印象は感じられる。

一方、葛飾区で最も大きな街といえるのは新小岩駅周辺であり、駅前にはアーケード商店街がある

②

③

が、区内で乗降客数が最も多い京成高砂駅は京成線が3路線と北総鉄道が通る駅である。金町駅前にはタワーマンションが建っているとはいえ、金町も亀有も駅周辺は下町の情緒が漂う街である②。
ちなみに葛飾区は麻浦区と姉妹都市として提携している。葛飾区は江戸川、麻浦区は漢江に面しており、街の風景が似ていることが理由だという。麻浦区も地元ローカルな市場がある望遠洞あたりは庶民的な住宅街であるし、阿峴洞あたりにも昔ながらの市場がある点は下町らしいのだが、学生街である昨今の弘大の発展や活気は目覚ましく、むしろ原宿化している点からみると、葛飾区には例えづらい。そしてソウルの江東区は、東京23区に接する武蔵野市と姉妹都市を結んでいる。

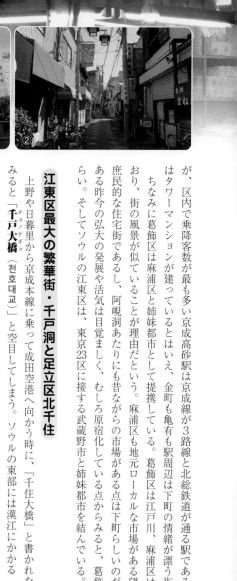

江東区最大の繁華街・千戸洞と足立区北千住

上野や日暮里から京成本線に乗って成田空港へ向かう時に、「千住大橋」と書かれた駅名の表示をみると「**千戸大橋**《チョノテギョ》（천호대교）」と空目してしまう。ソウルの東部には漢江にかかる「千戸大橋」があるからだ。ちなみに千住大橋は隅田川にかかっており、足立区と荒川区を結んでいる。千住の由来は鎌倉時代に荒川で漁をしていた開拓者が、網漁中に千手観音を発見したことによる。その場所を境として北が北千住、南は南千住と呼ばれており、南千住は荒川区である。

北千住は足立区にあるため「江東区＝葛飾区」には一致しないが、千住大橋のお隣である京成関谷駅、そして堀切橋を通り荒川を渡るとそこは葛飾区なので、比較的近い場所には位置している。

紀行作家の鄭銀淑《チョンウンスク》（**정은숙**）は、千戸洞を北千住のような街だと例えており、両者の位置やその性質も似ている、という。北千住も東京の外れに位置しているほか、今はファッション通りとなった千戸ロデオ通りがかつては北千住駅東口の商店街に似ていた（「スパイシー！ソウル（ａｓａｈｉ．ｃｏｍ）の記事による）という。また北千住駅周辺には長年営むこぢんまりとした居酒屋も多いのだが、千戸洞には「デポチプ（**대포집**）」という昔ながらの居酒屋が多いことも両者が似ている、とす

⑥ ⑤ ④

る理由なのだろう。また近くにはチュクミ（쭈꾸미）といってイイダコの辛炒めの店が何軒も集まる**城内洞《ソンネドン》チュクミ通り《チュクミコリ》**（성내동쭈꾸미거리）がある。

筆者なりの解釈も含めていうならば、北千住の駅ビルにはルミネ③があり、西口にはマルイといった商業施設があるように、千戸駅前には現代百貨店④があり、両者ともに下町ながらデパートで買い物ができる駅である。また「千住」と「千戸」は一字違いだ。

交通面では千戸駅は5号線と8号線が交差しているが、北千住駅はJRのほか、東武伊勢崎線、東京メトロ千代田線が通るなど、交通の便が良い場所である。

足立区は治安が悪いというイメージがあるなかで、北千住は近年「住みたい街（駅）」ランキングの上位にランクインしている。交通の便がよいこともあり、女性たちや若い夫婦にも好まれているほか、東京電機大学の誘致により学生たちが増え、今では明るいイメージも生まれているようだ。

千戸市場は京成立石のようでもあった

千戸駅から歩いて10分ほどのところに、「**千戸市場《チョノシジャン》**（천호 시장）」⑤⑥という昔の面影を残す古びた市場と、その隣には集娼街があったが、2020年からニュータウン建設のため再開発の波に飲み込まれている。この市場は1970年代に形成されたのだが、天幕が掛けられたように薄暗い市場で、お店の明かりがなければ昼間でも真っ暗であった。千戸市場とつながる東ソウル市場入口に並ぶ商店の様子を見ると、その頃の時代をそのまま残したかのようで、懐かしさというよりもとにかく古く、その姿は70年代より前なのではないかと思うほどだった。龍山、清凉里のように駅前にあった飾り窓の街は2010年代にすべて撤去されたが、こちらは街の隅に位置しており、目立たない場所であるために最近まで残っていた。

こうした場所は北千住というよりむしろ、京成押上線の**立石駅周辺**⑦にあるレトロな飲み屋街を

⑨ ⑧ ⑦

思わせた。南口には「キャプテン翼ゆかりの地」と書かれた看板が出迎えてくれるのだが、すぐそばの立石駅通り商店街はわりと現代的なアーケード街で、どこにでもありそうな雰囲気だが、お隣の仲見世商店街⑧は昭和の半ばで時が止まったかのようなレトロさが際立ち、夕方には飲み屋がお店を開き始める。そして北口近くにある細い路地は「立石デパート商店街（呑んべ横丁）」と呼ばれる飲み屋街であるが、昼間でも薄暗いアーケード街は千戸市場にも共通する。しかも立石には、戦後には赤線があったというから、さらに似たものを感じるのである。ただこの町も千戸洞と同じように再開発の波に飲み込まれようとしており、この場所には葛飾区庁の建設も予定されている。

浄水場がある金町と岩寺洞

「とんがり帽子の取水棟から～♪帝釈天へと夕日が落ちる♪」。1996年～2004年までテレビで放映されていたアニメ『こちら葛飾区亀有公園前派出所』のテーマソングになっていた「葛飾ラプソディー」の一節である。この歌にある取水棟は、江戸川のほとりにある**金町浄水場**⑨の取水棟を指しているようだが、漢江に面しているソウル江東区の岩寺洞にも浄水場がある。

この岩寺洞という街には、約6000年前の新石器時代から青銅器時代の遺跡があり、岩寺洞先史住居址⑩として遺跡公園になっている。ここには屋外には竪穴式住居が展示されており、当時の様子を再現した模型が置かれているほか、敷地内には展示館もある。

地下鉄8号線の終着駅である岩寺駅を降りて徒歩15分ほどの漢江沿いに位置するのだが、実際に訪れてみると、公園内の一部は林のようになっていて、キタリスにも似た野生の**チョンソルモ**（청설모）という小動物が元気に走り回っている。

そもそも日本には新石器時代に相当する時代はなく、縄文時代が同時期とされる。ただ葛飾区や江戸川区あたりは海抜が一桁のところが多く、葛飾区のホームページによれば縄文海進がピークに達し

⑪

⑩

た6400年前は海の底だったといい、実際に縄文土器の破片が見つかったくらいで人が住んでいたかは疑わしいのだという。葛飾区で発見された遺跡は古墳時代以降のもので、青戸にある御殿山遺跡が最も古い。ちなみに城東エリアで最も古い遺跡は足立区の伊興遺跡で、これが約4000年前の縄文時代の終わりごろの遺跡だとされている。

ソウルの岩寺洞ほどの歴史があるものはないにせよ、由緒あるものといえば金町浄水場にもほど近い**柴又・帝釈天**⑪であろう。帝釈天は江戸時代の初期にあたる寛永6（1629）年に開創された日蓮宗の寺院である。近くにある柴又駅から帝釈天への参道は、下町情緒を感じさせる街並みが続いている。ここには映画『男はつらいよ』で登場した草団子のお店「とらや」をはじめ、天ぷらやうなぎの小料理店や茶屋などがあり、昔ながらの観光地といった雰囲気だ。埼玉県川越の蔵造りの街並みや、浅草の仲見世通りに比べると、外国人観光客には目立たない存在にも思えるが、それでもなかなか趣深い場所である。しかしソウルにそのような場所があるかというと、鍾路の路地裏か北村韓屋村くらいのもので、ソウル城郭の外で由緒ある街並みは残っていないようだ。

矢切の渡しと漢江の渡し舟

帝釈天から金町浄水場の取水塔が見える江戸川の河川敷に出てみると、「矢切の渡し」という渡し舟がある。都県境に位置するこの場所は、江戸時代に住民たちが松戸市側にある農地へと渡るために使われていたもので、現在は江戸川に残る唯一の渡し船である。川岸には桟橋が設けられており、片道200円で乗ることができるのだが、なかなか風情が感じられる。一方ソウルではかつて漢江は渡し舟で渡っていたといい、橋梁が増える1970年代後半までは漢江に**渡し舟**《ナルッベ》（나룻배）があり、実際に通勤にも利用されていた。またソウル江東区の隣にある松坡区蚕室洞には**三田渡**《サムチョンド》（삼전도）という場所がある。清が朝鮮に対して服属するように求めた際に、拒否した朝鮮15代王・**仁祖**《インジョ》（인조）が

⑫

⑬

南漢山城に40日間の籠城をした末に降伏し、この場所で1637年に三田渡の盟約を結んだ。ここで仁祖（인조）は清の皇帝ホンタイジの前で、三跪九叩頭《さんききゅうこうとう》の礼という屈辱的な礼を行った。話は逸れたが、三田渡というところは渡し場があった場所であり、かつてはそのあたりまでが漢江だったことを表している。

新小岩と岩寺洞

岩寺先史遺跡のある岩寺洞には地元⑫の人々に密着した市場、**岩寺綜合市場**《アムサジョンハプシジャン》（암사종합시장）があり、比較的大きな下町の市場だといえる。隣の市場と合わせると規模もかなり大きめだ。こうした要素を葛飾区で例えるならば新小岩ではないか。地名の「岩」が一致する点にも何かと共通点が感じられる。また、新小岩のルミエール商店街⑬が岩寺綜合市場に匹敵するだろうか。岩寺駅は、現在は終着駅になっているが、今後8号線は九里市方面へ延伸計画がある。地下鉄の駅のため、JR新小岩駅のようにロータリーがあるわけでもなく、街がそこまで栄えているという印象は薄い。

岩寺洞というひとつの町に葛飾区の様々な要素を例えるのは無理があるが、この岩寺洞には金町のように浄水場があり、時代は異なれど、いにしえの香りを感じさせるという点では柴又であり、さらに市場（日本でいう商店街）が充実しているという意味では岩寺洞は新小岩である。とはいえこの町にそれほどの存在感があるわけではないので、そうした要素が少しずつ散りばめられていると考えればよいだろう。

葛飾区の鉄道と青砥・京成高砂駅と、江東駅

江東区内でも交通の要ともいえる地下鉄5号線があるが、金浦空港や汝矣島、鍾路3街などソウルの中心部を抜けてきたこの路線は、漢江にかかる千戸大橋を渡ると、江東区に入る。そして江東駅で

⑮

⑭

は江東区の**上一洞**《サンイルドン》（상일동）**駅**と、松坡区の**馬川**《マチョン》（마천）駅方面へ行く列車と分かれる。地図上を見ると、葛飾区内も京成線が分岐するところが多く、青砥駅では京成本線と京成押上線が合流するほか、京成高砂駅では京成本線と京成金町線が分かれる。そうしたことから考えると、江東駅をもしどこかに例えるならば、青砥駅や京成高砂駅ということになるだろう。

葛飾区を代表する人気漫画『こち亀』と、ウェブ漫画家の「カンプル漫画通り」

亀有駅周辺は１９７６年から約40年続いた秋本治の人気漫画『こちら葛飾区亀有公園前派出所（こち亀）』のゆかりの地である。駅北口駅前の**交番**はそのモデルであるかのように漫画に出てくる派出所によく似ている。駅周辺には両さんや中川、麗子といったキャラクターの像⑭が配置され、商店街を中心にあちこちに散りばめられており、集客に一役買っているようだ。また、アリオ亀有店には「こち亀パーク」がある。ちなみに漫画『こち亀』の韓国でのタイトルは、『여기는 잘나가는 파출소（ヨギヌン チャルナガヌン パチュルソ）』で、直訳すると「ここはイケてる派出所」となるのだが、ソウルの大型書店には韓国語版が書店に並んでいる。

ソウル・江東区にも漫画にちなんだ通りがある。地下鉄5号線の江東駅近くにある「**カンプル**（강풀）**漫画通り**」⑮⑯だ。ここはカンプル（Ｋａｎｇｆｕｌ）という作者（本名はカン・ドヨン）の作品が壁画となった通りであり、キャラクターが住宅街に描かれ、ひそかに名所となっている。ソウルには梨花洞壁画村をはじめとしてウォールアートが描かれた街があちこちにあるが、ここもそのひとつである。

カンプル（Ｋａｎｇｆｕｌ）は２００３年に発表した長編のインターネット漫画『**純情マンガ**《スンジョンマヌァ》（순정만화）』がヒットしたことで有名になった。ＩＴ化がいち早く進んだ韓国ではウェブトゥーン（웹툰）というインターネットで読める漫画が主流なのだが、彼はこの作品がヒットしたことでブレイク。そ

⑯

の後も数々の作品を発表し、ウェブトゥーン界の第一人者とも言われる存在となった。

亀有の商店街と明逸の商店街

『こち亀』の像がある亀有駅周辺には7つの商店街があるというのだが、江東区内で大きな市場を挙げるなら、岩寺洞にある岩寺綜合市場のほか、地下鉄5号線の明逸《ミョンイル》（명일）駅近くにある明逸伝統市場だ。明逸にはかつてペ・ヨンジュンが通っていたという明逸初等学校も近くにある。そして地下鉄5号線の終点である上一洞駅あたりは、とにかく背の高いアパートだけが立ち並んでいるような街で、郊外のベッドタウンといった雰囲気である。ここがソウルの外れであることからすると、同じく東京の外れである水元あたりを思い浮かべる。ただ一軒家が多い水元とは正反対で、上岩洞にはアパートが多い。葛飾区と埼玉県三郷市を分ける大場川沿いには水元公園があるように、上一洞に隣接する高徳洞の漢江沿いには高徳水辺生態公園が設けられており、ともに自然が豊かで湿地があるような場所である。

あとがき

企画が生まれたきっかけ

書籍を執筆するにあたり、パブリブ代表兼編集者の濱崎誉史朗氏と初めてお会いしたのは２０１７年秋のことで、それから3年以上の月日が流れた。テーマを吟味していたことや、２０２０年に新型コロナウイルスの影響を受けたことも時間を要したひとつの理由だ。

この『ソウル25区＝東京23区』という企画はあるとき「ソウルは25区から構成されている」と濱崎氏に伝えたところ、「東京23区と競っているみたいだ」と話したことから生まれたものだった。当初は異なるものを同じものとして例えることには抵抗があったが、東京という都市にも関心をもっていたこともあり、濱崎氏に促されるようにして書き始めていった。

「はじめに」でも少し触れたが、執筆にあたっては、東京とソウルの似ている風景や街並みはもちろんのこと、区の人口や面積といったスペック、歴史や地理の共通点、地名の由来などを掘り起こし、あるところでは連想ゲームのように書いていった。そしてこの期間中にはソウルはもちろん、特に東京でこれまで訪れたことのなかった場所にも足を運び、町の印象を把握して写真を集めていった。長らく韓国事情を追いかけていたのだが、これをきっかけに東京を再発見することにもつながった。

韓国そして町や地域への関心について

筆者が韓国への関心を抱くようになったのは２００２年の日韓ワールドカップや、日朝国交正常化交渉によるニュースが発端だったように思う。隣の国なのに知らないことが多いと感じたことがきっかけだ。大学では第2外国語として朝鮮語を履修したが、当初は語順や漢字語の音がよく似ていることに感銘を受け、そのまま通じそうな単語もあると知った。言葉を学ぶと同時に、次第に韓国への熱が高まっていった。

そして筆者は東京都東久留米市で育ち、実家を出てからもこの街で暮らしている。約1年8か月をソウル特別市東大門区で過ごした以外は、これまでほぼ同じ風景を見て過ごしてきた。漫画家の故・手塚治虫氏が晩年にこの地を選んだというが、今もなお武蔵野の面影が残る東京郊外のベッドタウンだ。これを京畿道に強いて例えるならば、南楊州市、広州市、龍仁市あたりの近郊であり、それもソウル寄りの一部の街だろうか。日韓の観光客はそれぞれリピーターもかなり多いとはいえ、旅行者がこうした東京やソウルの郊外にまで訪れることはなかなかないのだが、あえて出かけてみると意外な発見がきっとあるだろう。

そして地理的な要素への関心について記しておくと、大学では地域社会学のゼミに属し、新卒時には東京都内の信用金庫で勤務した。これは町や都市、そして地域に密着した取り組みに関心を持っていることも理由だ。ちなみに小中学生のときは『シムシティ』『A列車で行こう』そして『桃太郎電鉄』といったゲームでもよく遊んだ。こうしたことが本書を執筆するうえでの何らかの糧となっている。

日韓の姉妹都市について

そして本書で区を例える上でも参考にした姉妹都市について少し記しておきたい。日韓両国の関係は政治や経済分野の対立、歴史認識によって時々こじれることはあるが、それでも企業や個人を含めれば民間交流は盛んに行われている。日韓の距離的な近さはもちろんのこと、近接した文化で、似たような顔つきで、人々の心が通いやすいこともその理由ではなかろうか。そして自治体が主導となり、地域間交流を盛んに行っているところもある。東京近郊でいうならば埼玉県秩父市と、韓国東海岸に位置する江原道江陵市はともにユネスコ世界遺産に登録されたお祭りを有し、長らく職員を相互に派遣するなど交流が活発であった。東京都内でもいくつかの自治体が姉妹都市や友好都市として韓国の自治体と交流があり、それぞれ訪問団の派遣やスポーツでの交流が行われている。こうした交流をきっかけとした情報交換によって新たな施策が生み出されたり、地域の産業や特産品を海外に広めるきっかけとなったり、それぞれの子どもたちにとっては両国の文化を知るきっかけにもつながるだろう。こうした草の根の交流はできる限り続けてほしいものである。さらにソウ

東京都とソウル特別市の姉妹都市・友好都市一覧

東京都：ソウル特別市
墨田区：西大門区
中野区：陽川区
杉並区：瑞草区
豊島区：東大門区
荒川区：済州市
葛飾区：麻浦区
目黒区：中浪区
富山県立山町：江北区
愛知県田原市：銅雀区
大阪府岸和田市：永登浦区

参考：http://www.clair.or.jp/j/exchange/shimai/countries/detail/30（自治体国際化協会）

姉妹都市を希望するソウルの自治体

蘆原区、江南区、九老区、広津区、衿川区

参考：http://www.clair.or.jp/j/exchange/shimai/kibou-korea.html（自治体国際化協会）

ルには都市交流を希望している区がいくつかあり、互いの区の共通点を探すうえでも本書が役立てば幸いである。

最後に

筆者は2010年夏から韓国を発信しはじめ、それから10年を超える歳月が流れた。SNSを含めたインターネットメディアを通じて、韓国に関心がある方々と知り合えたことは大きな財産である。また「トム・ハングル」という名は新大久保韓国語勉強会（代表：児島賢治氏）で出会った山村優司氏の発案で、まさに名付け親ともいえる。非営利で約20年続くこの会は韓国人をはじめ、様々な出会いを与えてくれた。そして末筆ながら、このような機会を与えて下さり、そして本書のアイデアはもちろんのこと、表紙、デザイン、DTP、校正まで担当し、一冊の本に仕上げて下さったパブリブ代表兼編集者の濱崎誉史朗氏に御礼申し上げる。また自身初の書籍を刊行するにあたり、筆者が韓国を発信する仕事をしたいと目標を掲げた頃から応援してくださった方々の顔が思い浮かぶが、そうした方々にも御礼申し上げる。ライターとしてのデビュー以前から韓国について様々なご指導を頂いてきた元韓国日報記者でイベントプロデューサーの佐野良一先生、日頃からご支援ならびに応援くださる趙善玉料理研究院の趙善玉先生、卒業後も相談に乗っていただき、日々の活動を見守ってくださる法政大学社会学部教授の中筋直哉先生にも感謝申し上げたい。そして両親をはじめとする家族、親族にもこの場を借りて感謝申し上げる。

参考文献

ソウル

川村湊・佐野良一編『ソウルソウルソウル―原語で歌う 88』（1988 年、集英社文庫）
ソウル市根の深い木社（編著）、安宇植（編訳）『新・韓国風土記 ソウル・釜山・済州島 』（1989 年、読売新聞社）
川村湊『ソウル都市物語 歴史・文学・風景』（2000 年、平凡社新書）』
鄭銀淑『韓国の「昭和」を歩く』（2005 年、祥伝社新書）
砂本文彦『図説　ソウルの歴史―漢城・京城・ソウル都市と建築の六〇〇年』（河出書房新社、2009 年）
『誰でも分かるソウルの歴史』（ソウル特別市史編纂委員会、2009 年）
양희경 , 심승희 , 이현군 , 한지은『서울 스토리』（2013 年、청어람미디어）
영준『서울과 도쿄 사이』（2014 年、이비락）
김미영他著 서우석編『서울사회학』（2017 年、나남）

東京

竹内誠、古泉弘、池上裕子、加藤貴一、藤野敦『東京都の歴史』（2010 年、山川出版社）
金子勤『東京 23 区の地名の由来』（2010 年、幻冬舎ルネッサンス）
泉麻人『大東京 23 区散歩』（2014 年、講談社）
池田利道『23 区格差』（2015 年、中公新書ラクレ）
逢阪まさよし +DEEP 案内編集部『「東京 DEEP 案内」が選ぶ 首都圏住みたくない街』（2017 年、駒草出版）
浅井建爾『知れば知るほどおもしろい 東京の地理と地名がわかる辞典』（2018 年、日本実業出版社）

参考 Web サイト

コネスト	https://www.konest.com
ソウルナビ	https://www.seoulnavi.com
東京 Deep 案内	https://www.tokyodeep.info
韓国古建築散歩	http://liumeiuru.hacca.jp/
한국민족문화대백과사전	https://encykorea.aks.ac.kr/
한국콘텐츠진흥원	http://www.culturecontent.com/
나무위키	https://namu.wiki/w/

韓国アニメ大全

かに三匹
ISBN978-4-908468-15-5
C0079 四六判　224 頁
2,200 円 + 税
確かに最初の頃は下請け業者による横流しや流用、模倣が溢れていた。しかし限られた条件の中で時代の政治状況に左右されながらも、創意工夫によってそれは独自の進化を遂げていた！パクリの一言では片付けられない韓国アニメの魅力を完全解説 !!「かに三匹」の名で知られる韓国アニメ研究家がストーリー背景を解説、影響元やキャラクターを分析、作品を批評する。

ヒップホップコリア

鳥居咲子
ISBN978-4-908468-04-9
C0073 四六判 192 頁
2,200 円 + 税
子音で終わるパッチムや激音・濃音の語感の良さ！　罵倒語の豊富さ！　英語堪能な移民二世や帰国子女！　日本の歌謡曲や演歌・カラオケと通じる親近感！　韓流アイドル並のルックス！　K-HIPHOP 大ブレーク！　韓国ヒップホップ界を代表する総勢 65 組の実名・ハングル表記・生年・出身地・活動期間などプロフィール紹介！　菊地成孔氏寄稿コラム、脱北ラッパーのインタビュー。

デスメタルコリア

水科哲哉
ISBN978-4-908468-27-8
C0073 A5 判 384 頁
2,500 円 + 税
もはやメタル不毛国とは言わせない !! K-POP・ヒップホップだけじゃなかったコリアンメタル＆大韓ハードロックの魅力に迫る！　80 年代から SINAWE や白頭山など良質の正統派 HM を生み出し、90 年代にはソ・テジや N.EX.T など新世代が一世を風靡。隣国故に日韓メタル交流も盛んでヴィジュアル系・レディースバンドも輩出する一方で反日ブラックメタルも登場。メタルコアは中進国レベルに発展。

吉村剛史 著

1986年東京都新宿区生まれ、東久留米市出身。ライター・メディア制作業。法政大学社会学部メディア社会学科卒。20代のときにソウル市東大門区に1年8か月滞在、韓国総17の第一級行政区域と約100市郡を踏破。2012年韓国文化雑誌『スッカラ』でデビュー、2018年に『散歩の達人』東京コリアンタウン特集を執筆するなど、韓国文化やグルメ、街歩きが主なテーマ。インターネット上では「トム・ハングル(@tomhangeul)」の名で韓国情報を伝えている。

ホームページ：https://www.tomhangeul.com
メール：tomhangeul@gmail.com

ソウル25区＝東京23区

似ている区を擬えることで土地柄を徹底的に理解する

2021年2月10日　初版第1刷発行
著者：吉村剛史
装幀＆デザイン：合同会社パブリブ
発行人：濱崎誉史朗
発行所：合同会社パブリブ
〒103-0004
東京都中央区東日本橋2丁目28番4号
日本橋CETビル2階
03-6383-1810
office@publibjp.com
印刷＆製本：シナノ印刷株式会社